EDAF

MADRID - MÉXICO - BUENOS AIRES - SAN JUAN

EDAF

MADRID - MÉXICO - BUENOS AIRES - SAN JUAN

PLATÓN

DIÁLOGOS

CRITÓN O DEL DEBER
FEDÓN O DEL ALMA
EL BANQUETE O DEL AMOR
PARMÉNIDES O DE LAS IDEAS

PRÓLOGO

EL HECHIZO DE LA PROSA
por Luis Alberto de Cuenca
del Consejo Superior de Investigaciones Científicas. Madrid

BIBLIOTECA EDAF

130

Director de la colección:
MELQUÍADES PRIETO

Versión nuevamente revisada de:
PATRICIO AZCÁRATE

© 1984. De esta edición, Editorial EDAF, S.A.

Editorial EDAF, S. A. Jorge Juan, 30. 28001 Madrid
http://www.edaf.net
edaf@edaf.net

Edaf y Morales, S. A.
Oriente, 180, nº 279. Colonia Moctezuma, 2da. Sec.
C. P. 15530. México, D. F.
http://www.edaf-y-morales.com.mx
edaf@edaf-y-morales.com.mx

Edaf del Plata, S. A.
Chile, 2222
1227 - Buenos Aires, Argentina
edaf1@speedy.com.ar

Edaf Antillas, Inc
Av. J. T. Piñero, 1594 - Caparra Terrace (00921-1413)
San Juan, Puerto Rico
antillas@edaf.net

21.ª edición, abril 2003

Depósito legal: M-17.097-2003
ISBN: 84-7166-656-1

PRINTED IN SPAIN   IMPRESO EN ESPAÑA
Gráficas COFAS, S.A. Pol. Ind. Prado de Regordoño - Móstoles (MADRID)

Índice

PRÓLOGO

EL HECHIZO DE LA PROSA

Quien iba a ser el dueño de la prosa más sugestiva de Occidente, Aristocles, hijo de Aristón y de Perictíone, nació en Atenas entre 428 y 427 antes de Cristo. Sería Sócrates el que, más tarde, le diera el sobrenombre de *Platón,* aludiendo a la espaciosa frente de su discípulo o, más bien, a la anchura de sus hombros. Por parte de su madre, Perictíone, procedía de una familia de la antigua nobleza a la que perteneció el famoso legislador Solón. Por parte de su padre, Aristón, las viejas historias lo hacían descender de Codro, el legendario rey ateniense. De sangre noble, pues, por ambos lados, el futuro escritor recibiría una esmerada educación gimnástica y poética, la habitual en un muchacho de su elevado origen.

Fue su primer maestro en filosofía Crátilo, un pintoresco seguidor de las doctrinas de Heráclito, el oscuro pensador de Éfeso, según las cuales la única realidad consiste en el fluir eterno de las cosas que nos rodean. Semejante visión del mundo tenía que llevar a la fuerza consigo, en lo que a teoría del conocimiento se refiere, una fuerte reserva escéptica, lo que acaso impulsara por reacción al joven Platón en dirección contraria. Hacia los veinte años, en torno a 407, comenzó a frecuentar el hijo de Aristón la compañía de Sócrates; la amistad que se forjó entonces entre ambos, y la devoción incondicional a su maestro, influiría decisivamente a lo largo de toda su vida.

Según nos cuenta el propio Platón en su *Carta séptima,* parece que anduvo muy interesado en la política activa durante su juventud. En efecto, cuando los reveses militares de Atenas ante Esparta trajeron consigo la instauración de la oligarquía de los Treinta, entre los cuales se encontraba.

Critias, el primo de su madre, él, con la buena fe que dan los pocos años y con los prejuicios naturales de un aristócrata, creyó que el nuevo régimen devolvería la justicia y la prosperidad a su patria. Los acontecimientos subsiguientes desengañaron al filósofo, quien, al ser derribados los tiranos y reinstaurarse la democracia, se encontraba en la mejor disposición de ánimo posible respecto al cambio y a los nuevos dirigentes. Pero cuando esa nueva democracia condenó a muerte, en forma injusta y arbitraria, a su amigo y maestro Sócrates y le hizo beber la cicuta (399 a. de C.), una profunda grieta se abrió para siempre entre Platón y la política de Atenas, que perdió para la vida pública al mejor de sus ciudadanos.

Tras la muerte de Sócrates, pasó Platón a Mégara, con Euclides, pero no estuvo mucho tiempo allá. De vuelta en su ciudad natal, lo hallamos disputando activamente con los detractores de su maestro. Poco después, los viajes, si es que existieron, por Cirene, Egipto, la India. Los autores antiguos que aluden a estancias de Platón en Oriente se vieron probablemente tentados de enlazar «físicamente» su pensamiento con la sabiduría oriental, pero acaso el filósofo nunca viajara a mundos diferentes del griego, ni pudiera aprender de labios de un mago persa o de un gimnosofista hindú lo que Pitágoras y su escuela habían descubierto ya en Occidente.

Lo cierto es que, hacia 390, se dirigió a la Magna Grecia, y allí, en el sur de Italia, en Tarento, conoció a Arquímedes, un pitagórico que reunía en su persona las cualidades de político, general, matemático y filósofo. De Tarento pasó a Siracusa, en Sicilia, donde gobernaba el tirano Dionisio I, en cuyo cuñado, Dión, halló el amigo fiel que buscaba y el incondicional discípulo. Quizá pensaran ambos llevar a cabo en Siracusa, con ayuda de aquel monarca aficionado a la filosofía, su modelo de Estado, pero muy pronto abdicarían de su empeño al contemplar la realidad anímica de Dionisio, un hombre acostumbrado al fácil éxito de la acción y no a las discusiones de índole ética. Así, en el viaje de regreso, y por probable instigación del tirano, Platón fue desembarcado en la isla de Egina, en guerra entonces con Atenas, y hubiera sido allí vendido como esclavo de no ser por Aníceris, un cirenaico amigo suyo, que pagó su rescate.

Hacia 387, de regreso en el Ática, compra nuestro filósofo unos terrenos cerca de Atenas, junto al gimnasio erigido en honor de Academo, un genio protector prehelénico. Surgía de ese modo la Academia, una escuela que habría de durar hasta el año 529 después de Cristo, en que fue suprimida por Justiniano. Allí vivía Platón, y allí impartía sus enseñanzas a un nutrido grupo de alumnos. Cumplía así el discípulo de Sócrates los deseos de su maestro, aunque tampoco fueran ajenas las influencias pitagóricas en la hora fundacional de la Academia.

Tranquilo en su jardín y entre su gente, charlando y discutiendo entre las flores, vuelve a abrazar Platón aquella imagen que soñara en Sicilia acerca del Estado perfecto. Y un suceso trivial en apariencia, la muerte de Dionisio I y el advenimiento de su hijo, Dionisio II, al trono de Siracusa, hace que el sueño cobre perfiles y contornos. Dión escribe a su amigo y éste abandona su Academia: es el segundo viaje a Sicilia.

Y la segunda desilusión. Comienza el año 366 y Platón llega a Siracusa. Es cálido el recibimiento. Y los comienzos, esperanzadores. Pero pronto los cortesanos, celosos del influjo del ateniense en su soberano, urden intrigas contra Dión, el valedor y amigo del intruso. Dión es desterrado y Platón pierde en ese exilio la mitad de su alma. En 365 regresa a Atenas, no sin antes prometer al tirano que volvería.

El tercer viaje (361) es aún más triste. El joven Dionisio humilla a su antiguo maestro, lo hace vivir fuera de la ciudad, entre los mercenarios. Sólo la intervención de Arquitas hace posible el regreso de Platón a la patria, en 360, clausurándose así la etapa más amarga de su vida. En el ínterin, Dión regresa, ocupa Siracusa (357) y pone en fuga a su sobrino. Durante cuatro años gobierna como si hubiera estado allí su amigo: son cuatro años absurdos, interminables, en los que día a día se demuestra la radical incapacidad práctica del sistema. Por fin, Calipo, un académico que había acudido a Siracusa al lado de Dión, asesina al amigo de su maestro. Mucho se duele Platón del crimen en un bello epigrama funerario:

11

Las Moiras decretaron lágrimas para Hécuba
y para las troyanas desde su nacimiento.
Y a ti, Dión, que erigiste un trofeo de bellas acciones,
los dioses te arruinaron las vastas esperanzas.
Yaces en tu espaciosa ciudad, honrado por tus
                                    [compatriotas,
tú, que volviste loca de amor mi alma, ¡oh Dión!

Los quince últimos años de su vida los pasa el amigo de Dión dedicado por entero al ejercicio de la enseñanza y a la composición de obras con ella relacionadas, especialmente las *Leyes*, su último diálogo. Murió ya octogenario en 348-347, y, según Pausanias, fue enterrado en las proximidades de la Academia, junto a las fuentes y a las flores que rodearon sus palabras. A su muerte, le sucedió en la dirección de la escuela su sobrino Espeusipo (347-339), que, al igual que su sucesor Jenócrates de Calcedonia (339-314), continuó por el camino pitagorizante que impusiera Platón a la Academia en su ancianidad.

* * *

La muerte, que, según la leyenda, se llevó a Platón muy despacio, dulcemente, mientras se encontraba escribiendo, no consiguió apagar más que la luz externa y puramente aparencial del filósofo. Las obras del maestro ateniense, aproximadamente tan voluminosas como la Biblia, permanecen aún hoy en pie, y su salud continúa siendo envidiable.

En la reflexión de Platón se entrecruzan diversas corrientes de pensamiento, viniendo a ser una especie de culminación de toda la filosofía griega anterior. Heráclito sostenía que todo está en flujo perpetuo. Parménides, que nada existe salvo una entidad nebulosa que está más allá de los fenómenos ilusorios. Empédocles, que el Amor y el Odio combinan y separan alternativa y gradualmente los cuatro elementos primordiales. Anaxágoras, que una suprema Inteligencia origina el movimiento y la agitación que crean los fenómenos. Demócrito y los atomistas, que existe el espacio vacío. La secta de Pitágoras, que el universo está formado de números. Las contradicciones evidentes entre las diversas escuelas contribuían a difundir un clima de escepticismo y de desconfianza en este tipo de especulaciones. Resultado de dicho ambiente fueron los sofistas, que, entregados a la enseñanza práctica de la retórica, la política, la literatura y otras artes, rechazaron todo tipo de consideración trascendental del hombre y de las cosas humanas. Sócrates, por su parte, concretó toda su atención en el hombre y en su perfeccionamiento mediante la claridad del hecho de pensar y la adquisición de conceptos generales.

Nietzsche llamó a Platón el primer gran filósofo mixto, y no en el sentido de un superficial eclecticismo, sino como elaborador genial de una doctrina filosófica independiente de las sugestiones que llegaban a él de las diferentes escuelas, pero teniéndolas en cuenta a todas. En contraposición al pensamiento de Heráclito, según el cual todo lo que existe está en constante transformación, y al relativismo de la sofística, Platón obtuvo un firme objeto de conocimiento con su teoría de las Ideas, núcleo de su sistema filosófico. Una violeta, un hombre o un tigre cualesquiera no tienen existencia real independiente; lo que únicamente existe es la idea de la Violeta, del Hombre, del Tigre. Esta Idea está más allá de la materia; es un modo de existencia específico que, al realizarse en materia, engendra el género natural apropiado a él, la clase llamada violetas, hombres o tigres. Así pues, la naturaleza, el mundo material de lo que se transforma y de lo pasajero, es sólo un triste y sombrío reflejo del mundo eterno de las Ideas, derivado de Dios, fundamento de toda la existencia, del que procede y al que vuelve el alma humana, cuando ha limado las cadenas del cuerpo. Y estas Ideas, cada cual de por sí, son el estudio propio del hombre, el único objeto de conocimiento real.

No podemos conocer un cuervo o una rosa determinados; nuestro conocimiento versa sobre todos los cuervos iguales, sobre todas las rosas iguales, en virtud de cuyas cualidades usamos estos nombres. Porque el conocimiento es algo permanentemente fidedigno, y lo que llamamos conocimiento de una cosa particular no lo es tal, sino mera opinión que se refiere a rasgos transitorios y, por lo tanto, incognoscibles, precisamente como opinaba Heráclito.

Ya Sócrates insistía en que sus interlocutores no le dieran ejemplos de cosas justas o de cosas bellas, sino que le dijeran qué entendían por Justicia o por Belleza en sí. Sócrates buscaba siempre el concepto informante. El inmenso adelanto de Platón fue el considerar ese concepto como dotado de existencia independiente, la Idea inmaterial, que el hombre estudia examinando su reproducción en la materia, el género natural. Los individuos particulares de este género natural sólo difieren porque la materia —esto es, las condiciones de espacio y tiempo— es ingrediente de ellos. Por este ingrediente es por lo que cada uno de ellos no puede reflejar con perfección la Idea, y esta impotencia es lo que llamamos Mal. Pero aunque ningún ser determinado representa con perfección la Idea, no deja de representarla, de suerte que el conjunto de seres individuales refleja perfectamente la Idea con sus características uniformes. Así, la única, aunque inmensa, diferencia entre la Idea y el género natural es que la primera es inmaterial y, por ende, una, y el segundo es material y, por tanto, múltiple.

¿Cómo podemos descubrir los géneros naturales? ¿Cómo podemos reconocer la Idea? Mediante la doctrina socrática del Recuerdo. Antes de nacer —dice Platón— nuestras almas tenían visión de las Ideas en el mundo superior, y aunque la visión se desvanece con el nacimiento, conservamos aún fragmentos de ella que despiertan a la vida cuando se los confronta con los rastros de las Ideas en el mundo inferior. Además, la experiencia, la ciencia y la razón educan nuestra capacidad innata de Recuerdo, y si las cultivamos, la visión tornará a nosotros con más fuerza y más nitidez.

La Idea platónica participa de la inmaterialidad del concepto informante socrático, de la eternidad e invariabilidad del Ser de Parménides y del valor del Número entre los Pitagóricos. La Idea más elevada es la del Bien; esto demuestra que, en último término, la dialéctica está en Platón al servicio de la ética, lo que supone una radical novedad en la filosofía griega.

Para exponer sus doctrinas no se sirvió Platón de tratados, sino de *diálogos*. El diálogo platónico es un descendiente no muy lejano de los mimos populares sicilianos, que a veces sometían a discusión temas de interés científico o especulativo. Para un pensador el diálogo tiene la ventaja de presentar alternativamente los diversos aspectos de la cuestión y evitar así el dogmatismo del discurso seguido. Pero Platón, que era también un estupendo artista además de un filósofo, encontró en el diálogo otras ventajas aún mayores, dándose el gusto de adornar la exposición de sus ideas con la pintura viva de escenarios y personajes, tarea para la que estaba singularmente dotado, pues era un dramaturgo nato. Mediante el diálogo, Platón consigue llevar la prosa artística griega a su máxima altura y, al mismo tiempo, logra eludir la aridez y la inhumana sequedad que caracterizan la mayor parte de las exposiciones abstractas, haciendo que su filosofía no llegue a perder nunca contacto con la vida. De este modo, el impulso agonal del genio griego pervivió incluso en las lucubraciones más complejas acerca de la esencia del mundo, convirtiéndolas, gracias a una genial metamorfosis, en una modalidad nueva del viejo drama, que, tras la tragedia de Esquilo y la comedia de Aristófanes, acabó por presentarse como expresión artística de un sistema filosófico.

Los caracteres de los personajes están perfectamente delimitados en el diálogo; como en un drama, cada uno aparece con la tendencia de espíritu que lo individualiza. En los comienzos, el pensamiento del autor —representado casi siempre por su maestro Sócrates— se presenta vago, incomprensible, oscurecido entre una multitud de detalles en apariencia vagos e insignificantes. Paso a paso, no obstante, se va concretando la reflexión platónica, tornándose clara, luminosa y brillante y haciendo que el coloquio resulte ser de provecho universal. Él, que había fundado sus creencias en lo que cambia perpetuamente, aprende que se equivocaba y que sólo en lo inmutable existe la verdad. Él, que creía saber mucho, se convence de que no sabía nada. Tal es la estructura ordinaria de los diálogos platónicos, en los que rivalizan la extremada habilidad del prosista y la infinita sutileza del pensador. Todo lo que es variable, accidental, particular o concreto se admite con propósitos, si no de burla, sí de franca ironía; después, el cortejo de la contingencia se disipa en la luz de las esencias inmutables y la variedad de las cosas se absorbe en la unidad absoluta e imperecedera.

* * *

En el mismo momento en que las sociedades caprichosas y turbulentas de la Hélade, aturdidas tal vez en medio de tanta libertad arbitraria, olvidaban las leyes estables de la humanidad y abandonaban la razón a las fluctuaciones populares o a brillantes sofismas, proclamaba Platón una justicia superior y eterna, el orden, la moral, el alma, Dios. No nos debe extrañar, pues, el hecho de que el discípulo de Sócrates viviera incómodo en su generación. Mirando hacia el pasado, lo echa de menos, pero comprende por qué el pasado fracasó, y este fracaso lo intranquiliza. Como buen matemático que es —la matemática es la ciencia de las formas puras y estables, de las verdades racionales firmes e inconcusas—, desea hallar una solución permanente al problema político, y sólo cree encontrarla en la completa reorganización de la sociedad.

«Esta idea lo obsesiona —escribe C. M. Bowra—, y aún seca en su corazón la alegría y la simpatía. Se desilusiona entonces y se amarga; se agarra cada día con ansia mayor a su fe en la disciplina y el castigo.» Es la época de las *Leyes,* su último diálogo, en el que ya no hay aquella ilusión que lo animara a redactar la *República,* su obra más famosa y la utopía destinada al desencanto de Sicilia. Ha muerto Dión, su amigo, y Platón piensa que acaso los negocios humanos no merezcan atención por parte del sabio. Es un deber penoso, sin embargo, asumirlos, aunque el hombre no sea más que un juguete en las manos de Dios; aunque, conformes con su destino de marionetas, los hombres y mujeres debieran consagrar su vida a la amable supervivencia y a los juegos de toda índole... Platón está cansado. No hay en él ni un residuo de aquella inmensa confianza, que tuvo en el tiempo de Pericles en sí propio y en la humanidad. Está cansado de ser griego, del mundo de apariencias que lo rodea y que lo aparta de sí mismo; del mundo material que, por rechazo, lo ha conducido a las abstracciones que tampoco colman su anhelo. Contradictorio y genial, Platón trazó en el otoño de Atenas los perfiles de un universo espiritual que todavía hoy nos alberga. «Cristiano antes de Cristo», lo llamó Nietzsche, y no se equivocaba.

Acerca de la pervivencia de Platón en la cultura de Europa y de la ejemplaridad de su obra de pensador, nadie ha escrito palabras más certeras que Goethe: «Platón se conduce ante el mundo como un espíritu benéfico que se digna establecerse allí temporalmente. Para él no se trata tanto de conocer el mundo, al que de antemano posee idealmente, como de darle con generosidad lo que tanto necesita, y que el espíritu lleva consigo. Desciende hasta los abismos, más para llenarlos con su esencia que para escudriñarlos. Se remonta a las alturas con nostalgia de recobrar su origen. Todas sus palabras aluden a una eterna totalidad hecha de bondad, verdad y belleza, y procuran despertar en todos los corazones el sentimiento de su presencia eficaz.»

La influencia histórica y universal de Platón no se ponderará nunca lo suficiente. No sólo dio la consigna para la gigantesca batalla continuamente reiniciada acerca del concepto del ser —consigna que ha de continuar la filosofía idealista—, sino que, por medio del carácter místico que le es propio a la agudeza de su pensamiento, infundió en la filosofía un celo religioso que la ha de animar constantemente a partir de sus escritos. Siempre que en lo sucesivo se propone el problema de la inmortalidad del alma, entra Platón en juego. A través de los neoplatónicos y de San Agustín, proporciona sustancia filosófica al cristianismo, y sus *Diálogos* son armas poderosas en manos de los escolásticos frente al nominalismo de la Baja Edad Media. El Renacimiento lo desentierra de nuevo como modelo a seguir: Ficino funda una nueva Academia, y Platón vuelve a ser maestro indiscutible de filósofos y místicos. Hoy no es tan sólo un nombre ilustre de una vieja cultura, sino una presencia viva. Junto al pensador arrebatado y lleno de entusiasmo para quien todo, por difícil que sea, debe ser abordado, imaginamos en él al escritor de estilo y encanto incomparables, poeta de la prosa y consumado narrador, y esta segunda imagen no desmerece en modo alguno ante la primera. Con el correr de los siglos, Platón, que juzgó perniciosa la educación por y en la poesía que recibían los jóvenes de su tiempo, se nos ha ido convirtiendo en un segundo Homero, sin que su impresionante talla de hombre de letras entrañe menoscabo alguno de su importancia como filósofo.

En la *stanza* vaticana de la Signatura puede admirarse una de las obras más famosas de Rafael: su *Escuela de Atenas*. Allí, en el centro, está Platón, señalando el cielo con la mano. Lleva, debajo del brazo izquierdo, un volumen en cuyo lomo reza el título *Timeo,* su diálogo tal vez más apreciado a lo largo del Medievo y en el primer Renacimiento. Precisamente en el *Timeo* —y en el *Critias*— es donde el filósofo ateniense fabuló, desprovisto o no de bases reales e históricas, el misterio insondable del continente hundido, de la Atlántida. Quienes hemos tenido la fortuna de leer las palabras con que Platón da forma a su novela alegórica sobre el mundo perdido de los atlantes, nunca podremos olvidar el placer que esa lectura nos produjo. Un placer semejante al que debió sentir el escritor americano Dennis Wheatley al dar cima a su espléndido relato *They found Atlantis,* basado en testimonios platónicos. No deja de ser significativo el hecho de que la imagen más popular que conservamos de Platón sea la del anciano visionario y forjador de mitos que Rafael nos muestra en su pintura vaticana, con el *Timeo,* su obra más secreta y oscura, en las manos gastadas, y el dedo índice de la mano diestra apuntando hacia arriba, hacia el mundo inmutable y eterno de las Ideas.

* * *

Entre la muerte de Sócrates (399) y el primer viaje a Sicilia *(c.* 390) compuso Platón su pequeño diálogo *Critón* o *Del deber.* En él Critón, un viejo amigo y discípulo de Sócrates, induce a su maestro a huir de la prisión, evitando así la injusticia que supondría su muerte. Sócrates rehúsa evadirse, alegando motivos de fidelidad a las leyes de su ciudad y aludiendo al perjuicio moral que se derivaría del hecho de que un ciudadano de Atenas, que ha aceptado voluntariamente acatar el ordenamiento jurídico de su patria, lo desobedeciera, sustrayéndose al castigo impuesto por ese mismo ordenamiento.

El diálogo se desarrolla en momentos de gran dramatismo. La nave que anualmente conduce a Delos la ofrenda votiva está a punto de alcanzar el puerto, y, a su llegada, Sócrates deberá morir. No se inmuta el filósofo al recibir la noticia de labios de Critón. Tranquilo y sonriente, va desmontando pieza a pieza todos los argumentos del amigo que lo quiere salvar. Al final, Critón, entre lágrimas, se ve obligado a admitir las razones de su maestro para que la sentencia se cumpla. A ningún precio debe ser injusto el hombre, ni siquiera con aquel que le ha causado injusticia. Sería injusto huir de la prisión, pues equivaldría a situarse al margen de las leyes de su ciudad, lo que es éticamente reprobable. Mejor es presentarse en el Hades con la conciencia íntegra del hombre virtuoso, y aun con la aureola de quien muere injustamente condenado, pero no por culpa de las leyes, que son justas, sino por la envidia de los hombres.

Sócrates se nos muestra en *Critón* como un individuo sublime, en la cumbre de su simplicidad y su grandeza. Se nos revela, además, como el consumado sofista que fue, el más genial, quizá, de todos. Y Critón, entregándose al iluminado juicio de su amigo y maestro, traza en el álbum de su vida uno de los rasgos más bellos que pueden dibujarse: el de la renuncia. Ambos personajes se complementan a las mil maravillas en ese despiadado campo de juego entre muerte y vida, justicia e injusticia, que es *Critón:* un holocausto de palabras.

* * *

Desde el punto de vista poético, no cabe duda alguna de que son el *Banquete* y *Fedón* lo más perfecto que Platón escribió. Suelen fecharse entre el primer viaje a Sicilia *(c.* 390) y el segundo (366).

El *Banquete* transcurre en casa del poeta dramático Agatón, que ha obtenido un triunfo en las Leneas de 416 e invita a sus amigos para celebrar su victoria. Cansados de beber, los convidados acuerdan pronunciar cada uno un discurso en honor del dios Eros. Comienza Fedro, ensalzando el Amor desde el punto de vista tradicional, salpicando sus alabanzas de numerosas citas de poetas. Sigue Pausanias, que distingue entre el amor dirigido al cuerpo y aquel que une los espíritus. El discurso del médico Eriximaco considera el Amor como fusión y armonía de los contrarios, demostrando la verdad de su definición con ejemplos tomados

19

de la investigación de la naturaleza. El comediógrafo Aristófanes, en una intervención genial, desarrolla después el mito del hombre esférico, dividido en mitades y que aspira a recobrar su integridad. Sigue Agatón, autor de tragedias y anfitrión del festín, que, en un discurso muy retórico, al modo del sofista Gorgias, elogia en el Amor al más joven y delicado de los dioses, origen de la poesía y de todas las artes y ciencias que nacen de un deseo o de una aspiración.

Cuando le llega el turno, Sócrates repite el relato que, según dice, le hizo cierta Diótima, mujer de Mantinea y célebre vidente. Comienza por un encantador poema en prosa del nacimiento de Eros, hijo de Poros (la Abundancia) y de Penia (la Pobreza); sigue una descripción de la verdadera función del amor: el producir prole «en lo bello», pero prole espiritual, no sólo de la carne, pues en realidad el noble camino del Amor es la comunión espiritual. Y así pinta la gran ascensión:

> Porque el camino recto del amor, ya se guíe por sí mismo, ya sea guiado por otro, es comenzar por las bellezas inferiores y elevarse hasta la belleza suprema, pasando, por decirlo así, por todos los grados de la escala, de un solo cuerpo bello a dos, de dos a todos los demás, de los bellos cuerpos a las bellas ocupaciones, de las bellas ocupaciones a las bellas ciencias, hasta que de ciencia en ciencia se llega a la ciencia por excelencia, que no es otra que la ciencia de lo bello mismo, y se concluye por conocerla tal como es en sí.

La función del amor, dice al final, es engendrar la verdadera virtud. Y Sócrates añade que, en su opinión, la naturaleza humana no puede hallar mejor colaborador que Eros en su ansia de virtud e inmortalidad.

En medio del murmullo que se suscita cuando termina Sócrates su discurso, se oye fuera un alboroto, y la tranquila reunión se ve interrumpida por la llegada de Alcibíades, completamente ebrio, con la cabeza coronada de hiedra y de violetas. Al enterarse del tema de la discusión, decide hacer un elogio de Sócrates, en el que describe, con gran pasión e inteligencia, a su maestro como el gran poseso de Eros, cuya belleza de alma, como una imagen de oro de un dios en el cuerpo que tuviese la forma de Marsias o de Sileno, sabe engendrar en el alma de otros lo bello. Es casi imposible, alcanzar en literatura la vivacidad y el encanto con que Alcibíades nos transmite la fascinación que en él ejerce Sócrates. Pocas veces la prosa universal ha llegado. a cotas tan altas.

En cuanto a *Fedón* o *Del alma,* la otra cumbre del estilo platónico, hay que decir que tuvo gran influencia en la antigüedad. Calímaco, por ejemplo, en uno de sus epigramas (XXIII), atestigua la popularidad del diálogo glosando el suicidio de un joven que, después de leer el *Fedón* y convencerse de la inmortalidad del alma, decidió abandonar el mundo:

> *Diciendo «Sol, adiós», Cleómbroto de Ambracia*
> *desde lo alto de un muro saltó al Hades.*
> *Ningún mal había visto merecedor de muerte, pero*
> *[había leído*
> *un tratado, uno solo, de Platón: «Sobre el Alma».*

Asistimos en *Fedón* a las últimas horas de Sócrates. Expresamente se nos dice que Platón, enfermo, no pudo estar presente: no hemos de esperar, pues, un relato puntual y detallado, sino poesía filosófica. Simias y Cebes, dos pitagóricos, ponen objeciones a los razonamientos de Sócrates acerca de la inmortalidad del alma. El maestro, que va a morir en breve, se complace en refutar y confundir los argumentos de sus adversarios, culminando el diálogo con un gran mito escatológico en el que se refiere el destino del alma al morir el cuerpo. La teoría platónica de las Ideas inmutables se enlaza aquí con elementos de la mística órfico-pitagórica. Sócrates muere, al fin, envenenado por la cicuta, no sin antes ordenar a sus discípulos que sacrifiquen en su nombre un gallo a Asclepio, el dios de la medicina, que, con la muerte, lo ha curado de la cruel enfermedad de la vida. Y con esa recomendación se extingue aquel a quien Alcibíades compara con Marsias en el *Banquete* y termina *Fedón,* un diálogo de gran altura poética y filosófica, cuya eficacia mayor reside en la profundidad de sentimiento con que Platón funde en una unidad la muerte del sabio y la certeza de que el alma no muere nunca.

* * *

Parménides es un diálogo compuesto con posterioridad a *Banquete* y *Fedón,* aunque antes también del segundo viaje a Sicilia. Se trata de una pieza de difícil lectura por parte del profano, debido a su carácter dialéctico. Tiene tres interlocutores principales: Parménides de Elea, su seguidor Zenón, y el joven Sócrates, pero el coloquio no se nos da directamente. Pitodoro, que había sido testigo de él, lo había contado tiempo atrás a Antifón, quien, unos años después, lo refirió a Céfalo de Clazómenas, un día que éste fue a visitarlo junto con Glaucón y Adimanto, los dos hermanos de Platón. Así, Antifón, también hermano de Platón, aunque sólo de madre, cuenta a Céfalo cómo el joven Sócrates había ido a casa de Pitodoro para escuchar al dialéctico Zenón, discípulo de Parménides. Leía Zenón un tratado sobre la inexistencia de lo múltiple, y, al finalizar la lectura, entra Parménides en escena. De la discusión entre el joven Sócrates y los eleáticos se deriva, en la primera parte del diálogo, una autocrítica de Platón a su teoría de las Ideas. La segunda parte nos conduce, en medio de una argumentación bastante confusa, a un gimnasio dialéctico que debe proporcionar las fuerzas necesarias para la resolución de los problemas antes apuntados. Probablemente sea el *Parménides* el diálogo platónico que más perpleja ha dejado a la crítica y cuya interpretación ha sido más controvertida.

* * *

Unas palabras sobre el traductor de los cuatro *Diálogos* platónicos que presentamos en este volumen. Nació don Patricio de Azcárate en León en 1800, muriendo ochenta y seis años más tarde en la misma ciudad. Su afición a la filosofía se despertó en la biblioteca del Instituto de Gijón, que fundara Jovellanos, con quien tantas afinidades guardó su espíritu. Diputado en Cortes, político y jurisconsulto, Azcárate dio comienzo en su vejez, poco antes de 1870, a la ímproba tarea de publicar las obras de los principales filósofos antiguos y modernos, en cuya traducción venía trabajando desde su juventud. Veintiséis fueron los volúmenes aparecidos: once de Platón, diez de Aristóteles y cinco de Leibniz.

De esas *Obras completas* de Platón en once tomos (Madrid, 1871) se han tomado las versiones de Azcárate de *Critón, Banquete, Fedón* y *Parménides.* Esta selección incluye un diálogo de juventud *(Critón),* las dos piezas de madurez más sugestivas en lo estilístico *(Banquete* y *Fedón)* y una muestra del Platón más dialéctico y oscuro, cerca ya de la etapa de vejez *(Parménides).*

Lo demás ya es lectura deleitosa, porque el incomparable hechizo de la prosa platónica sigue hoy tan vivo como entonces.

LUIS ALBERTO DE CUENCA

Madrid, noviembre de 1980.

INFLUENCIA DE PLATÓN EN LA FILOSOFÍA UNIVERSAL

Patrística griega

JUSTINO reconoce haber pasado de la filosofía platónica al cristianismo. En sus dos *Apologías* intenta explicarse filosóficamente la revelación cristiana. Su concepto de la filosofía radica esencialmente en el sincretismo judeo-alejandrino.

FILÓN. Máximo representante de los alejandrinos, cree hallar en el *Génesis* el germen de la doctrina platónica.

CLEMENTE DE ALEJANDRÍA: "La filosofía judaica es anterior a la de los griegos." Éste considera a Platón "el mejor de los filósofos y émulo de Moisés"

ORÍGENES: "Al margen de la realidad está la esencia incorpórea de Dios, la pura bondad, lo mismo que la idea suprema de Platón."

BASILIO EL GRANDE, GREGORIO NACIANCENO y GREGORIO NISENO siguen las huellas de ORÍGENES y EUSEBIO DE CESAREA, quien, más que ningún otro, advirtió los estrechos lazos de afinidad entre el platonismo (interpretado al modo neoplatónico) y el cristianismo.

El pseudo-DIONISIO AREOPAGITA supo fundir, mejor que ningún otro, dentro de la patrística griega, el espíritu platónico con la idea cristiana.

Patrística latina

SAN AMBROSIO. Platón es para él "padre de la filosofía".

SAN AGUSTÍN. Tiene palabras de reconocimiento para aquellos autores "que ensalzan a Platón, anteponiéndolo, con mucho, a todos los demás filósofos gentiles...". San Agustín debió al platonismo la sensibilidad que había de orientarle a la idea cristiana, y ningún otro padre de la iglesia recabó mayor provecho de las obras de Platón y de los platónicos.

BOECIO. Último representante de la romanidad clásica, se propone hacer accesible a los latinos "toda la producción de Aristóteles y todos los diálogos de Platón"

Escolástica

JUAN ESCOTO ERIGENA: Traduce las obras del pseudo-Dionisio, con lo que contribuye a afirmar la fusión del espíritu platónico con el pensamiento cristiano.

ABELARDO. Dice: "Mi familiarizado Platón."

SAN BERNARDO. Impugnando a Abelardo, afirma: "Mientras se esfuerza en hacer cristiano a Platón, él se declara gentil."

Época de las primeras cruzadas

El pensamiento cristiano de occidente se da cita con la gran corriente de la filosofía islámica, impregnada también de platonismo.

Los musulmanes

Recibieron el saber griego por mediación de Siria y Persia. Influencia en AVICENA y AVERROES *(Timeo* y *De la república);* en AVICEBRÓN *(Timeo).*

Edad Media

Siglos XII al XIV, dos corrientes: tradición agustiniana (SAN BUENAVENTURA, BACON...) y neoplatonismo arábigo. El platonismo va cediendo al aristotelismo tomístico.

ALBERTO MAGNO. Cita el *Timeo.*

DANTE. Intensamente influído por Platón; alude dos veces al *Timeo.*

JUAN DE SALISBURY. Admite que Platón concuerda en numerosos aspectos con el cristianismo y que en el *Timeo*, "al tiempo que fundamenta más sutilmente el origen y causas del mundo, parece reconocer y aludir a la trinidad".

Renacimiento y Edad moderna

PETRARCA. Expresa la satisfacción de poseer, en su biblioteca, por lo menos, dieciséis obras de Platón, pero aunque estudia con asiduidad el griego bajo la dirección del monje Bernardo Barlaam, no tiene conocimiento directo del pensamiento platónico sino a través de Cicerón, Apuleyo y san Agustín. Sin embargo, la aversión experimentada por las sutilezas escolásticas le hace simpatizar con Platón como con persona que "anduvo más próximo a ese ideal, al que se acerca todo aquel a quien dicho ideal le es otorgado por el cielo" (*Triunfo de la fama*, III, 4-6). Petrarca se esforzó en conocer directamente, y en su auténtico y original estilo, la filosofía platónica, y acaso hubiera podido lograr su deseo al conseguir doctos bizantinos recabar de Constantinopla, para Italia, manuscritos de Platón.

JORGE GEMISTOS PLETHON. Filósofo bizantino, introdujo el platonismo en Florencia. En él se inspiró Cosme de Médicis para fundar la Academia Platónica Florentina.

MARSILIO FICINO. Humanista de excepcional importancia en la Academia fundada por Gemistos. Realizó una nueva traducción de los diálogos platónicos, de los que fué un gran comentarista. También tradujo a Plotino y vertió diversos opúsculos de otros neoplatónicos.

PICO DELLA MIRANDOLA. Su nombre está asociado a la Academia Platónica Florentina y trabajó muchos años en establecer la concordancia entre Platón y Aristóteles. (Marsilio, Pico, León Hebreo y Giordano Bruno interpretaron el tema favorito de la doctrina de

amor en *Fedro* y *El banquete,* con sentido neoplatónico cristiano.)

TOMÁS MORO y CAMPANELLA. Influídos·por el pensamiento platónico en sus doctrinas pedagógicas.

DESCARTES y MALEBRANCHE. En ellos se proyecta
el pensamiento platónico, mediante la tradición agustiniana. La oposición de Descartes entre el mundo de
las ideas y el de las realidades físicas deriva de Platón.

KANT. La distinción kantiana entre nóumeno y fenómeno tiene su antecedente en Platón.

Tiempos actuales

LA ESCUELA DE MARBURGO (Hermann Cohen, Na-
torp, etc.) establece un vínculo entre Platón y Kant,
al ver en la idea pura el significado y valor de todo
conocimiento posible.

Modalidades del idealismo platónico se encuentran
en EMERSON y TAYLOR, así como en la concepción filosófica de EDMUNDO HUSSERL.

28

DIÁLOGOS

CRITÓN

ARGUMENTO

Sócrates, que en la *Apología* sólo pudo mantenerse filósofo a condición de divorciarse de la constitución religiosa de Atenas, se rehace y convierte en este diálogo, por una especie de compensación, en un ciudadano inflexible en la obediencia a las leyes de la república. Someterse a las leyes es una obligación absoluta; es el deber. Tal es el objeto de este diálogo.

Los amigos de Sócrates, después de haber ganado al alcaide de la cárcel donde esperaba el día de su muerte, le enviaron uno de ellos, Critón, para que le suplicara encarecidamente que salvara su vida por la fuga.

Todas las razones que puede inspirar una ardiente amistad para ahogar los escrúpulos de un alma recta, Critón las hizo valer con la más afectuosa insistencia. Pero la tierna solicitud que resalta en su lenguaje disfraza, sin atenuarla, la debilidad de los motivos de que se inspira comúnmente, en circunstancias críticas, la acomodaticia probidad del vulgo. Así lo entendió Sócrates. A los lamentos de Critón, en razón del deshonor y desesperación que amargaban a sus amigos, la suerte que estaba reservada a sus hijos, condenados a la orfandad, él opuso esta inevitable alternativa: ¿la fuga es justa o injusta? Porque es preciso resolverse en todos los casos, no por razones de amistad, de interés, de opinión, sino por razones de justicia. Pero la justicia le prohibe fugarse, porque sería desobedecer las leyes, acto injusto en sí mismo, ejemplo funesto al buen orden público, ingratitud, en fin, para con estas leyes que han presidido como madres y nodrizas a su nacimiento, a su juventud y a su educación. Existe un compromiso tácito entre el ciudadano y las leyes; éstas, protegiéndole, tienen derecho a su respeto. Nadie ignora este pacto; ninguno puede sustraerse a él; ninguno se libra, violándole, de los remordimientos de su conciencia, cualquiera que sea el rodeo que haya tomado para engañarse a sí mismo.

Tal es la inflexible doctrina, por la que Sócrates, destruyendo piedra por piedra el frágil edificio de la moral de Critón, que es la moral del pueblo, prefiere a su salud el cumplimiento riguroso de su deber. ¿Podría ser de otra manera? ¡Qué contradicción resultaría si el mismo hombre que antes en la plaza pública, en presencia de sus jueces, se había regocijado de su muerte como del mayor bien que podía sucederle, hubiera renegado, fugándose, de ese valor y de esas sublimes esperanzas del día de su proceso! Sócrates, el más sabio de los hombres, se convertiría en un cobarde y mal ciudadano. Critón mismo se vió reducido al silencio por la firme razón de su maestro, quien le despide con estas admirables palabras: "Sigamos el camino que el dios nos ha trazado. Dios es el deber mismo, porque es su origen: realizar su deber es inspirarse en el dios."

CRITÓN O DEL DEBER

SÓCRATES.—¿Cómo vienes tan temprano, Critón? ¿No es aún muy de madrugada?

CRITÓN.—Es cierto.

SÓCRATES.—¿Qué hora puede ser?

CRITÓN.—Acaba de romper el día.

SÓCRATES.—Extraño que el alcaide te haya dejado entrar.

CRITÓN.—Es hombre con quien llevo alguna relación; me ha visto aquí muchas veces, y me debe algunas atenciones.

SÓCRATES.—¿Acabas de llegar, o hace tiempo que has venido?

CRITÓN.—Ya hace algún tiempo.

SÓCRATES.—¿Por qué has estado sentado cerca de mí sin decirme nada, en lugar de despertarme en el acto que llegaste?

CRITÓN.—¡Por Zeus!, Sócrates, ya me hubiera guardado de hacerlo. Yo, en tu lugar, temería que me despertaran, porque sería despertar el sentimiento de mi infortunio. En el largo rato que estoy aquí, me ha admirado verte dormir con un sueño tan tranquilo, y no he querido despertarte, con intención, para que gozaras de tan bellos momentos. En verdad, Sócrates, desde que te conozco he estado encantado de tu carácter, pero jamás tanto como en la presente desgracia, que soportas con tanta dulzura y tranquilidad.

SÓCRATES.—Sería cosa poco racional, Critón, que un hombre, a mi edad, temiese la muerte.

CRITÓN.—¡Ah! ¿Cuántos se ven todos los días del mismo tiempo que tú y en igual desgracia, a quienes la edad no impide lamentarse de su suerte?

SÓCRATES.—Es cierto, pero en fin, ¿por qué has venido tan temprano?

CRITÓN.—Para darte cuenta de una nueva terrible, que, por poca influencia que sobre ti tenga, yo la temo; porque llenará de dolor a tus parientes, a tus amigos; es la nueva más triste y más aflictiva para mí.

SÓCRATES.—¿Cuál es? ¿Ha llegado de Delfos el buque cuya vuelta ha de marcar el momento de mi muerte? (1)

CRITÓN.—No, pero llegará sin duda hoy, según lo que refieren los que vienen de Sunio (2), donde le han dejado; y siendo así, no puede menos de llegar hoy aquí, y mañana, Sócrates, tendrás que dejar de existir.

SÓCRATES.—Enhorabuena, Critón, sea así, puesto que tal es la voluntad de los dioses. Sin embargo, no creo que llegue hoy el buque.

CRITÓN.—¿De dónde sacas esa conjetura?

SÓCRATES.—Voy a decírtelo; yo no debo morir hasta el día siguiente de la vuelta de ese buque.

CRITÓN.—Por lo menos, eso es lo que dicen aquellos de quienes depende la ejecución.

SÓCRATES.—El buque no llegará hoy, sino mañana, como lo deduzco de un sueño que he tenido esta noche, no hace un momento, y es una fortuna, a mi parecer, que no me hayas despertado.

CRITÓN.—¿Cuál es ese sueño?

SÓCRATES.—Me ha parecido ver cerca de mí una mujer hermosa y bien formada, vestida de blanco, que me llamaba y me decía: Sócrates, dentro de tres días estarás en la fértil Ftía (3).

CRITÓN.—¡Extraño sueño, Sócrates!

SÓCRATES.—Es muy significativo, Critón.

CRITÓN.—Demasiado, sin duda; pero por esta vez, Sócrates, sigue mis consejos, sálvate. Porque en cuanto

---

(1) Esta nave conducía desde Atenas, una vez por año, una peregrinación a Delfos, la isla santa. Entre su partida y su vuelta no debía cumplirse ninguna ejecución capital, a fin de que la ciudad permaneciese pura.

(2) El cabo Sunio sobre el que estaba construído un templo a Atenea, en la parte sudeste de Ática.

(3) Homero, *Ilíada*, IX, 363.

a mí, si mueres, además de verme privado para siempre de ti, de un amigo de cuya pérdida nadie podrá consolarme, témome que muchas gentes, que no nos conocen bien ni a ti ni a mí, crean que pudiendo salvarte a costa de mis bienes de fortuna, te he abandonado. ¿Y hay cosa más indigna que adquirir la reputación de querer más su dinero que sus amigos? Porque el pueblo jamás podrá persuadirse de que eres tú el que no has querido salir de aquí, cuando yo te he estrechado a hacerlo.

SÓCRATES.—Pero, mi querido Critón, ¿debemos hacer tanto aprecio de la opinión del pueblo? ¿No basta que las personas más racionales, las únicas que debemos tener en cuenta, sepan de qué manera han pasado las cosas?

CRITÓN.—Yo veo, sin embargo, que es muy necesario no despreciar la opinión del pueblo, y tu ejemplo nos hace ver claramente que es muy capaz de ocasionar desde los más pequeños hasta los más grandes males a los que una vez han caído en su desgracia.

SÓCRATES.—¡Ojalá!, Critón, el pueblo fuese capaz de cometer los mayores males, porque de esta manera sería también capaz de hacer los más grandes bienes. Esto sería una gran fortuna, pero no puede ni lo uno ni lo otro; porque no depende de él hacer a los hombres sabios o insensatos. El pueblo juzga y obra a la ventura.

CRITÓN.—Lo creo; pero respóndeme, Sócrates. ¿El no querer fugarte nace del temor que puedas tener de que no falte un delator que me denuncie a mí y a tus demás amigos, acusándonos de haberte sustraído, y que por este hecho nos veamos obligados a abandonar nuestros bienes o pagar crecidas multas o sufrir penas mayores? Si éste es el temor, Sócrates, destiérrale de tu alma. ¿No es justo que por salvarte nos expongamos a todos estos peligros y aun mayores, si es necesario? Repito, mi querido Sócrates, no resistas; toma el partido que te aconsejo.

SÓCRATES.—Es cierto, Critón; tengo esos temores y aun muchos más.

CRITÓN.—Tranquilízate, pues, porque en primer lugar la suma que se pide por sacarte de aquí no es de gran consideración. Por otra parte, sabes la situación mísera que rodea a los que podrían acusarnos y el poco sacrificio que habría de hacerse para cerrarles la boca; y mis bienes, que son tuyos, son harto suficientes. Si tienes alguna dificultad en aceptar mi ofrecimiento, hay aquí un buen número de extranjeros dispuestos a suministrar lo necesario; sólo Simmias de Tebas ha presentado la suma suficiente; Cebes está en posición de hacer lo mismo y aún hay muchos más (4).

Tales temores, por consiguiente, no deben ahogar en ti el deseo de salvarte, y en cuanto a lo que decías uno de estos días delante de los jueces, de que si hubieras salido desterrado, no hubieras sabido dónde fijar tu residencia, esta idea no debe detenerte. A cualquier parte del mundo adonde tú vayas, serás siempre querido. Si quieres ir a Tesalia, tengo allí amigos que te obsequiarán como tú mereces, y que te pondrán a cubierto de toda molestia. Además, Sócrates, cometes una acción injusta entregándote tú mismo, cuando puedes salvarte, y trabajando en que se realice en ti lo que tus enemigos más desean en su ardor por perderte. Faltas también a tus hijos, porque los abandonas, cuando hay un medio de que puedas alimentarlos y educarlos. ¡Qué horrible suerte espera a estos infelices huérfanos! Es preciso o no tener hijos o exponerse a todos los cuidados y penalidades que exige su educación. Me parece en verdad que has tomado el partido del más indolente de los hombres, cuando deberías tomar el de un hombre de corazón; tú, sobre todo, que haces profesión de no haber seguido en toda tu vida otro camino que el de la virtud. Te confieso, Sócrates, que me da vergüenza por ti y por nosotros tus amigos que se crea que todo lo que está sucediendo se ha debido a nuestra cobardía. Se nos acriminará, en primer lugar, por tu comparecencia ante el tribunal, cuando pudo evitarse; luego, por el curso de tu proceso; y en fin, como término de

---

(4) Simmias y Cebes, ricos ciudadanos de Tebas, discípulos del pitagórico Filolaos, habían venido a Atenas a oír a Sócrates.

este lastimoso drama, por haberte abandonado por temor o por cobardía, puesto que no te hemos salvado; y se dirá también que tú mismo no te has salvado por culpa nuestra, cuando podías hacerlo con sólo que nosotros te hubiéramos prestado un pequeño auxilio. Piénsalo bien, mi querido Sócrates; con la desgracia que te va a suceder tendrás también una parte en el baldón que va a caer sobre todos nosotros. Consúltate a ti mismo, pero ya no es tiempo de consultas; es preciso tomar un partido, y no hay que escoger: es preciso aprovechar la noche próxima. Todos mis planes se desgracian si aguardamos un momento más. Créeme. Sócrates, y haz lo que te digo.

SÓCRATES.—Mi querido Critón, tu solicitud es muy laudable, si es que concuerda con la justicia; pero por lo contrario, si se aleja de ella, cuanto más grande es, se hace más reprensible. Es preciso examinar, ante todo, si deberemos hacer lo que tú dices o si no deberemos; porque no es de ahora, ya lo sabes, la costumbre que tengo de sólo ceder por razones que me parezcan justas, después de haberlas examinado detenidamente. Aunque la fortuna me sea adversa, no puedo abandonar las máximas de que siempre he hecho profesión; ellas me parecen siempre las mismas, y como las mismas las estimo igualmente. Si no me das razones más fuertes, debes persuadirte de que yo no cederé. aunque todo el poder del pueblo se armase contra mí, y, para aterrarme como a un niño, me amenazase con sufrimientos más duros que los que me rodean: cadenas, la miseria, la muerte. Pero, ¿cómo se verifica este examen de una manera conveniente? Recordando nuestras antiguas conversaciones, a saber: de si ha habido razón para decir que hay ciertas opiniones que debemos respetar y otras que debemos despreciar. ¿O es que esto se pudo decir antes de ser yo condenado a muerte, y ahora de repente hemos descubierto que si se dijo entonces fué como una conversación al aire, no siendo en el fondo más que una necedad o un juego de niños? Deseo, pues, examinar aquí contigo, en mi nueva situación, si este principio me parece distinto o si le encuentro siempre el mismo, para abandonarle o seguirle.

Es cierto, si yo no me engaño, que aquí hemos dicho muchas veces, y creeríamos hablar con formalidad, que entre las opiniones de los hombres las hay que son dignas de la más alta estimación y otras que no merecen ninguna. Critón, en nombre de los dioses, ¿te parece esto bien dicho? Porque, según todas las apariencias humanas, tú no estás en peligro de morir mañana, y el temor de un peligro presente no te hará variar en tus juicios; piénsalo, pues, bien. ¿No encuentras que con razón hemos sentado que no es preciso estimar todas las opiniones de los hombres, sino tan sólo algunas, y no de todos los hombres indistintamente, sino tan sólo de algunos? ¿Qué dices a esto? ¿No te parece verdadero?

CRITÓN.—Mucho.

SÓCRATES.—¿En este concepto, no es preciso estimar sólo las opiniones buenas y desechar las malas?

CRITÓN.—Sin duda.

SÓCRATES.—¿Las opiniones buenas no son las de los sabios, y las malas las de los necios?

CRITÓN.—No puede ser de otra manera.

SÓCRATES.—Vamos a sentar nuestro principio. ¿Un hombre que se ejercita en la gimnasia podrá ser alabado o reprendido por un cualquiera que llegue, o sólo por el que sea médico o maestro de gimnasia?

CRITÓN.—Por éste sólo, sin duda.

SÓCRATES.—¿Debe temer la represión y estimar las alabanzas de éste sólo y despreciar lo que le digan los demás?

CRITÓN.—Sin duda.

SÓCRATES.—Por esta razón, ¿debe ejercitarse, comer, beber, según lo prescriba este maestro y no dejarse dirigir por el capricho de todos los demás?

CRITÓN.—Eso es incontestable.

SÓCRATES.—He aquí sentado el principio. Pero si desobedeciendo a este maestro y despreciando sus atenciones y alabanzas, se deja seducir por las caricias y alabanzas del pueblo y de los ignorantes, ¿no le resultará mal?

CRITÓN.—¿Cómo no le ha de resultar?

SÓCRATES.—¿Pero este mal de qué naturaleza será? ¿A qué conducirá? ¿Y qué parte de este hombre afectará?

CRITÓN.—A su cuerpo, sin duda, que infaliblemente arruinará.

SÓCRATES.—Muy bien, he aquí sentado este principio; ¿pero no sucede lo mismo en todas las demás cosas? Porque sobre lo justo, lo honesto y lo deshonesto, lo bueno y lo malo, que eran en este momento la materia de nuestra discusión, ¿nos atendremos más bien a la opinión del pueblo que a la de un solo hombre, si se encuentra uno muy experto y muy hábil, por el que sólo debamos tener más respeto y más deferencia que por el resto de los hombres? ¿Y si no nos conformamos al juicio de este único hombre, no es cierto que arruinaremos enteramente lo que no vive ni adquiere nuevas fuerzas en nosotros sino por la justicia, y que no perece sino por la injusticia? ¿O es preciso creer que todo eso es una farsa?

CRITÓN.—Soy de tu dictamen, Sócrates.

SÓCRATES.—Estáme atento, yo te lo suplico; si adoptando la opinión de los ignorantes, destruimos en nosotros lo que sólo se conserva por un régimen sano y se corrompe por un mal régimen, ¿podremos vivir con esta parte de nosotros mismos así corrompida? Ahora tratamos sólo de nuestro cuerpo. ¿No es verdad?

CRITÓN.—De nuestro cuerpo, sin duda.

SÓCRATES.—¿Y se puede vivir con un cuerpo destruído o corrompido?

CRITÓN.—No, seguramente.

SÓCRATES.—¿Y podremos vivir después de corrompida esta otra parte de nosotros mismos, que no tiene salud en nosotros, sino por la justicia y que la injusticia destruye? ¿O creemos menos noble que el cuerpo esta parte, cualquiera que ella sea, donde residen la justicia y la injusticia?

CRITÓN.—Nada de eso.

SÓCRATES.—¿No es más preciosa?

CRITÓN.—Mucho más.

SÓCRATES.—Nosotros, mi querido Critón, no debemos curarnos de lo que diga el pueblo, sino sólo de lo que dirá aquel que conoce lo justo y lo injusto, y este juez único es la verdad. Ves por esto que sentaste malos principios cuando dijiste al comienzo que debíamos hacer caso de la opinión del pueblo sobre lo justo, lo bueno y lo honesto y sus contrarias. Quizá me dirás: pero el pueblo tiene el poder de hacernos morir.

CRITÓN.—Seguramente que se dirá.

SÓCRATES.—Así es, pero, mi querido Critón, esto no podrá variar la naturaleza de lo que acabamos de decir. Y si no, respóndeme: ¿No es un principio sentado que el hombre no debe desear tanto el vivir como el vivir bien?

CRITÓN.—Estoy de acuerdo.

SÓCRATES.—¿No admites igualmente que vivir bien no es otra cosa que vivir como lo reclaman la probidad y la justicia?

CRITÓN.—Sí.

SÓCRATES.—Conforme a lo que acabas de concederme, es preciso examinar ante todo si hay justicia o injusticia en salir de aquí sin el permiso de los atenienses; porque si esto es justo, es preciso intentarlo; y si es injusto es preciso abandonar el proyecto. Porque con respecto a todas esas consideraciones, que me has alegado, de dinero, de reputación, de familia, ¿qué otra cosa son que consideraciones de ese vil populacho que hace morir sin razón y que sin razón quisiera después hacer revivir, si le fuera posible? Pero respecto a nosotros, conforme a nuestro principio, todo lo que tenemos que considerar es si haremos una cosa justa dando dinero y contrayendo obligaciones con los que nos han de sacar de aquí, o bien si ellos y nosotros no cometeremos en esto injusticia; porque si la cometemos, no hay más que razonar; es preciso morir aquí o sufrir cuantos males vengan, antes que obrar injustamente.

CRITÓN.—Tienes razón, Sócrates, veamos cómo hemos de obrar.

SÓCRATES.—Veámoslo juntos, amigo mío; y si tienes alguna objeción que hacerme, cuando yo hable, házmela, para ver si puedo someterme, y en otro caso cesa, te lo suplico, de estrecharme a salir de aquí contra la voluntad de los atenienses. Yo quedaría complacidísimo de que me persuadieras a hacerlo, pero yo necesito convicciones. Mira, pues, si te satisface la manera con que voy a comenzar este examen, y procura responder a mis preguntas lo más sinceramente que te sea posible.

CRITÓN.—Lo haré.

SÓCRATES.—¿Es cierto que jamás se pueden cometer injusticias? ¿O es permitido cometerlas en unas ocasiones y en otras no? ¿O bien, es absolutamente cierto que la injusticia jamás es permitida, como muchas veces hemos convenido y ahora mismo acabamos de convenir? ¿Y todos estos juicios, con los que estamos de acuerdo, se han desvanecido en tan pocos días? ¿Sería posible, Critón, que en nuestros años, las conversaciones más serias se hayan hecho semejantes a las de los niños, sin que nos hayamos dado cuenta de ello? ¿O más bien, es preciso atenernos estrictamente a lo que hemos dicho: que toda injusticia es vergonzosa y funesta al que la comete, digan lo que quieran los hombres, y sea bien o sea mal el que resulte?

CRITÓN.—Estamos conformes.

SÓCRATES.—¿Es preciso no cometer injusticia de ninguna manera?

CRITÓN.—Sí, sin duda.

SÓCRATES.—¿Entonces es preciso no hacer injusticia a los mismos que nos la hacen, aunque el vulgo crea que esto es permitido, puesto que convienes en que en ningún caso puede tener lugar la injusticia?

CRITÓN.—Así me lo parece.

SÓCRATES.—¡Pero qué! ¿Es permitido hacer mal a alguno o no lo es?

CRITÓN.—No, sin duda, Sócrates.

SÓCRATES.—¿Pero es justo volver el mal por el mal, como lo quiere el pueblo, o es injusto?

CRITÓN.—Muy injusto.

SÓCRATES.—¿Es cierto que no hay diferencia entre hacer el mal y ser injusto?

CRITÓN.—Lo confieso.

SÓCRATES.—Es preciso, por consiguiente, no hacer jamás injusticia, ni volver el mal por el mal, cualquiera que haya sido el que hayamos recibido. Pero ten presente, Critón, que confesando esto, acaso hables contra tu propio juicio, porque sé muy bien que hay pocas personas que lo admiten, y siempre sucederá lo mismo. Desde el momento en que están discordes sobre este punto, es imposible entenderse sobre lo demás, y la diferencia de opiniones conduce necesariamente a un desprecio recíproco. Reflexiona bien, y mira si realmente estás de acuerdo conmigo, y si podemos discutir, partiendo de este principio: que en ninguna circunstancia es permitido ser injusto, ni volver injusticia por injusticia, mal por mal; o si piensas de otra manera, provoca como de nuevo la discusión. Con respecto a mí, pienso hoy como pensaba en otro tiempo. Si tú has mudado de parecer, dilo, y expóneme los motivos; pero si permaneces fiel a tus primeras opiniones, escucha lo que te voy a decir.

CRITÓN.—Permanezco fiel y pienso como tú; habla, ya te escucho.

SÓCRATES.—Prosigo, pues, o más bien te pregunto: ¿un hombre que ha prometido una cosa justa debe cumplirla o faltar a ella?

CRITÓN.—Debe cumplirla.

SÓCRATES.—Conforme a esto, considera si saliendo de aquí sin el consentimiento de los atenienses haremos mal a alguno y a los mismos que no lo merecen. ¿Respetaremos o eludiremos el justo compromiso que hemos contraído?

CRITÓN.—No puedo responder a lo que me preguntas, Sócrates, porque no te entiendo.

SÓCRATES —Veamos si de esta manera lo entiendes mejor. En el momento de la huída, o, si te agrada más, de nuestra salida, si la ley y la república misma se presentasen delante de nosotros y nos dijesen: Sócrates, ¿qué vas a hacer? ¿La acción que preparas no tiende a trastornar, en cuanto de ti depende, a nosotros y al Estado entero? Porque, ¿qué Estado puede subsistir si los fallos dados no tienen ninguna fuerza y son eludidos por los particulares? ¿Qué podríamos responder, Critón, a este cargo y otros semejantes que se nos podrían dirigir? Porque, ¿qué no diría, especialmente un orador, sobre esta infracción de la ley, que ordena que los fallos dados sean cumplidos y ejecutados? ¿Responderemos nosotros que la república nos ha hecho injusticia y que no ha juzgado bien? ¿Es esto lo que responderíamos?

CRITÓN.—Sí, sin duda, se lo diríamos.

SÓCRATES.—"¡Qué!, dirá la ley ateniense, ¿Sócrates, no habíamos convenido en que tú te someterías al juicio de la república?" Y si nos manifestáramos como sorprendidos de este lenguaje, ella nos diría quizá: "No te sorprendas, Sócrates, y respóndeme, puesto que tienes costumbre de proceder por preguntas y respuestas. Dime, pues, ¿qué motivo de quejas tienes tú contra la república y contra mí cuando tantos esfuerzos haces para destruirme? ¿No soy yo a la que debes la vida? ¿No tomó bajo mis auspicios tu padre por esposa a la que te ha dado a luz? ¿Qué encuentras de reprensible en estas leyes que hemos establecido sobre el matrimonio?" Yo le responderé sin dudar: Nada. "¿Y las que miran al sostenimiento y educación de los hijos, a cuya sombra tú has sido educado, no te parecen justas en el hecho de haber ordenado a tu padre que te educara en todos los ejercicios del espíritu y del cuerpo?" Exactamente, diría yo. "Y siendo esto así, puesto que has nacido y has sido mantenido y educado gracias a mí, ¿te atreverás a sostener que no eres hijo y servidor nuestro lo mismo que tus padres? Y si así es, ¿piensas tener derechos iguales a la ley misma, y que te sea permitido devolver sufrimientos por sufrimientos, por los que yo pudiera hacerte pasar? Este derecho, que jamás podrías tener contra un padre o contra una madre, de devolver mal por bien, injuria por injuria, golpe por golpe, ¿crees tú tenerlo contra tu patria y contra la ley? Y si tratáramos de perderte, creyendo que era justo, ¿querrías adelantarte y perder las leyes y tu patria? ¿Llamarías a esto justicia, tú que haces profesión de no separarte del camino de la virtud? ¿Tu sabiduría te impide ignorar que la patria es digna de más respeto y más veneración delante de los dioses y de los hombres que un padre o una madre y que todos los parientes juntos? Es preciso respetar la patria en su cólera, tener con ella la sumisión y miramientos que se tienen a un padre, atraerla por la persuasión u obedecer sus órdenes, sufrir sin murmurar todo lo que quiera que se sufra, aun cuando sea verse azotado o cargado de cadenas, y que si nos envía a la guerra para ser allí heridos o muertos, es preciso marchar allá, porque allí está el deber, y no es permitido ni retroceder, ni echar pie atrás, ni abandonar el puesto, y que lo mismo en los campos de batalla, que ante los tribunales, que en todas las situaciones, es preciso obedecer lo que quiere la república, o emplear para con ella los medios de persuasión que la ley concede; y, en fin, que si es una impiedad hacer violencia a un padre o a una madre, es mucho mayor hacerla a la patria." ¿Qué responderemos a esto, Critón? ¿Reconoceremos que la ley dice la verdad?

CRITÓN.—Así me parece.

SÓCRATES.—"Ya ves, Sócrates—continuaría la ley—, que si tengo razón, eso que intentas contra mí es injusto. Yo te he hecho nacer, te he alimentado, te he educado; en fin, te he hecho, como a los demás ciudadanos, todo el bien de que he sido capaz. Sin embargo, no me canso de decir públicamente que es permitido a cada uno en particular, después de haber examinado las leyes y las costumbres de la república, si no está satisfecho, retirarse a donde guste con todos sus bienes; y si hay alguno que no pudiendo acomodarse a nuestros usos, quiere irse a una colonia o a cualquier otro punto, no hay uno entre vosotros que se oponga a ello y puede libremente marcharse a donde le acomode. Pero también a los que permanecen, después de haber considerado detenidamente de qué manera ejercemos la justicia y qué policía hacemos observar en la república, yo les digo que están obligados a hacer todo lo que les mandemos, y si desobedecen, yo los declaro injustos por tres infracciones: porque no obedecen a quien les ha hecho nacer; porque desprecian a quien los ha alimentado; porque estando obligados a obedecerme, violan la fe jurada, y no se toman el trabajo de convencerme si se les obliga a alguna cosa injusta; y bien que no haga más que proponer sencillamente las cosas sin usar de violencia para hacerme obedecer, y que les dé la elección entre obedecer o convencernos de injusticia, ellos no hacen ni lo uno ni lo otro. He aquí, Sócrates, la acusación de que te harás acreedor si ejecutas tu designio, y tú serás mucho más culpable que cualquier otro ciudadano." Y si yo le pidiese la razón, la ley me cerraría sin duda la boca diciéndome que yo estoy más que todos los demás ciudadanos sometido a todas estas condiciones. "Yo tengo, me diría, grandes pruebas de que la ley y la república han sido de tu agrado, porque no hubieras permanecido en la ciudad como los demás atenienses si la estancia en ella no te hubiera sido más satisfactoria que en todas las demás ciudades. Jamás ha habido espectáculo que te haya obligado a salir de esta ciudad, salvo una vez cuando fuiste a Corinto para ver los juegos (5); jamás has salido que no sea a expediciones militares; jamás emprendiste viajes, como es costumbre entre los ciudadanos; jamás has tenido la curiosidad de visitar otras ciudades ni de conocer otras leyes; tan apasionado has sido por esta ciudad, y tan decidido a vivir según nuestras máximas, que aquí has tenido

_____

(5) Eran los juegos que cada tres años se celebraban en el istmo de Corinto en honor de Poseidón, desde que Teseo los había renovado.

hijos, testimonio patente de que vivías complacido en ella. En fin, durante tu proceso podías condenarte a destierro, si hubieras querido, y hacer entonces, con asentimiento de la república, lo que intentas hacer ahora a pesar suyo. Tú que te alababas de ver venir la muerte con indiferencia, y que pretendías preferirla al destierro, ahora, sin miramientos a estas magníficas palabras, sin respeto a las leyes, puesto que quieres abatirlas, haces lo que haría el más vil esclavo, tratando de salvarte contra las condiciones del tratado que te obliga a vivir según nuestras reglas. Respóndenos, pues, como buen ciudadano: ¿no decimos la verdad, cuando sostenemos que tú estás sometido a este tratado, no con palabras, sino de hecho y a todas sus condiciones?" ¿Qué diríamos a esto? ¿Y qué partido podríamos tomar más que confesarlo?

CRITÓN.—Sería preciso hacerlo, Sócrates.

SÓCRATES.—La ley continuaría diciendo: "¿Y qué adelantarías, Sócrates, con violar este tratado y todas sus condiciones? No has contraído esta obligación ni por la fuerza, ni por la sorpresa, ni tampoco te ha faltado tiempo para pensarlo. Setenta años han pasado, durante los cuales has podido retirarte si no estabas satisfecho de mí y si las condiciones que te proponía no te parecían justas. Tú no has preferido ni a Lacedemonia, ni a Creta, cuyas leyes han sido constantemente un objeto de alabanza en tu boca, ni tampoco has dado esta preferencia a ninguna de las otras ciudades de la Hélade o de los países extranjeros. Tú, como los cojos, los ciegos y todos los estropeados, jamás has salido de la ciudad, lo que es una prueba invencible de que te ha complacido vivir en ella más que a ningún otro ateniense; y bajo nuestra influencia, por consiguiente, porque sin leyes, ¿qué ciudad puede ser aceptable? ¡Y ahora te rebelas y no quieres ser fiel a este pacto! Pero si me crees, Sócrates, tú le respetarás, y no te expondrás a la risa pública saliendo de Atenas; porque reflexiona, pues, un instante: ¿qué ocurriría con todos tus amigos si persistís en la idea de traspasar mis órdenes? Tus amigos quedarán infaliblemente expuestos al peligro de ser desterrados de su patria o de perder sus bienes, y respecto a ti, si te retiras a alguna ciudad vecina, a Tebas o Megara, como son ciudades muy bien gobernadas, serás mirado allí como un enemigo; porque todos los que tienen amor a su patria te mirarán con desconfianza como un corruptor de las leyes. Les confirmarás igualmente en la justicia del fallo que recayó contra ti, porque todo corruptor de las leyes pasará fácilmente y siempre por corruptor de la juventud y del pueblo ignorante. ¿Evitarás todo roce en esas ciudades cultas y en esas sociedades compuestas de hombres justos? Pero entonces, ¿qué placer puedes tener en vivir? ¿O tendrás valor para aproximarte a ellos, y decirles, como haces aquí, que la virtud, la justicia, las leyes y las costumbres deben estar por cima de todo y ser objeto de culto y de la veneración de los hombres? ¿Y no reconoces que esto sería altamente vergonzoso? No puedes negarlo, Sócrates. Tendrías necesidad de salir inmediatamente de esas ciudades cultas, e irías a Tesalia, a casa de los amigos de Critón; a Tesalia donde reina más el libertinaje que el orden (6), y en donde te oirán sin duda con singular placer referir el disfraz con que habías salido de la prisión, vestido de harapos o cubierto con una piel, o, en fin, disfrazado de cualquier manera, como acostumbran hacer todos los fugitivos. ¿Pero no se encontrará uno que diga: he aquí un anciano que no pudiendo ya alargar su existencia naturalmente, tan ciego está por el ansia de vivir, que no ha dudado, por conservar la vida, echar por tierra las leyes más santas? Quizá no lo oirás si no ofendes a nadie; pero al menor motivo de queja te dirían éstas y otras mil cosas indignas de ti; vivirás esclavo y víctima de todos los demás hombres, porque ¿qué remedio te queda? Estarás en Tesalia entregado a perpetuos festines, como si sólo te hubiera atraído allí un generoso hospedaje. Pero entonces, ¿adónde han ido a parar tus magníficos discursos sobre la justicia

_____

(6) Tesalia era un país donde reinaban la licencia y la corrupción, y así Jenofonte observa que allí fué donde Critias se perdió.

y sobre la virtud? Quieres de esta manera conservarte
quizá para dar sustento y educación a tus hijos? ¡Qué!
¿Será en Tesalia donde los has de educar? ¿Creerás
hacerles un bien convirtiéndolos en extranjeros y ale-
jándolos de su patria? ¿O bien no quieres llevarlos contigo, y crees que, ausente tú de Atenas, serán mejor
educados viviendo tú? Sin duda tus amigos tendrán cuidado de ellos. Pero este cuidado que tus amigos tomarán en tu ausencia, ¿no lo tomarán igualmente después de tu muerte? Persuádete de que los que se dicen
tus amigos te prestarán los mismos servicios, si es
cierto que puedes contar con ellos. En fin, Sócrates,
ríndete a mis razones, sigue los consejos de la que te
ha dado el sustento, y no te fijes ni en tus hijos, ni
en tu vida, en ninguna otra cosa, sea lo que sea, más
que en la justicia, y cuando vayas al Hades tendrás con
qué defenderte delante de los jueces. Porque desen-
gáñate, si haces lo que has resuelto, si faltas a las leyes, no harás tu causa ni la de ninguno de los tuyos
ni mejor, ni más justa, ni más santa, sea durante tu
vida, sea después de tu muerte. Pero si mueres, mori-
rás víctima de la injusticia, no de las leyes, sino de
los hombres; en lugar de que si sales de aquí ver-
gonzosamente, volviendo injusticia por injusticia, mal
por mal, faltarás al pacto que te liga a mí, dañarás
a una porción de gentes que no debían esperar eso
de ti; te dañarás a ti mismo, a mí, a tus amigos, a tu
patria. Yo seré tu enemiga mientras vivas, y cuando
hayas muerto, nuestras hermanas, las leyes que rigen
en los infiernos, no te recibirán indudablemente con
mucho favor, sabiendo que has hecho todos los esfuerzos posibles para arruinarme. No sigas, pues, los consejos de Critón y sí los míos."

Me parece, mi querido Critón, oír estos acentos,
como los inspirados por Cibeles creen oír las flautas
sagradas (7). El sonido de estas palabras resuena en mi

---

(7) Los coribantes, sacerdotes de Cibeles, turbaban con el son
de las flautas la razón de los iniciados en sus misterios y los
volvían insensibles a toda otra impresión.

alma y me hace insensible a cualquier otro discurso, y has de saber que, por lo menos en mi disposición presente, cuanto puedas decirme en contra será inútil. Sin embargo, si crees convencerme, habla.

CRITÓN.—Sócrates, nada tengo que decir.

FEDON

ARGUMENTO

El *Fedón* no es, como los precedentes diálogos, una mera serie de preguntas y respuestas sin otro objeto que poner en evidencia el error de una teoría o la verdad de un principio; sino que es una composición de distinto género, en la que, en medio de los incidentes de un argumento principal, se proponen, discuten y resuelven problemas complejos, que interesan a la vez a la psicología, a la moral y a la metafísica; obra sabia en la que están refundidos, con profunda intención, tres objetos muy diferentes: el relato histórico, la discusión y el mito.

El relato histórico consiste en la pintura sensible y viva del último día y de la muerte de Sócrates, que a Equécrates de Flionte hace Fedón, testigo conmovido aún por la muerte serena y noble, que fielmente refiere con un lenguaje en el que campean la sencillez y la grandeza antiguas; cuadro de eterna belleza, en el que nadie puede fijar sus miradas sin verse insensiblemente poseído de la admiración y entusiasmo que respiran las palabras de su autor. En el momento en que Fedón nos abre las puertas de la prisión, aparece Sócrates, sentado al borde de su cama, en medio de sus discípulos, que muy de mañana concurrieron para recoger las últimas palabras de su venerado maestro. Aparece con un aire tranquilo y risueño, sin advertirse en él sombra alguna de tristeza ni de decaimiento que altere su semblante, sino sereno y tranquilo, como el pensamiento que le anima. Fuera de la emoción, mal contenida, de sus amigos, y las lágrimas, que a pesar de éstos salen de sus ojos, y las lamentaciones de Jantipa, su mujer; nada absolutamente se advertía en la

51

persona de Sócrates que indicara la proximidad de su muerte; él mantiene sin esfuerzo su modo de ser y su lenguaje ordinarios. Fedón nos enternece con sus recuerdos personales; se complace en traer a la memoria que su maestro, a cuyos pies tenía costumbre de sentarse en un pequeño cojín, jugaba aquel mismo día con su cabellera, durante la conversación; y se chanceaba recordándole que al día siguiente, con motivo del duelo, se vería precisado a cortarla. Resuelto a dar a sus amigos el ejemplo de una vida consagrada hasta el último momento a la filosofía, Sócrates hizo retirar a su mujer y a sus hijos; puso trabas al dolor de sus amigos, y no tardó en provocar a Simmias y a Cebes a una discusión, que debía prolongarse hasta la puesta del sol, o sea hasta el instante marcado por la ley para beber la cicuta. Será, como lo dice él mismo, el canto del cisne; no un canto de tristeza, sino más bien de sublime esperanza en la vida bienaventurada e inmortal.

¿No debe el filósofo desear morir? ¿Tiene el derecho de decidir, según su voluntad, la muerte que tarda demasiado en venir, y no esperar el plazo del destino? Éstas son las primeras cuestiones que debían ocurrir naturalmente en aquella situación. La opinión de Sócrates es que la esperanza de encontrar, en una vida mejor que la nuestra, dioses justos, buenos y amigos de los hombres, basta para obligar al sabio a mirar la muerte con la sonrisa en los labios. Y en cuanto a acortar el término natural de la vida, ningún hombre, y el sabio menos que los demás, debe hacerlo; porque si hay una justa razón para no temer la muerte, hay dos para esperarla. Por lo pronto, debe dar una prueba de valor, soportando con paciencia los males de esta vida; y considerar que es una cobardía abandonar el puesto que le ha cabido en suerte. Por otra parte, su persona y su destino pertenecen a los dioses, sus creadores y dueños; y no tienen ningún derecho para disponer de sí, puesto que no se pertenece. Nunca se han invocado razones más fuertes contra el suicidio; y no es pequeño honor para Platón el que en un problema tan importante y tan delicado no tenga nada que envidiar su espiritualismo pagano ni a la moral cristiana ni al espiritualismo moderno. ¡Con qué fuerza pone en claro las razones de la diferente idea que de la vida y de la muerte se forman el filósofo y el vulgo! El vulgo se apega a la vida, porque lo único de que se cuida es del cuerpo y de los placeres de los sentidos, olvidándose de que tiene alma; y así la muerte le aterra, porque al destruirse el cuerpo, se ve privado de lo que más quiere. ¿Pero qué son el precio de la vida y el terror de la muerte para el que no da al cuerpo ningún valor? En este caso se halla el filósofo, que encuentra su felicidad sólo en el pensamiento; que aspira a bienes invisibles como el alma misma, e imposibles en este mundo; y que ve venir la muerte con alegría, como término del tiempo de prueba que le separa de esos mismos bienes, que han sido para él objeto de meditación durante toda su vida. Su vida, a decir verdad, no es más que una meditación sobre la muerte. Preguntad a Platón cuáles son estos bienes invisibles: "Yo no hablo sólo, dice, de lo justo, de lo bueno y de lo bello; sino también de la grandeza de la santidad, de la fuerza; en una palabra, de la esencia de todas las cosas; es decir, de lo que son en sí mismas." Éste es el primer rasgo de la teoría de las ideas, cuyo plan se va a desarrollar bien pronto.

¿Pero de dónde procede la certidumbre del filósofo de que con la muerte no perece todo él? Y no teniendo la prueba de que el alma debe sobrevivir al cuerpo, ¿quién le asegura que no sea esto un engaño y una bella ilusión? Platón, por boca de Sócrates, se resuelve firmemente a explicar todos estos problemas terribles, y toca uno tras otro los puntos siguientes, que basta indicar para conocer su importancia: la supervivencia del alma respecto del cuerpo, la reminiscencia, la preexistencia del alma, la existencia de las ideas en sí, la simplicidad, la inmaterialidad, la indisolubilidad, la libertad del alma y, en fin, su inmortalidad.

Parte de las ideas pitagóricas de la estancia del alma en los infiernos y de su vuelta a la vida, para probar que existe después de la muerte. Éste es el sentido de la máxima: "Los vivos nacen de los muertos", envuelta en esta otra más general: "Todo lo que tiene un contrario nace de este contrario"; como lo más grande, de lo más pequeño; lo más fuerte, de lo más débil; lo más ligero, de lo más lento; lo peor, de lo mejor; la vigilia, del sueño, y la vida, de la muerte. A este argumento en favor de la supervivencia del alma, tomado de la doctrina de la metempsicosis, se añade otro puramente platoniano en favor de la preexistencia. Es una consecuencia del principio según el que la ciencia es una reminiscencia; principio que supone ya la teoría de las ideas, con que nos encontramos aquí por segunda vez. Saber no es más que recordar, y el recuerdo supone un conocimiento anterior; por consiguiente, si el alma se acuerda de cosas que no ha podido conocer en esta vida, es una prueba de que ha existido antes. ¿No es cierto que nuestra alma, al través de la imperfecta igualdad que muestran los objetos sensibles entre sí, tiene la idea de una igualdad perfecta, inteligible e inaccesible a los sentidos? ¿No tiene asimismo la idea del bien, de lo justo, de lo santo y de la esencia de todas las cosas? Estos conocimientos no ha podido adquirirlos después de nacer, puesto que no son perceptibles a los sentidos, y es preciso que los haya adquirido antes: "La consecuencia de todo es que el alma existe antes de nuestra aparición en este mundo, y lo mismo las esencias." Estos dos argumentos, a decir verdad, a pesar del prestigio de los nombres de Pitágoras y Platón, no tienen a nuestros ojos más que un valor histórico. El primero es tan débil como la muerta teoría de la metempsicosis, de donde procede. El segundo tendría toda la fuerza de una demostración si las dos teorías de la idea y de la reminiscencia, que tanta importancia tienen en la doctrina de Platón, pudiesen ser hoy aceptadas sin reserva.

Pero he aquí, en cambio, una serie de razonamientos que bien pueden satisfacer a los espíritus más exigentes. Se fundan en el examen de la naturaleza del alma. Nuestra alma ¿es una de las cosas que pueden disolverse, o es indisoluble? ¿Es simple o compuesta, material o inmaterial? En fin, ¿con qué se conforma más: con lo que cambia sin cesar o con lo que subsiste eter-

namente idéntico a sí mismo? Todas estas cuestiones
bastan por sí solas para probar que, en el pensamiento
de Platón, el problema del destino del alma, después
de la muerte, no puede tener solución sino después del
relativo a su misma esencia. La busca desde luego, y a
este fin distingue dos órdenes de cosas; unas que son
simples, absolutas, inmutables, eternas; en una palabra,
las esencias inteligibles; otras, imágenes imperfectas de
las primeras, que son compuestas, mudables; es decir,
cuerpos perceptibles por medio de los sentidos. ¿En
cuál de estos dos órdenes se encuentra nuestra alma?
En el de las esencias; porque es como ellas invisible,
simple, y llevada por su propia tendencia a buscarlas,
como bien acomodado a su naturaleza. Si nuestra alma
es semejante a las esencias, no muda nunca, como no
mudan ellas; y no tiene que temer la disolución por la
muerte como el cuerpo; ella es inmortal. Pero Platón
tiene gran cuidado de decir en seguida que de que el
alma tenga asegurado a causa de su naturaleza un destino futuro, no se sigue que haya de ser este destino
igual para todas las almas indistintamente. La del filósofo y la del justo, depuradas mediante la constante
meditación sobre las esencias divinas, serán indudablemente admitidas a participar de la vida bienaventurada
de los dioses. Pero las del vulgo y la del hombre malo,
manchadas con impurezas y crímenes, serán privadas
de esta dichosa eternidad y sometidas a pruebas, cuya
pintura toma Platón de la mitología. Estas creencias de
otro tiempo prueban, por lo menos, la antigüedad de
la fe del género humano en una sanción suprema de la
ley moral, y fortifican, con el peso del consentimiento
universal, uno de los principios más ciertos de la filosofía.

Pero esta argumentación suscita dos objeciones. ¿No
puede decirse de la armonía de una lira, lo mismo que
del alma, que es invisible e inmaterial? ¿Y no puede
entonces temerse que suceda con el alma lo que con la
armonía, esto es, que perezca antes del cuerpo, como
la armonía perece antes de la lira? Esta objeción es
especiosa. Para reducirla a la nada, basta considerar

que no puede seriamente compararse el alma con la armonía, por dos poderosas razones: la primera, porque existe antes del cuerpo, como se ha demostrado, y es un absurdo decir que la armonía existe antes que la lira; la segunda, porque el alma manda al cuerpo y gobierna sus órganos, al paso que es un absurdo decir que la armonía manda a las partes de la lira. Y véase cómo la preexistencia y la libertad del alma vienen, en cierto modo, en auxilio de la inmortalidad que se pone en duda.

La otra objeción se funda en la idea de que no es imposible que el alma, después de haber sobrevivido a muchos cuerpos, llegue a perecer con el último a que anime. No estando esta objeción, como estaba la precedente, en contradicción con la preexistencia y la libertad del alma, con las cuales puede concordarse, Platón la refuta en nombre del principio a que apela sin cesar con motivo de todas las cuestiones capitales. Es el principio de la existencia de las ideas, que aparece aquí desenvuelto con más extensión, y sobre el que entra al fin en explicaciones. Por cima de todas las cosas que hieren nuestros sentidos en este mundo, hay seres puramente inteligibles, que son los tipos perfectos, absolutos, eternos, inmutables de todo cuanto de imperfecto existe en este mundo. Estos seres son las ideas, no abstractas, sino realmente existentes; únicas realidades, a decir verdad, y de las que es sólo una imperfecta imagen todo lo que no son ellas; son la justicia absoluta, la belleza absoluta, la santidad absoluta, la igualdad absoluta, la unidad absoluta, la imparidad absoluta, la grandeza absoluta, la pequeñez absoluta; entre las que no parece hacer al pronto Platón ninguna distinción, en cuanto admite la realidad de todas ellas del mismo modo. Ahora bien, si no hay repugnancia en admitir que la justicia, la belleza, la verdad absolutas existen en sí, como otros tantos atributos de Dios, es preciso convenir en que no están en el mismo caso estas oras ideas platonianas, tales como la igualdad, la magnitud, la fuerza, la pequeñez, y otras más lejanas aún de la naturaleza divina; es decir, de las ideas-tipos de todos los seres sensibles. Así nos vemos obligados a una de estas dos cosas: o a rechazar absolutamente la teoría de las ideas, porque es excesiva, o a suponer que el buen sentido de Platón ha debido establecer entre las ideas distinciones y grados, mediante los que su teoría sería racional. Es o último es lo que ' debe hacerse a pesar del silencio de Platón; pues si bien ni en el *Fedón* ni en ningún escrito se encuentra razón alguna explícita, debe tenerse casi como un argumento su insistencia manifiesta en fijarse con más empeño, en más ocasiones y con más fuerza en ciertas ideas con preferencia a otras. Estas ideas preferentes son las de lo bello, de lo justo, de lo verdadero, de lo santo, la del bien en sí; a las que parece dar, por lo mismo, una importancia capital. Desde este acto, decídase lo que se quiera sobre el carácter de las otras ideas, el principio de las Esencias mantiene toda su fuerza contra las dudas propuestas con respecto a la inmortalidad del alma. Si ésta, como se ha demostrado, participa de la naturaleza divina de las Esencias, no puede, como no pueden las Esencias mismas, admitir nada contrario a su naturaleza; no puede. cuando el cuerpo se disuelve, perecer con él, porque es inmutable, indisoluble; porque escapa por su propia esencia a todas las condiciones de la muerte. Y si tal es su destino, añade Sócrates, no hay que decir cuánto le importa poner en esta vida todo su cuidado en hacerse digna de una dichosa eternidad.

En este punto cesa la discusión y comienza el mito. No vamos a someter a un riguroso análisis esta pintura poética, y al mismo tiempo profundamente moral, de las estancias diferentes de los malos y de los justos; de las pruebas impuestas a los unos, y de la felicidad concedida a los otros. Pero importa observar, de una vez para siempre, el sentido filosófico de estas explicaciones tomadas de la mitología, que se encuentran en la mayor parte de los diálogos importantes de Platón. ¿A qué venía recurrir a las creencias religiosas y a las tradiciones populares? ¿Es una concesión prudente al politeísmo, para el que los adelantos de la filosofía corrían el riesgo de hacerse sospechosos, como lo prueban el proceso y la condenación de Sócrates? No es irracional pensarlo así. Pero parece explicación más digna la de que Platón, en interés mismo del progreso de las creencias morales, a cuya propagación consagró tantos esfuerzos, no despreciaba nada de cuanto pudiese contribuir a grabarlas más pronto en el espíritu de sus contemporáneos. ¿Qué cosa más conforme al objeto que se proponía, que establecer el acuerdo de los dogmas religiosos con las conclusiones de la filosofía sobre las cuestiones fundamentales de la moral? ¿Qué cosa más hábil que presentar las tradiciones populares como una imagen y una profecía de las doctrinas nuevas? Pero es preciso tener en cuenta la exactitud y superioridad de miras con que procura tomar de estos mitos primitivos sólo aquello que puede engrandecer el espíritu, hiriendo la imaginación. Todos los pormenores de estas pinturas contribuyen a este fin. Y con el mismo propósito nos presenta a Sócrates cumpliendo rigurosamente todos los actos que la religión imponía como homenaje debido a la omnipotencia de la divinidad: la libación y la oración a los dioses antes de beber la cicuta, y el sacrificio de un gallo a Asclepio.

Volviendo al fin al relato histórico, que en cierta manera abraza la obra entera, el *Fedón* termina con los pormenores dolorosos de los últimos momentos de Sócrates, a quien no abandonan sus amigos sino después de cerrarle piadosamente los ojos. En dos palabras se resume la impresión que deja en el espíritu esta grande y noble figura: *Sócrates ha sido el más sabio y el más justo de los hombres.*

FEDÓN O DEL ALMA

EQUÉCRATES (1) Y FEDÓN

SÓCRATES.—APOLODORO.—CEBES.—SIMMIAS.
CRITÓN.—FEDÓN.—JANTIPA.—EL SERVIDOR
DE LOS ONCE

EQUÉCRATES.—Fedón, ¿estuviste tú mismo cerca de Sócrates el día que bebió la cicuta en la prisión, o sólo sabes de oídas lo que pasó?

FEDÓN.—Yo mismo estaba allí, Equécrates.

EQUÉCRATES.—¿Qué dijo en sus últimos momentos y de qué manera murió? Te oiré con gusto, porque no tenemos a nadie que de Flionte vaya a Atenas; ni tampoco ha venido de Atenas ninguno que nos diera otras noticias acerca de este suceso, que la de que Sócrates había muerto después de haber bebido la cicuta. Nada más sabemos.

FEDÓN.—¿No habéis sabido nada de su proceso ni de las cosas que ocurrieron?

EQUÉCRATES.—Sí; lo supimos, porque no ha faltado quien nos lo refiriera; y sólo hemos extrañado el que la sentencia no hubiera sido ejecutada tan luego como recayó. ¿Cuál ha sido la causa de esto, Fedón?

FEDÓN.—Una circunstancia particular. Sucedió que la víspera del juicio se había coronado la popa del buque que los atenienses envían cada año a Delfos.

EQUÉCRATES.—¿Qué buque es ése?

FEDÓN.—Al decir de los atenienses, es el mismo buque en que Teseo condujo a Creta en otro tiempo a los siete jóvenes de cada sexo, que salvó, salvándose a sí

_____
(1) Era de Flionte, en Sición, que es el lugar del diálogo.

59

mismo. Dícese que cuando partió el buque, los atenienses ofrecieron a Apolo que si Teseo y sus compañeros escapaban de la muerte enviarían todos los años a Delfos una expedición; y desde entonces nunca han dejado de cumplir este voto. Cuando llega la época de verificarlo, la ley ordena que la ciudad esté pura, y prohibe ejecutar sentencia alguna de muerte antes de que el buque haya llegado a Delfos y vuelto a Atenas; y algunas veces el viaje dura mucho, como cuando los vientos son contrarios. La expedición empieza desde el momento en que el sacerdote de Apolo ha coronado la popa del buque, lo que tuvo lugar, como ya te dije, la víspera del juicio de Sócrates. He aquí por qué ha pasado tan largo intervalo entre su condena y su muerte.

EQUÉCRATES.—¿Y qué pasó entonces? ¿Qué dijo, qué hizo? ¿Quiénes fueron los amigos que permanecieron cerca de él? ¿Quizá los magistrados no les permitieron asistirle en sus últimos momentos, y Sócrates murió privado de la compañía de sus amigos?

FEDÓN.—No; muchos de sus amigos estaban presentes; en gran número.

EQUÉCRATES.—Tómate el trabajo de referírmelo todo, hasta los más minuciosos pormenores, a no ser que algún negocio urgente te lo impida.

FEDÓN.—Nada de eso: estoy desocupado, y voy a darte gusto; porque para mí no hay placer más grande que recordar a Sócrates, ya hablando yo mismo de él, ya escuchando a otros que de él hablen (2).

EQUÉCRATES.—De ese mismo modo encontrarás dispuestos a tus oyentes; y así, comienza, y procura en cuanto te sea posible no omitir nada.

FEDÓN.—Verdaderamente, este espectáculo hizo sobre mí una impresión extraordinaria. Yo no experimentaba la compasión que era natural que experimentase asistiendo a la muerte de un amigo. Por el contrario, Equécrates, al verle y escucharle, me parecía un hombre dichoso; tanta fué la firmeza y dignidad con que

_____

(2) Fedón debió a Sócrates que Alcibíades o Critón le rescataran de la esclavitud.

murió. Creía yo que no dejaba este mundo sino bajo la protección de los dioses, que le tenían reservada en el otro una felicidad tan grande, que ningún otro mortal ha gozado jamás otra igual; y así no me vi sobrecogido de esa penosa compasión que parece debía inspirarme esta escena de duelo. Tampoco sentía mi alma el placer que se mezclaba ordinariamente en nuestras pláticas sobre la filosofía; porque en aquellos momentos también fué éste el objeto de nuestra conversación; sino que en lugar de esto, yo no sé qué de extraordinario pasaba en mí; sentía como una mezcla, hasta entonces desconocida, de placer y dolor, cuando me ponía a considerar que dentro de un momento este hombre admirable iba a abandonarnos para siempre; y cuantos estaban presentes, se hallaban, poco más o menos, en la misma disposición. Se nos veía tan pronto sonreír como derramar lágrimas; sobre todo a Apolodoro; tú conoces a este hombre y su carácter.

EQUÉCRATES.—¡Cómo no he de conocer a Apolodoro!

FEDÓN.—Se abandonaba por entero a esta diversidad de emociones; y yo mismo no estaba menos turbado que todos los demás.

EQUÉCRATES.—¿Quiénes eran los que se encontraban allí, Fedón?

FEDÓN.—De nuestros compatriotas, estaban: Apolodoro, Critóbulo y su padre, Critón, Hergómenes, Epigenes, Esquines y Antístenes (3). También estaban Ctésipo, del pueblo de Peanea; Menexenes y algunos otros del país. Platón creo que estaba enfermo.

EQUÉCRATES.—¿Y había extranjeros?

FEDÓN.—Sí; Simmias, de Tebas; Cebes y Fedondes, y de Megara, Euclides (4) y Terpsión.

EQUÉCRATES.—Aristipo (5) y Cleombroto, ¿no estaban allí?

FEDÓN.—No; se decía que estaban en Egina.

EQUÉCRATES.—¿No había otros?

---

(3) Jefe de la escuela cínica.
(4) Jefe de la escuela megárica.
(5) Jefe de la escuela cirenaica.

FEDÓN.—Creo que, poco más o menos, estaban los que te he dicho.

EQUÉCRATES.—Ahora bien: ¿sobre qué decías que había versado la conversación?

FEDÓN.—Todo te lo puedo contar punto por punto, porque desde la condenación de Sócrates no dejamos ni un solo día de verle. Como la plaza pública donde había tenido lugar el juicio estaba cerca de la prisión, nos reuníamos allí de madrugada, y conversando aguardábamos a que se abriera la cárcel, que nunca era temprano. Luego que se abría, entrábamos; y pasábamos ordinariamente todo el día con él. Pero el día de la muerte nos reunimos más temprano que de costumbre. Habíamos sabido la víspera, al salir por la tarde de la prisión, que el buque había vuelto de Delfos. Convinimos todos en ir al día siguiente al sitio acostumbrado, lo más temprano que se pudiera, y ninguno faltó a la cita. El alcaide, que comúnmente era nuestro introductor, se adelantó y vino donde estábamos, para decirnos que esperáramos hasta que nos avisara, porque los Once (6), nos añadió, están en este momento mandando quitar los grillos a Sócrates y dando orden para que muera hoy. Pasados algunos momentos, vino el alcaide y nos abrió la prisión. Al entrar, encontramos a Sócrates, a quien acababan de quitar los grillos, y a Jantipa, ya la conoces, que tenía uno de sus hijos en brazos. Apenas nos vió, comenzó a deshacerse en lamentaciones y a decir todo lo que las mujeres acostumbran en semejantes circunstancias.

—¡Sócrates—gritó ella—hoy es el último día en que te hablarán tus amigos y en que tú les hablarás!

Pero Sócrates, dirigiendo una mirada a Critón, dijo que la llevaran a su casa. En el momento, algunos esclavos de Critón condujeron a Jantipa, que iba dando gritos y golpeándose el rostro. Entonces Sócrates, tomando asiento, dobló la pierna, libre ya de los hierros; la frotó con la mano, y nos dijo: Es cosa singular, amigos míos, lo que los hombres llaman placer; y ¡qué

---

(6) Magistrados encargados de la policía de las prisiones y de hacer ejecutar las sentencias de los jueces.

relaciones maravillosas mantiene con el dolor, que se considera como su contrario! Porque el placer y el dolor no se encuentran nunca a un mismo tiempo; y sin embargo, cuando se experimenta el uno, es preciso aceptar el otro, como si un lazo natural los hiciese inseparables. Siento que a Esopo no se le haya ocurrido esta idea, porque hubiera inventado una fábula, y nos hubiese dicho que Dios quiso un día reconciliar estos dos enemigos, y que no habiendo podido conseguirlo, los ató a una misma cadena, y por esta razón, en el momento que uno llega, se ve bien pronto llegar a su compañero. Yo acabo de hacer la experiencia por mí mismo; puesto que veo que al dolor que los hierros me hacían sufrir en esta pierna, sucede ahora el placer.

—Verdaderamente, Sócrates—dijo Cebes—haces bien en traerme este recuerdo; porque a propósito de las poesías que has compuesto, de las fábulas de Esopo que has puesto en verso y de tu himno a Apolo, algunos, principalmente Eveno (7), me han preguntado recientemente por qué motivo te habías dedicado a componer versos desde que estabas preso, cuando no lo has hecho en tu vida. Si tienes algún interés en que pueda responder a Eveno, cuando vuelva a hacerme la misma pregunta, y estoy seguro de que la hará, dime lo que he de contestarle.

—Pues bien, mi querido Cebes—replicó Sócrates—dile la verdad; que no lo he hecho seguramente por hacerme su rival en poesía, porque ya sabía que esto no me era fácil; sino que lo hice por depurar el sentido de ciertos sueños y aquietar mi conciencia respecto de ellos; para ver si por casualidad era la poesía aquella de las bellas artes a que me ordenaban que me dedicara; porque muchas veces, en el curso de mi vida, un mismo sueño me ha aparecido tan pronto con una forma como con otra, pero prescribiéndome siempre la misma cosa: Sócrates, me decía, cultiva las bellas artes.

Hasta ahora había tomado esta orden por una simple indicación y me imaginaba que, a la manera de las excitaciones con que alentamos a los que corren en la

_____
(7)   Poeta elegíaco, natural de la isla de Paros

lid, estos sueños que me prescribían el estudio de las bellas artes me exhortaban sólo a continuar en mis ocupaciones acostumbradas; puesto que la filosofía es la primera de las artes, y yo vivía entregado por entero a la filosofía. Pero después de mi sentencia y durante el intervalo que me dejaba la fiesta del dios, pensé que si eran las bellas artes, en el sentido estricto, a las que querían los sueños que me dedicara, era preciso obedecerles, y para tranquilizar mi conciencia no abandonar la vida hasta haber satisfecho a los dioses componiendo al efecto versos, según lo ordenaba el sueño. Comencé, pues, por cantar en honor del dios cuya fiesta se celebraba; en seguida, reflexionando que un poeta, para ser verdadero poeta, no debe componer discursos en verso, sino inventar ficciones, y no reconociendo en mí este talento, me decidí a trabajar sobre las fábulas de Esopo; puse en verso las que sabía, y que fueron las primeras que vinieron a mi memoria. He aquí, mi querido Cebes, lo que habrás de decir a Eveno. Salúdale también en mi nombre y dile que si es sabio, que me siga, porque al parecer hoy es mi último día, puesto que los atenienses lo tienen ordenado.

Entonces Simmias dijo:

—¡Ah!, Sócrates, qué consejo das a Eveno. Verdaderamente, he hablado con él muchas veces; pero, a mi juicio, no se prestará muy voluntariamente a aceptar tu invitación.

—¡Qué!—repuso Sócrates—. ¿Eveno no es filósofo?

—Por tal le tengo—respondió Simmias.

—Pues bien—dijo Sócrates—; Eveno me seguirá como todo hombre que se ocupa dignamente en filosofía. Sé bien que no se suicidará, porque esto no es lícito.

Diciendo estas palabras se sentó al borde de su cama, puso los pies en tierra y habló en esta postura todo el resto del día.

Cebes le preguntó:

—¿Cómo es, Sócrates, que no es permitido atentar a la propia vida, y sin embargo, el filósofo debe querer seguir a cualquiera que muere?

—¡Y qué!, Cebes—replicó Sócrates—, ¿ni tú ni

Simmias habéis oído hablar nunca de esta cuestión a vuestro amigo Filolao? (8).

—Jamás—respondió Cebes—se explicó claramente sobre este punto.

—Yo—replicó Sócrates—, no sé más que lo que he oído decir, y no os ocultaré lo que he sabido. Así como así, no puede darse una ocupación más conveniente para un hombre que va a partir bien pronto de este mundo, que la de examinar y tratar de conocer a fondo ese mismo viaje, y descubrir la opinión que sobre él tengamos formada. ¿En qué mejor cosa podemos emplearnos hasta la puesta del sol?

—¿En qué se fundan, Sócrates—dijo Cebes—, los que afirman que no es permitido suicidarse? He oído decir a Filolao, cuando estaba con nosotros, y a otros muchos, que esto era malo; pero nada he oído que me satisfaga sobre este punto.

—Cobra ánimo—dijo Sócrates—, porque hoy vas a ser más afortunado; pero te sorprenderás al ver que el vivir es para todos los hombres una necesidad absoluta e invariable, hasta para aquellos mismos a quienes vendría mejor la muerte que la vida; y tendrás también por cosa exraña que no sea permitido a aquellos, para quienes la muerte es preferible a la vida, procurarse a sí mismos este bien, y que estén obligados a esperar otro libertador.

Entonces Cebes, sonriéndose, dijo a la manera de su país:

—Zeus lo sabe.

—Esta opinión puede parecer irracional—repuso Sócrates—, pero no es porque carezca de fundamento. No quiero alegar aquí la máxima, enseñada en los misterios, de que nosotros estamos en este mundo cada uno como en su puesto, y que está prohibido abandonarle sin permiso. Esta máxima es demasiado elevada, y no es fácil penetrar todo lo que ella encierra. Pero he aquí otra más accesible, y que me parece incontestable; y es que los dioses tienen cuidado de nosotros, y que los

_____

(8) Filósofo pitagórico de Crotona.

hombres pertenecen a los dioses. ¿No es esto una verdad?

—Muy cierto—dijo Cebes.

—Tú mismo—repuso Sócrates—, si uno de tus esclavos se suicidase sin tu orden, ¿no montarías en cólera contra él, y no le castigarías rigurosamente, si pudieras?

—Sí, sin duda.

—Por la misma razón—dijo Sócrates—es justo sostener que no hay razón para suicidarse, y que es preciso que Dios nos envíe una orden formal para morir, como la que me envía a mí en este día.

—Lo que dices me parece probable—dijo Cebes—; pero decías al mismo tiempo que el filósofo se presta gustoso a la muerte, y esto me parece extraño, si es cierto que los dioses cuidan de los hombres, y que los hombres pertenecen a los dioses; porque, ¿cómo pueden los filósofos desear no existir, poniéndose fuera de la tutela de los dioses, y abandonar una vida sometida al cuidado de los mejores gobernadores del mundo? Esto no me parece en manera alguna racional. ¿Creen que serán más capaces de gobernarse cuando se vean libres del cuidado de los dioses? Comprendo que un mentecato pueda pensar que es preciso huir de su amo a cualquier precio, porque no comprende que siempre conviene estar al lado de lo que es bueno, y no perderlo de vista; y por tanto, si huye, lo hará sin razón. Pero un hombre sabio debe desear permanecer siempre bajo la dependencia de quien es mejor que él. De donde infiero, Sócrates, todo lo contrario de lo que tú decías; y pienso que a los sabios aflige la muerte y que a los mentecatos les regocija.

Sócrates manifestó cierta complacencia al notar la sutileza de Cebes; y dirigiéndose a nosotros, nos dijo:

—Cebes siempre encuentra objeciones, y no se fija en lo que se le dice.

—Pero—dijo entonces Simmias—yo encuentro alguna razón en lo que dice Cebes. En efecto, ¿qué pretenden los sabios al huir de dueños mucho mejores que ellos, y al privarse voluntariamente de su auxilio? A ti es a quien dirige este razonamiento Cebes, y te echa en cara que te separes de nosotros voluntariamente, y que abandones a los dioses que, según tu mismo parecer, son tan buenos amos.

—Tenéis razón—dijo Sócrates—y veo que ya queréis obligarme a que me defienda aquí, como me he defendido en el tribunal.

—Así es—dijo Simmias.

—Es preciso, pues, satisfaceros—replicó Sócrates—y procurar que esta apología tenga mejor resultado respecto de vosotros que el que tuvo la primera respecto de los jueces. En verdad, Simmias y Cebes, si no creyese encontrar en el otro mundo dioses tan buenos y tan sabios y hombres mejores que los que dejo en éste, sería un necio si no me manifestara pesaroso de morir. Pero sabed que espero reunirme allí con hombres justos. Puedo quizá hacerme ilusiones respecto de esto; pero en cuanto a encontrar allí dioses que son muy buenos dueños, yo lo aseguro en cuanto pueden asegurarse cosas de esta naturaleza. He aquí por qué no estoy tan afligido en estos momentos, esperando que hay algo reservado para los hombres después de esta vida, y que, según la antigua máxima, los buenos serán mejor tratados que los malos.

—Pero qué, Sócrates—replicó Simmias—, ¿será posible que nos abandones sin hacernos partícipes de esas convicciones de tu alma? Me parece que este bien nos es a todos común; y si nos convences de tu verdad, tu apología está hecha.

—Eso es lo que pienso hacer—respondió—, pero antes veamos lo que Critón quiere decirnos. Me parece que ha rato intenta hablarnos.

—No es más—dijo Critón—sino que el hombre que debe darte el veneno no ha cesado de decirme, largo rato ha, que se te advierta que hables poco, porque dice que el hablar mucho acalora, y que no hay cosa más opuesta para que produzca efecto el veneno; por lo que es preciso dar dos y tres tomas, cuando se está de esta suerte acalorado.

—Déjame que hable—respondió Sócrates—y que prepare la cicuta como si hubiera necesidad de dos tomas y de tres, si fuese necesario.

—Ya sabía yo que darías esta respuesta—dijo Critón—; pero él no desiste de sus advertencias.

—Dejadme que siga—repuso Sócrates—; ya es tiempo de que me explique delante de vosotros, que sois mis jueces, las razones que tengo para probar que un hombre que ha consagrado toda su vida a la filosofía debe morir con mucho valor, y con la firme esperanza de que gozará después de la muerte bienes infinitos. Voy a daros las pruebas, Simmias y Cebes. Los hombres ignoran que los verdaderos filósofos no trabajan durante su vida sino para prepararse a la muerte; y siendo esto así, sería ridículo que después de haber perseguido sin tregua este único fin, recelasen y temiesen, cuando se les presenta la muerte.

En este momento Simmias, echándose a reír, dijo a Sócrates:

—¡Por Zeus!, tú me has hecho reír, a pesar de las pocas ganas que tengo de hacerlo en estos momentos; porque estoy seguro de que si hubiera aquí un público que te escuchara, los más no dejarían de decir que hablas muy bien de los filósofos. Nuestros tebanos, sobre todo, consentirían gustosos en que todos los filósofos aprendieran tan bien a morir, que positivamente se murieran; y dirían que saben bien que esto es precisamente lo que se merecen.

—Dirían verdad, Simmias—repuso Sócrates—; salvo un punto que ignoran, y es por qué razón los filósofos desean morir y por qué son dignos de la muerte. Pero dejemos a los tebanos, y hablemos nosotros. La muerte, ¿es alguna cosa?

—Sí, sin duda—respondió Simmias.

—¿No es—repuso Sócrates—la separación del alma y el cuerpo, de manera que el cuerpo queda solo de un lado y el alma sola del otro? ¿No es esto lo que se llama la muerte?

—Lo es—dijo Simmias.

—Vamos a ver, mi querido amigo, si piensas como yo, porque de este principio sacaremos magníficos datos para resolver el problema que nos ocupa. ¿Te parece digno de un filósofo buscar lo que se llama el placer, como, por ejemplo, el de comer y beber?

—No, Sócrates.

—¿Y los placeres del amor?

—De ninguna manera.

—Y respecto de todos los demás placeres que afectan al cuerpo, ¿crees tú que deba buscarlos y apetecer, por ejemplo, trajes hermosos, calzado elegante y todos los demás adornos del cuerpo? ¿Crees tú que debe estimarlos o despreciarlos, siempre que la necesidad no lo fuerce a servirse de ellos?

—Me parece—dijo Simmias—que un verdadero filósofo no puede menos de despreciarlos.

—Te parece, entonces—repuso Sócrates—, que todos los cuidados de un filósofo no tienen por objeto el cuerpo; y que, por el contrario, procura separarse de él cuanto le es posible, para ocuparse sólo de su alma.

—Seguramente.

—Así, pues, entre todas estas cosas de que acabo de hablar—replicó Sócrates—, es evidente que lo propio y peculiar del filósofo es trabajar más particularmente que los demás hombres en desprender su alma del comercio del cuerpo.

—Evidentemente—dijo Simmias—, y sin embargo, la mayor parte de los hombres se figuran que el que no tiene placer en esta clase de cosas y no las aprovecha, no sabe verdaderamente vivir; y creen que el que no disfruta de los placeres del cuerpo está bien cercano a la muerte.

—Es verdad, Sócrates.

—¿Y qué diremos de la adquisición de la ciencia? El cuerpo, ¿es o no un obstáculo cuando se le asocia a esta indagación? Voy a explicarme por medio de un ejemplo. La vista y el oído, ¿llevan consigo alguna especie de certidumbre, o tienen razón los poetas cuando en sus cantos nos dicen sin cesar que realmente ni oímos ni vemos? Porque si estos dos sentidos no son seguros ni verdaderos, los demás lo serán mucho menos, porque son más débiles. ¿No lo crees como yo?

—Sí, sin duda—dijo Simmias.

—¿Cuándo encuentra entonces el alma la verdad? Porque mientras la busca con el cuerpo, vemos claramente que este cuerpo la engaña y la induce a error.

—Es cierto.

—¿No es por medio del razonamiento como el alma descubre la verdad?

—Sí.

—¿Y no razona mejor que nunca cuando no se ve turbada por la vista, ni por el oído, ni por el dolor, ni por el placer; y cuando, encerrada en sí misma, abandona el cuerpo, sin mantener con él relación alguna, en cuanto esto es posible, fijándose en el objeto de sus indagaciones para conocerlo?

—Perfectamente dicho.

—¿Y no es entonces cuando el alma del filósofo desprecia el cuerpo, huye de él y hace esfuerzos para encerrarse en sí misma?

—Así me parece.

—¿Qué diremos ahora de ciertas cosas, Simmias, como la justicia, por ejemplo? ¿Diremos que es algo, o que no es nada?

—Diremos que es alguna cosa, seguramente.

—¿Y no podremos decir otro tanto del bien y de lo bello?

—Sin duda.

—¿Pero has visto tú estos objetos con tus ojos?

—Nunca.

—¿Existe algún otro sentido corporal por el que hayas recibido alguna vez estos objetos de que estamos hablando, como la magnitud, la salud, la fuerza; en una palabra, la esencia de todas las cosas, es decir, aquello que ellas son en sí mismas? ¿Es por medio del cuerpo como se conoce la realidad de estas cosas? ¿O es cierto que cualquiera de nosotros, que quiera examinar con el pensamiento lo más profundamente que sea posible lo que intenta saber, sin mediación del cuerpo, se aproximará más al objeto y llegará a conocerlo mejor?

—Seguramente

—¿Y lo hará con mayor exactitud el que examine cada cosa con sólo el pensamiento, sin tratar de auxiliar su meditación con la vista, ni sostener su razonamiento con ningún otro sentido corporal; o el que sirviéndose del pensamiento, sin más, intente descubrir la esencia pura y verdadera de las cosas sin el intermedio de los ojos, ni de los oídos; desprendido, por decirlo así, del cuerpo por entero, que no hace más que turbar el alma, e impedir que encuentre la verdad siempre, que con él tiene la menor relación? Si alguien puede llegar a conocer la esencia de las cosas, ¿no será, Simmias, el que te acabo de describir?

—Tienes razón, Sócrates, y hablas admirablemente —respondió Simmias.

—De este principio—continuó Sócrates—, ¿no se sigue necesariamente que los verdaderos filósofos deban pensar y discurrir para sí de esta manera? La razón no tiene más que un camino a seguir en sus indagaciones; mientras tengamos nuestro cuerpo, y nuestra alma esté sumida en esta corrupción, jamás poseeremos el objeto de nuestros deseos; es decir, la verdad. En efecto, el cuerpo no opone mil obstáculos por la necesidad en que estamos de alimentarle, y con esto y las enfermedades que sobrevienen, se turban nuestras indagaciones. Por otra parte, nos llena de amores, de deseos, de temores, de mil quimeras y de toda clase de necesidades; de manera que nada hay más cierto que lo que se dice ordinariamente: que el cuerpo nunca nos conduce a la sabiduría. Porque ¿de dónde nacen las guerras, las sediciones y los combates? Del cuerpo, con todas sus pasiones. En efecto; todas las guerras no proceden sino del ansia de amontonar riquezas, y nos vemos obligados a amontonarlas a causa del cuerpo, para servir como esclavos a sus necesidades. He aquí por qué no tenemos tiempo para pensar en la filosofía; y el mayor de nuestros males consiste en que en el acto de tener tiempo y ponernos a meditar, de repente interviene el cuerpo en nuestras indagaciones, nos embaraza, nos turba y no nos deja discernir la verdad. Está demostrado que si queremos saber verdaderamente alguna cosa, es preciso que abandonemos el cuerpo, y que el alma sola examine los objetos que quiere conocer. Sólo entonces gozamos de la sabiduría, de que nos mostramos tan celosos; es decir, después de la muerte, y no durante la vida. La razón misma lo dicta: porque si es imposible conocer nada en su pureza mientras que vivimos con el cuerpo, es preciso que suceda una de dos cosas: o que no se conozca nunca la verdad, o que se conozca después de la muerte, porque entonces el alma, libre de esta carga, se pertenecerá a sí misma; pero mientras estemos en esta vida no nos aproximaremos a la verdad sino en razón de nuestro alejamiento del cuerpo, renunciando a todo comercio con él y cediendo sólo a la necesidad; no permitiendo que nos inficione con su corrupción natural y conservándonos puros de todas estas manchas, hasta que Dios mismo venga a libertarnos. Entonces, libres de la locura del cuerpo, conversaremos, así lo espero, con hombres que gozarán de la misma libertad, y conoceremos por nosotros mismos la esencia pura de las cosas; porque quizá la verdad sólo en esto consiste; y no es permitido alcanzar esta pureza al que no es asimismo puro. He aquí, mi querido Simmias, lo que me parece deben pensar los verdaderos filósofos, y el lenguaje que deben usar entre sí. ¿No lo crees como yo?

—Seguramente, Sócrates.

—Si esto es así, mi querido Simmias, todo hombre que llegue a verse en la situación en que yo me hallo, tiene un gran motivo para esperar que allá, mejor que en otra parte, poseerá lo que con tanto trabajo buscamos en este mundo; de suerte que este viaje, que se me ha impuesto, me llena de una dulce esperanza; y hará el mismo efecto sobre todo hombre que se persuada de que su alma está preparada, es decir, purificada para conocer la verdad. Y bien; purificar el alma, ¿no es, como antes decíamos, separarla del cuerpo y acostumbrarla a encerrarse y recogerse en sí misma, renunciando al comercio con aquél cuanto sea posible, y viviendo, sea en esta vida, sea en la otra, sola y desprendida del cuerpo, como quien se desprende de una cadena?

—Es cierto, Sócrates.

—Y a esta libertad, a esta separación del alma y del cuerpo, ¿no es a lo que se llama la muerte?

—Seguramente.

—Y los verdaderos filósofos, ¿no son los únicos que verdaderamente trabajan para conseguir este fin? ¿No constituye esta separación y esta libertad toda su ocupación?

—Así me lo parece, Sócrates.

—¿No sería una cosa ridícula, como dije al principio, que después de haber gastado un hombre toda su vida en prepararse para la muerte, se indignase y se aterrase al ver que la muerte llega? ¿No sería verdaderamente ridículo?

—¿Cómo no?

—Es cierto, por consiguiente, Simmias, que los verdaderos filósofos se ejercitan para la muerte, y que ésta no les parece de ninguna manera terrible. Piénsalo tú mismo. Si desprecian su cuerpo y desean vivir con su alma sola, ¿no es el mayor absurdo que cuando llega este momento tengan miedo, se aflijan y no marchen gustosos allí donde esperan obtener los bienes por que han suspirado toda su vida y que son la sabiduría y el verse libres del cuerpo, objeto de su desprecio? ¡Qué! Muchos hombres, por haber perdido sus amigos, sus esposas, sus hijos, han bajado voluntariamente al Hades, conducidos por la única esperanza de volver a ver los que habían perdido, y vivir con ellos; y un hombre que ama verdaderamente la sabiduría y que tiene la firme esperanza de encontrarla en el Hades, ¿sentirá la muerte y no irá lleno de placer a aquellos lugares donde gozará de lo que tanto ama? ¡Ah!, mi querido Simmias; hay que creer que irá con el mayor placer, si es verdadero filósofo, porque estará firmemente persuadido de que en ninguna parte fuera del Hades encontrará esta sabiduría pura que busca. Siendo esto así, ¿no sería una extravagancia, como dije antes, que un hombre de estas condiciones temiera la muerte?

—¡Por Zeus!, sí lo sería—respondió Simmias.

—Por consiguiente, siempre que veas a un hombre

estremecerse y retroceder cuando está a punto de morir, es una prueba segura de que tal hombre ama, no la sabiduría, sino su cuerpo, y con el cuerpo los honores y riquezas, o ambas cosas a la vez.

—Así es, Sócrates.

—Así, pues, lo que se llama fortaleza, ¿no conviene particularmente a los filósofos? Y la templanza, que sólo en el nombre es conocida por los más de los hombres; esta virtud, que consiste en no ser esclavo de sus deseos, sino en hacerse superior a ellos y en vivir con moderación, ¿no conviene particularmente a los que desprecian el cuerpo y viven entregados a la filosofía?

—Necesariamente.

—Porque si quieres examinar la fortaleza y la templanza de los demás, encontrarás que son muy ridículas.

—¿Cómo, Sócrates?

—Sabes que todos los demás hombres creen que la muerte es uno de los mayores males.

—Es cierto—dijo Simmias.

—Así que cuando estos hombres, que se llaman fuertes, sufren la muerte con algún valor, no la sufren sino por temor a un mal mayor.

—Es preciso convenir en ello.

—Por consiguiente, los hombres son fuertes a causa del miedo, excepto los filósofos. ¿Y no es una cosa ridícula que un hombre sea valiente por timidez?

—Tienes razón, Sócrates.

—Y entre esos mismos hombres que se dicen moderados o templados, lo son por intemperencia, y aunque parezca esto imposible a primera vista, es el resultado de esta templanza loca y ridícula; porque renuncian a un placer por el temor de verse privados de otros placeres que desean, y a los que están sometidos. Llaman, en verdad, intemperancia al ser dominado por las pasiones; pero al mismo tiempo ellos no vencen ciertos placeres sino en interés de otras pasiones a que están sometidos y que los subyugan; y esto se parece a lo que decía antes, que son templados y moderados por su intemperancia.»

—Esto me parece muy cierto.

—Mi querido Simmias, no hay que equivocarse; no se camina hacia la virtud cambiando placeres por placeres, tristezas por tristezas, temores por temores, y haciendo lo mismo que los que cambian una moneda en menudo. La sabiduría es la única moneda de buena ley, y por ella es preciso cambiar todas las demás cosas. Con ella se compra todo y se tiene todo: fortaleza, templanza, justicia; en una palabra, la virtud no es verdadera sino con la sabiduría, independientemente de los placeres, de las tristezas, de los temores y de todas las demás pasiones. Mientras que sin la sabiduría todas las demás virtudes, que resultan de la transacción de unas pasiones con otras, no son más que sombras de virtud; virtud esclava del vicio, que nada tiene de verdadero ni de sano. La verdadera virtud es una purificación de toda suerte de pasiones. La templanza, la justicia, la fortaleza y la sabiduría misma son purificaciones; y hay muchas señales para creer que los que han establecido las purificaciones no eran personajes despreciables, sino grandes genios, que desde los primeros tiempos han querido hacernos comprender por medio de estos enigmas que el que vaya al Hades sin estar iniciado y purificado será precipitado en el fango (9); y que el que llegue allí después de haber cumplido con las expiaciones, será recibido entre los dioses; porque, como dicen los que presiden en los misterios: *muchos llevan el tirso, pero son pocos los inspirados por Dionisos;* y éstos en mi opinión no son otros que los que han filosofado bien. Nada he perdonado por ser de este número, y he trabajado toda mi vida para conseguirle. Si mis esfuerzos no han sido inútiles, y si lo he alcanzado, espero con la voluntad del dios saberlo en este momento. He aquí, mi querido Cebes, mi apología para justificar ante vosotros por qué, dejándoos y abandonando a los señores de este mundo, ni estoy triste ni desasosegado, en la esperanza de que encontraré allí, como he encontrado en este mundo, buenos amigos y buenos gobernantes, y esto es lo que la multitud no comprende. Pero estaré contento si he conseguido de-

(9) Libro II de la *República.*

fenderme con mejor fortuna ante vosotros que ante mis jueces atenienses.

Después que Sócrates hubo hablado de esta manera, Cebes, tomando la palabra, le dijo:

—Sócrates, todo lo que acabas de decir me parece muy cierto. Hay, sin embargo, una cosa que parece increíble a los hombres, y es eso que has dicho del alma. Porque los hombres se imaginan que cuando el alma ha abandonado el cuerpo, ella desaparece; que el día mismo que el hombre muere, o se marcha con el cuerpo o se desvanece como un vapor, o como un humo que se disipa en los aires, y que no existe en ninguna parte. Porque si subsistiese sola, recogida en sí misma y libre de todos los males de que nos han hablado, podríamos alimentar una grande y magnífica esperanza, Sócrates: la de que todo lo que has dicho es verdadero. Pero que el alma vive después de la muerte del hombre, que obra, que piensa; he aquí puntos que quizá piden alguna explicación y pruebas sólidas.

—Dices verdad, Cebes—replicó Sócrates—. ¿Pero cómo lo haremos? ¿Quieres que examinemos esos puntos en esta conferencia?

—Tendré mucho placer—respondió Cebes—en oír lo que piensas sobre esta materia.

—No creo—repuso Sócrates—que cualquiera que nos escuche, aun cuando sea un autor de comedias, pueda echarme en cara que me estoy burlando y que hablo de cosas que no nos toquen de cerca (10). Ya que quieres, examinemos la cuestión.

Preguntémonos, por lo pronto, si las almas de los muertos están o no en el Hades. Según una opinión muy antigua (11), las almas, al abandonar este mundo, van al Hades, y desde allí vuelven al mundo y vuelven a la vida, luego de haber pasado por la muerte. Si eso es cierto, y los hombres después de la muerte vuelven a la vida, se sigue de aquí necesariamente que las almas están en el Hades durante este intervalo, porque no volverán al mundo si no existiesen, y será una prueba

_____

(10) Alusión a un cargo que le había hecho un poeta cómico.
(11) Es la metempsicosis de Pitágoras, 500 años a. de J. C,

suficiente de que existen si vemos claramente que los vivos no nacen sino de los muertos; porque si esto no fuese así, sería preciso buscar otras pruebas.

—De hecho—dijo Cebes.

—Pero—replicó Sócrates—para asegurarse de esta verdad no hay que concretarse a examinarla con relación a los hombres, sino que es preciso hacerlo con relación a los animales, a las plantas y a todo lo que nace; porque así se verá que todas las cosas nacen de la misma manera, es decir, de sus contrarias, cuando tienen contrarias. Por ejemplo: lo bello es lo contrario de lo feo; lo justo de lo injusto; y lo mismo sucede en una infinidad de cosas. Veamos, pues, si es absolutamente necesario que las cosas que tienen sus contrarias sólo nazcan de estas contrarias; como también si cuando una cosa se hace más grande, es de toda necesidad que antes haya sido más pequeña, para adquirir después esta magnitud.

—Sin duda.

—Y cuando se hace más pequeña, si es preciso que haya sido antes más grande, para disminuir después.

—Seguramente.

—Asimismo, lo más fuerte viene de lo más debil; lo más ligero de lo más lento.

—Es una verdad manifiesta.

—Y—continuó Sócrates—cuando una cosa se hace más mala, ¿no es claro que era mejor, y cuando se hace más justa, no es claro que era más injusta?

—Sin dificultad, Sócrates.

—Así, pues, Cebes, todas las cosas vienen de sus contrarias; es una cosa demostrada.

—Muy suficientemente, Sócrates.

—Pero entre estas dos contrarias, ¿no hay siempre un cierto medio, una doble operación, que lleva de éste a aquél y de aquél a éste? Entre una cosa más grande y una cosa más pequeña, el medio es el crecimiento y la disminución; al uno llamamos crecer y al otro disminuir.

—En efecto.

—Lo mismo sucede con lo que se llama mezclarse,

separarse, calentarse, enfriarse y todas las demás cosas. Y aunque sucede algunas veces que no tenemos términos para expresar toda esta clase de cambios, vemos, sin embargo, por experiencia, que es siempre de necesidad absoluta que las cosas nazcan las unas de las otras, y que pasen de lo uno a lo otro por un medio.

—Es indudable.

—¡Y qué!—repuso Sócrates—¿La vida no tiene también su contraria, como la vigilia tiene el sueño?

—Sin duda—dijo Cebes.

—¿Cuál es esta contraria?

—La muerte.

—Estas dos cosas, si son contrarias, ¿no nacen la una de la otra, y no hay entre ellas dos generaciones o una operación intermedia que hace posible el paso de una a otra?

—¿Cómo no?

—Yo—dijo Sócrates—te explicaré la combinación de las dos contrarias de que acabo de hablar, y el paso recíproco de la una a la otra; tú me explicarás la otra combinación. Digo, pues, con motivo del sueño y de la vigilia, que del sueño nace la vigilia y de la vigilia el sueño; que el paso de la vigilia al sueño es el adormecimiento, y el paso del sueño a la vigilia es el acto de despertar. ¿No es esto muy claro?

—Sí, muy claro.

—Dinos a tu vez la combinación de la vida y de la muerte. ¿No dices que la muerte es lo contrario de la vida?

—Sí.

—¿Y que la una nace de la otra?

—Sí.

—¿Qué nace entonces de la vida?

—La muerte.

—¿Qué nace de la muerte?

—Es preciso confesar que es la vida.

—De lo que muere—replicó Sócrates—nace por consiguiente todo lo que vive y tiene vida.

—Así me parece.

—Y por tanto—repuso Sócrates—, nuestras almas están en el Hades después de la muerte.

—Así parece.

—Pero de los medios en que se realizan estas dos contrarias, ¿uno de ellos no es la muerte sensible? ¿No sabemos lo que es morir?

—Seguramente.

—¿Cómo nos arreglaremos entonces? ¿Reconoceremos igualmente a la muerte la virtud de producir su contraria, o diremos que por este lado la naturaleza es coja? ¿No es de toda necesidad que el morir tenga su contrario?

—Es necesario.

—¿Y cuál es este contrario?

—Revivir.

—Revivir, si hay un regreso de la muerte a la vida —repuso Sócrates—consiste en verificar este regreso. Por tanto, estamos de acuerdo en que los vivos no nacen menos de los muertos que los muertos de los vivos; prueba incontestable de que las almas de los muertos existen en alguna parte de donde vuelven a la vida.

—Me parece—dijo Cebes—que lo que dices es una consecuencia necesaria de los principios en que hemos convenido.

—Me parece, Cebes, que no sin razón nos hemos puesto de acuerdo sobre este punto. Examínalo por ti mismo. Si todas estas contrarias no se engendrasen recíprocamente, girando, por decirlo así, en un círculo; y si no hubiese más que una producción directa de lo uno por lo otro, sin ningún regreso de este último al primer contrario que le ha producido, ya comprendes que en este caso todas las cosas tendrían la misma figura, aparecerían de una misma forma, y toda producción cesaría.

—¿Qué dices, Sócrates?

—No es difícil de comprender lo que digo. Si no hubiese más que el sueño, y no tuviese lugar el acto de despertar producido por él, ya ves que entonces todas las cosas nos representarían verdaderamente la fábula de Endimión y no se diferenciarían en ningún punto, porque les sucedería lo que a Endimión; estarían sumidas en el sueño. Si todo estuviese mezclado sin que esta mezcla produjese nunca separación alguna, bien pronto se verificaría lo que enseñaba Anaxágoras: *todas las cosas estarían juntas.* Asimismo, mi querido Cebes, si todo lo que ha recibido la vida, llegase a morir, y estando muerto, permaneciere en el mismo estado, o lo que es lo mismo, no reviviese, ¿no resultaría necesariamente que todas las cosas concluirían al fin, y que no habría nada que viviese? Porque si de las cosas muertas no nacen las cosas vivas, y si las cosas vivas llegan a morir, ¿no es absolutamente inevitable que todas las cosas sean al fin absorbidas por la muerte?

—Inevitablemente, Sócrates—dijo Cebes; y cuanto acabas de decir me parece incontestable.

—También me parece a mí, Cebes, que nada se puede objetar a estas verdades, y que no nos hemos engañado cuando las hemos admitido; porque es indudable que hay un regreso a la vida; que los vivos nacen de los muertos; que las almas de los muertos existen; que las almas buenas libran bien, y que las almas malas libran mal.

Cebes, interrumpiendo a Sócrates le dijo:

—Lo que dices es un resultado necesario de otro principio que te he oído muchas veces sentar como cierto, a saber: que nuestra ciencia no es más que una reminiscencia. Si este principio es verdadero, es de toda necesidad que hayamos aprendido en otro tiempo las cosas de que nos acordamos en éste; y esto es imposible si nuestra alma no existe antes de aparecer bajo esta forma humana. Ésta es una nueva prueba de que nuestra alma es inmortal.

Simmias, interrumpiendo a Cebes, le dijo:

—¿Cómo se puede demostrar este principio? Recuérdamelo, porque en este momento no caigo en ello.

—Hay una demostración muy preciosa—respondió Cebes—y es que todos los hombres, si se los interroga bien, todo lo encuentran sin salir de sí mismos, cosa que no podría suceder si en sí mismos no tuvieran las luces de la recta razón. En prueba de ello, no hay más que ponerles delante figuras de geometría u otras cosas de la misma naturaleza, y se ve patentemente esta verdad.

—Si no te das por convencido con esta experiencia, Simmias—replicó Sócrates—, mira si por este otro camino asientes a nuestro parecer. ¿Tienes dificultad en creer que aprender no es más que acordarse?

—No mucha—respondió Simmias—; pero lo que precisamente quiero es llegar al fondo de ese recuerdo de que hablamos; y aunque gracias a lo que ha dicho Cebes, hago alguna memoria y comienzo a creer, no me impide esto el escuchar con gusto las pruebas que tú quieres darnos.

—Helas aquí—replicó Sócrates—. Estamos conformes todos en que, para acordarse, es preciso haber sabido antes la cosa de que uno se acuerda.

—Seguramente.

—¿Convenimos igualmente en que cuando la ciencia se produce de cierto modo es una reminiscencia? Al decir de cierto modo, quiero dar a entender, por ejemplo, como cuando un hombre, viendo u oyendo alguna cosa, o percibiéndola por cualquier otro de sus sentidos, no conoce sólo esta cosa percibida, sino que al mismo tiempo piensa en otro. ¿No diremos con razón que este hombre recuerda la cosa que le ha venido al espíritu?

—¿Qué dices?

—Digo, por ejemplo, que uno es el conocimiento del hombre y otro el conocimiento de una lira.

—Seguramente.

—Pues bien—continuó Sócrates—. ¿No sabes lo que sucede a los amantes cuando ven una lira, un traje o cualquier otra cosa de que el objeto de su amor tiene costumbre de servirse? Al reconocer esta lira, viene a su pensamiento la imagen de aquel a quien ha pertenecido. He aquí lo que se llama reminiscencia; frecuentemente al ver a Simmias, recordamos a Cebes. Podría citarte un millón de ejemplos.

—Hasta el infinito—dijo Simmias.

—He aquí lo que es la reminiscencia, sobre todo cuando se llega a recordar cosas que se habían olvidado por el transcurso del tiempo, o por haberlas perdido de vista.

—Es muy cierto—dijo Simmias.

—Pero—replicó Sócrates—al ver un caballo o una lira pintados, ¿no puede recordarse a un hombre? Y al ver el retrato de Simmias, ¿no puede recordarse a Cebes?

—¿Quién lo duda?

—Con más razón, si se ve el retrato de Simmias se recordará a Simmias mismo.

—Sin dificultad.

—¿No es claro, entonces, que la reminiscencia la despiertan lo mismo las cosas semejantes que las desemejantes?

—Así es en efecto.

—Y cuando se recuerda alguna cosa a causa de la semejanza, ¿no sucede necesariamente que el espíritu ve inmediatamente si falta o no al retrato alguna cosa para la perfecta semejanza con el original de que se acuerda?

—No puede menos de ser así—dijo Simmias.

—Fíjate bien, para ver si piensas como yo. ¿No hay una cosa a que llamamos igualdad? No hablo de la igualdad entre un árbol y otro árbol, entre una piedra y otra piedra, y entre otras muchas cosas semejantes. Hablo de una igualdad que está fuera de todos estos objetos. ¿Pensamos que esta igualdad es en sí misma algo o que no es nada?

—Decimos ciertamente que es algo. Sí, ¡por Zeus!

—¿Pero conocemos esta igualdad?

—Sin duda.

—¿De dónde hemos sacado esta ciencia, este conocimiento? ¿No es de las cosas de que acabamos de hablar; es decir, que viendo árboles iguales, piedras iguales y otras muchas cosas de esta naturaleza, nos hemos formado la idea de esta igualdad que no es ni estos árboles, ni estas piedras, sino que es una cosa enteramente diferente? ¿No te parece diferente? Atiende a esto: las piedras, los árboles, que muchas veces son los mismos, ¿no nos parecen por comparación tan pronto iguales como desiguales?

—Seguramente.

—Las cosas iguales parecen algunas veces desiguales; pero la igualdad considerada en sí, ¿te parece desigualdad?

—Jamás, Sócrates.

—¿La igualdad y lo que es igual no son, por consiguiente, una misma cosa?

—No, ciertamente.

—Sin embargo, de estas cosas iguales, que son diferentes de la igualdad, has sacado la idea de la igualdad.

—Así es la verdad, Sócrates—dijo Simmias.

—Y esto se entiende, ya sea esta igualdad semejante, ya desemejante, respecto de los objetos que han motivado la idea.

—Seguramente.

—Por otra parte, cuando al ver una cosa, tú imaginas otra, sea semejante o desemejante, tiene lugar necesariamente una reminiscencia.

—Sin dificultad.

—Pero—repuso Sócrates—dime: ¿cuando vemos árboles que son iguales u otras cosas iguales, los encontramos iguales, como la igualdad misma de que tenemos idea, o falta mucho para que sean iguales como esta igualdad?

—Falta mucho.

—¿Convenimos, pues, en que cuando alguno, viendo una cosa, piensa que esta cosa, como la que yo estoy viendo ahora delante de mí, puede ser igual a otra, pero que le falta mucho para ello, porque es inferior respecto de ella, será preciso, digo, que aquel que tiene este pensamiento haya visto y conocido antes esta cosa de la que dice que la otra se parece, pero imperfectamente?

—Es de necesidad absoluta.

—¿No nos sucede lo mismo respecto de las cosas

iguales, cuando queremos compararlas con la igualdad?

—Seguramente, Sócrates.

—Por consiguiente, es de toda necesidad que hayamos visto esta igualdad antes del momento en que, al ver por primera vez cosas iguales, hemos creído que todas tienden a ser iguales, como la igualdad misma, y que no pueden conseguirlo.

—Es cierto.

—También convenimos en que hemos sacado este pensamiento, ni podía salir de otra parte, de alguno de nuestros sentidos, por haber visto o tocado, o, en fin, por haber ejercitado cualquier otro de nuestros sentidos, porque lo mismo digo de todos.

—Lo mismo puede decirse, Sócrates, tratándose de lo que ahora tratamos.

—Es preciso, por tanto, que de los sentidos mismos saquemos este pensamiento: que todas las cosas iguales que caen bajo nuestros sentidos tienden a esta igualdad inteligible, y que se quedan por bajo de ella. ¿No es así?

—Sí, sin duda, Sócrates.

—Porque antes de que hayamos comenzado a ver, oír y hacer uso de todos los demás sentidos, es preciso que hayamos tenido conocimiento de esta igualdad inteligible, para comparar con ella las cosas sensibles iguales, y para ver que ellas tienden todas a ser semejantes a esta igualdad; pero que son inferiores a la misma.

—Es una consecuencia necesaria de lo que se ha dicho, Sócrates.

—Pero, ¿no es cierto que, desde el instante en que hemos nacido, hemos visto, hemos oído y hemos hecho uso de todos los demás sentidos?

—Muy cierto.

—Es preciso, entonces, que antes de este tiempo hayamos tenido conocimiento de la igualdad.

—Sin duda.

—Por consiguiente, es absolutamente necesario que lo hayamos tenido antes de nuestro nacimiento.

—Así me parece.

—Si lo hemos tenido antes de nuestro nacimiento, nosotros sabemos antes de nacer; y después hemos conocido no sólo lo que es igual, lo que es más grande, lo que es más pequeño, sino también todas las cosas de esta naturaleza; porque lo que decimos aquí de la igualdad, lo mismo puede decirse de la belleza, de la bondad, de la justicia, de la santidad; en una palabra, de todas las demás cosas, cuya existencia admitimos en nuestras conversaciones y en nuestras preguntas y respuestas. De suerte que es de necesidad absoluta que hayamos tenido conocimiento antes de nacer.

—Es cierto.

—Y si después de haber tenido estos conocimientos, nunca los olvidáramos, no sólo naceríamos con ellos, sino que los conservaríamos durante toda nuestra vida; porque saber, ¿es otra cosa que conservar la ciencia que se ha recibido y no perderla?, y olvidar, ¿no es perder la ciencia que se tenía antes?

—Sin dificultad, Sócrates.

—Y si luego de haber tenido estos conocimientos antes de nacer, y haberlos perdido después de haber nacido, llegamos en seguida a recobrar esta ciencia anterior, sirviéndonos del ministerio de nuestros sentidos, que es lo que llamamos aprender ¿no es esto recobrar la ciencia que teníamos, y no tendremos razón para llamar a esto reminiscencia?

—Con muchísima razón, Sócrates.

—Estamos, pues, conformes en que es muy posible que aquel que ha sentido una cosa, es decir, que la ha visto, oído, o en fin, percibido por alguno de sus sentidos, piense, con ocasión de estas sensaciones, en una cosa que ha olvidado, y cosa que tenga alguna relación con la percibida, ya se le parezca o ya no se le parezca. De manera que tiene que suceder una de dos cosas: o que nazcamos con estos conocimientos y los conservemos toda la vida; o que los que aprendan no hagan, según nosotros, otra cosa que recordar, y que la ciencia no sea más que una reminiscencia.

—Así es, Sócrates.

—¿Qué escoges tú, Simmias? ¿Nacemos con conocimientos, o nos acordamos después de haber olvidado lo que sabíamos?

—En verdad, Sócrates, no sé al presente qué escoger.

—Mas, ¿qué pensarías y qué escogerías en este caso? Un hombre que sabe una cosa, ¿puede dar razón de lo que sabe?

—Puede sin duda, Sócrates.

—¿Y te parece que todos los hombres pueden dar razón de las cosas de que acabamos de hablar?

—Yo querría que fuese así—respondió Simmias—; pero me temo mucho que mañana no encontremos un hombre capaz de dar razón de ellas.

—¿Te parece, Simmias, que todos los hombres tienen esta ciencia?

—Seguramente, no.

—¿Ellos no hacen, entonces, más que recordar las cosas que han sabido en otro tiempo?

—Así es.

—¿Pero en qué tiempo han adquirido nuestras almas esta ciencia? Porque no ha sido después de nacer.

—Ciertamente, no.

—¿Ha sido antes de este tiempo?

—Sin duda.

—Por consiguiente, Simmias, nuestras almas existían antes de este tiempo, antes de aparecer bajo esta forma humana, y mientras estaban así, sin cuerpos, sabían.

—A menos que digamos, Sócrates, que hemos adquirido los conocimientos en el acto de nacer; porque ésta es la única época que nos queda.

—Sea así, mi querido Simmias—replicó Sócrates—; pero ¿en qué otro tiempo los hemos perdido? Porque hoy no los tenemos, según acabamos de decir. ¿Los hemos perdido al mismo tiempo que los hemos adquirido? ¿O puedes tú señalar otro tiempo?

—No, Sócrates, no me había dado cuenta de que nada significa lo que he dicho.

—Es preciso, pues, hacer constar, Simmias, que si todas estas cosas que tenemos continuamente en la boca, quiero decir, lo bello, lo justo y todas las esencias de este género existen verdaderamente, y que si referimos todas las percepciones de nuestros sentidos a estas nociones primitivas como a su tipo, que encontramos desde luego en nosotros mismos, digo que es absolutamente indispensable, que así como todas estas nociones primitivas existen, nuestra alma haya existido igualmente antes que naciésemos; y si estas nociones no existieran, todos nuestros discursos son inútiles. ¿No es esto incontestable? ¿No es igualmente necesario que si estas cosas existen, hayan también existido nuestras almas antes de nuestro nacimiento; y que si aquéllas no existen, tampoco debieron existir éstas?

—Esto, Sócrates, me parece igualmente necesario e incontestable; y de todo este discurso resulta que antes de nuestro nacimiento nuestra alma existía, así como estas esencias de que acabas de hablarme; porque yo no encuentro nada más evidente que la existencia de todas estas cosas: lo bello, lo bueno, lo justo; y tú me lo has demostrado suficientemente.

—¿Y Cebes?—dijo Sócrates—; porque es preciso que Cebes esté persuadido de ello.

—Yo pienso—dijo Simmias—que Cebes considera tus pruebas muy suficientes, aunque es el más rebelde de todos los hombres para darse por convencido. Sin embargo, supongo que lo está de que nuestra alma existe antes de nuestro nacimiento; pero que exista después de la muerte es lo que a mí mismo no me parece bastante demostrado; porque esa opinión del pueblo, de que Cebes te hablaba antes, queda aún en pie y en toda su fuerza; la de que, luego de muerto el hombre, su alma se disipa y cesa de existir. En efecto, ¿qué puede impedir que el alma nazca, que exista en alguna parte, que exista antes de venir a animar el cuerpo, y que, cuando salga de éste, concluya con él y cese de existir?

—Dices muy bien, Simmias—dijo Cebes—; me parece que Sócrates no ha probado más que la mitad de lo que era preciso que probara; porque ha demostrado muy bien que nuestra alma existía antes de nuestro nacimiento; mas para completar su demostración, debía probar igualmente que, después de nuestra muerte, nuestra alma existe lo mismo que existió antes de esta vida.

—Ya os lo he demostrado, Simmias y Cebes—repuso Sócrates—; y convendréis en ello si unís esta última prueba a la que ya habéis admitido; esto es, que los vivos nacen de los muertos. Porque si es cierto que nuestra alma existe antes del nacimiento, y si es de toda necesidad que, al venir a' la vida, salga, por decirlo así, del seno de la muerte, ¿cómo no ha de ser igualmente necesario que exista después de la muerte, puesto que debe volver a la vida? Así, pues, lo que ahora me pedís ha sido ya demostrado. Sin embargo, me parece que ambos deseáis profundizar más esta cuestión, y que teméis, como los niños, que cuando el alma sale del cuerpo la arrastren los vientos, sobre todo cuando se muere en tiempo de borrascas.

Entonces Cebes, sonriéndose dijo:

—Sócrates, supón que lo tememos; o más bien, que sin temerlo, está aquí entre nosotros un niño que lo teme, a quien es necesario convencer de que no debe temer la muerte como a un vano fantasma.

—Para esto—replicó Sócrates—es preciso emplear todos los días encantamientos, hasta que se haya curado de semejante aprensión.

—Pero, Sócrates, ¿dónde encontramos un buen encantador, puesto que tú vas a abandonarnos?

—La Hélade es grande, Cebes—respondió Sócrates—; y en ella encontraréis muchas personas muy entendidas. Por otra parte, tenéis muchos pueblos extranjeros, y es preciso recorrerlos todos e interrogarlos, para encontrar este encantador, sin escatimar gasto ni trabajo; porque en ninguna cosa podéis emplear más útilmente vuestra fortuna. También es preciso que lo busquéis entre vosotros, porque quizá no encontraréis otros más que vosotros mismos para estos encantamientos.

—Haremos lo que dices, Sócrates; pero si no te molesta, volvamos a tomar el hilo de nuestra conversación.

—Con mucho gusto, Cebes, ¿y por qué no?

—Perfectamente, Sócrates—dijo Cebes.

—Lo primero que debemos preguntarnos a nosotros mismos—dijo Sócrates—es cuáles son las cosas que por su naturaleza pueden disolverse; respecto de qué otras deberemos temer que tenga lugar esta disolución; y en cuáles no es posible este accidente. En seguida es preciso examinar a cuál de estas naturalezas pertenece nuestra alma; y teniendo esto en cuenta, temer o esperar por ella.

—Es muy cierto.

—¿No os parece que son las cosas compuestas, o que por su naturaleza deben serlo, las que deben disolverse en los elementos que han formado su composición; y que si hay seres que no son compuestos, ellos son los únicos respecto de los que no puede tener lugar este accidente?

—Me parece muy cierto lo que dices—contestó Cebes.

—Las cosas que son siempre las mismas y de la misma manera, ¿no tienen trazas de no ser compuestas? Las que mudan siempre y que nunca son las mismas, ¿no tienen trazas de ser necesariamente compuestas?

—Creo lo mismo, Sócrates.

—Dirijámonos desde luego a esas cosas de que hablamos antes, y cuya verdadera existencia hemos admitido siempre en nuestras preguntas y respuestas. Estas cosas, ¿son siempre las mismas o mudan alguna vez? La igualdad, la belleza, la bondad y todas las existencias esenciales, ¿experimentan a veces algún cambio, por pequeño que sea, o cada una de ellas siendo pura y simple subsiste siempre la misma en sí, sin experimentar nunca la menor alteración ni la menor mudanza?

—Es necesariamente preciso que ellas subsistan siempre las mismas sin mudar jamás.

—Y todas las demás cosas—repuso Sócrates—, hombres, caballos, trajes, muebles y tantas otras de la misma naturaleza, ¿quedan siempre las mismas, o son enteramente opuestas a las primeras, en cuanto no subsisten siempre en el mismo estado, ni con relación a sí mismas ni con relación a los demás?

—No subsisten nunca las mismas—respondió Cebes.

—Ahora bien; estas cosas tú las puedes ver, tocar, percibir por cualquier sentido; mientras que las primeras, que son siempre las mismas, no pueden ser comprendidas sino por el pensamiento, porque son inmateriales y no se las ve jamás.

—Todo eso es verdad—dijo Cebes.

—¿Quieres—continuó Sócrates—que reconozcamos dos clases de cosas?

—Con mucho gusto—dijo Cebes.

—¿Las unas visibles y las otras inmateriales? ¿Éstas, siempre las mismas; aquéllas, en un continuo cambio?

—Me parece bien—dijo Cebes.

—Veamos, pues, ¿no somos nosotros un compuesto de cuerpo y alma? ¿Hay otra cosa en nosotros?

—No, sin duda, no hay más.

—¿A cuál de estas dos especies diremos que nuestro cuerpo se conforma o se parece?

—Todos convendrán en que a la especie visible.

—Y nuestra alma, mi querido Cebes, ¿es visible o invisible?

—Visible no es, por lo menos, a los hombres.

—Pero cuando hablamos de cosas visibles o invisibles, hablamos con relación a los hombres, sin tener en cuenta ninguna otra naturaleza.

—Sí, con relación a la naturaleza humana.

—¿Qué diremos, pues, del alma? ¿Puede ser vista o no puede serlo?

—No puede serlo.

—Luego es inmaterial.

—Sí.

—Por consiguiente, nuestra alma es más conforme que el cuerpo con la naturaleza invisible; y el cuerpo más conforme con la naturaleza visible.

—Es absolutamente necesario.

—¿No decíamos que cuando el alma se sirve del cuerpo para considerar algún objeto, ya por la vista, ya por el oído, ya por cualquier otro sentido (porque la única función del cuerpo es atender a los objetos mediante los sentidos) se ve entonces atraída por el cuerpo hacia cosas que no son nunca las mismas; se extravía, se turba, vacila y tiene vértigos, como si estuviera ebria; todo por haberse ligado a cosas de esta naturaleza?

—Sí.

—Mientras que cuando ella examina las cosas por sí misma, sin recurrir al cuerpo, se dirige a lo que es puro, eterno, inmortal, inmutable; y como es de la misma naturaleza, se une y estrecha con ello cuanto puede y da de sí su propia naturaleza. Entonces cesan sus extravíos, se mantiene siempre la misma, porque está unida a lo que no cambia jamás, y participa de su naturaleza; y este estado del alma es lo que se llama sabiduría.

—Has hablado perfectamente, Sócrates; y dices una gran verdad.

—¿A cuál de estas dos especies de seres te parece que el alma es más semejante, y con cuál está más conforme, teniendo en cuenta los principios que dejamos sentados y todo lo que acabamos de decir?

—Me parece, Sócrates, que no hay hombre, por tenaz y estúpido que sea, que estrechado por tu método, no convenga en que el alma se parece más y es más conforme con lo que se mantiene siempre lo mismo, que no con lo que está en continua mudanza.

—¿Y el cuerpo?

—Se parece más a lo que cambia.

—Sigamos aún otro camino. Cuando el alma y el cuerpo están juntos, la naturaleza ordena que el uno obedezca y sea esclavo; y que el otro tenga el imperio y el mando. ¿Cuál de los dos te parece semejante a lo que es divino, y cuál a lo que es mortal? ¿No adviertes que lo que es divino es lo único capaz de mandar y de ser dueño; y que lo que es mortal es natural que obedezca y sea esclavo?

—Seguramente.

—¿A cuál de los dos se parece nuestra alma?

—Es evidente, Sócrates, que nuestra alma se parece

a lo que es divino, y nuestro cuerpo a lo que es mortal.

—Mira, pues, mi querido Cebes, si de todo lo que acabamos de decir no se sigue necesariamente que nuestra alma es muy semejante a lo que es divino, inmortal, inteligible, simple, indisoluble, siempre lo mismo y siempre semejante a sí propia; y que nuestro cuerpo se parece perfectamente a lo que es humano, mortal, sensible, compuesto, disoluble, siempre mudable, y nunca semejante a sí mismo. ¿Podremos alegar algunas razones que destruyan estas consecuencias y que hagan ver que esto no es cierto?

—No, sin duda, Sócrates.

—Siendo esto así, ¿no conviene al cuerpo la disolución y al alma el permanecer siempre indisoluble o en un estado poco diferente?

—Es verdad.

—Pero observa que después que el hombre muere, su parte visible, el cuerpo, que queda expuesto a nuestras miradas, que llamamos cadáver, y que por su condición puede disolverse y disiparse, no sufre por lo pronto ninguno de estos accidentes, sino que subsiste entero bastante tiempo y se conserva mucho más si el muerto era de bellas formas y estaba en la flor de sus años; porque los cuerpos que se recogen y embalsaman, como en Egipto, duran enteros un número indecible de años; y en aquellos mismos que se corrompen, hay siempre partes, como los huesos, los nervios y otros miembros de la misma condición, que parecen, por decirlo así, inmortales. ¿No es esto cierto?,

—Muy cierto.

—Y el alma, este ser invisible que marcha a un paraje semejante a ella, paraje excelente; puro, invisible, esto es, al Hades, cerca de un dios lleno de bondad y sabiduría, y a cuyo sitio espero que mi alma irá dentro de un momento, si Dios lo permite; ¡qué!, ¿un alma semejante y de tal naturaleza se habrá de disipar y anonadar, apenas abandone el cuerpo, como lo creen la mayor parte de los hombres. De ninguna manera, mis queridos Simmias y Cebes; y he aquí lo que realmente sucede. Si el alma se retira pura, sin conservar nada del cuerpo, como sucede con la que durante la vida no ha tenido voluntariamente con él ningún comercio, sino que por el contrario le ha huído, estando siempre recogida en sí misma y meditando siempre, es decir, filosofando en regla, y aprendiendo efectivamente a morir; porque, ¿no es esto prepararse para la muerte?

—De hecho.

—Si el alma, digo, se retira en este estado, se une a un ser semejante a ella, divino, inmortal, lleno de sabiduría, cerca del cual goza de la felicidad, viéndose así libre de sus errores, de su ignorancia, de sus temores, de sus amores tiránicos y de todos los demás males afectos a la naturaleza humana; y puede decirse de ella como de los iniciados, que pasa verdaderamente con los dioses toda la eternidad. ¿No es esto lo que debemos decir, Cebes?

—Sí, ¡por Zeus!

—Pero si se retira del cuerpo manchada, impura, como la que ha estado siempre mezclada con él, ocupada en servirle, poseída de su amor, embriagada en él hasta el punto de creer que no hay otra realidad que la corporal, lo que se puede ver, tocar, beber y comer, o lo que sirve a los placeres del amor; mientras que aborrecía, temía y huía habitualmente de todo lo que es oscuro e invisible para los ojos, de todo lo que es inteligible, y cuyo sentido sólo la filosofía muestra; ¿crees tú que un alma que se encuentra en tal estado pueda salir del cuerpo pura y libre?

—No; eso no puede ser.

—Por el contrario, sale afeada con las manchas del cuerpo, que se han hecho como naturales en ella por el comercio continuo y la unión demasiado estrecha que con él ha tenido, por haber estado siempre unida con él y ocupándose sólo en él.

Estas manchas, mi querido Cebes, son una cubierta tosca, pesada, terrestre y visible; y el alma, abrumada con este peso, se ve arrastrada hacia este mundo visible por el temor que tiene del mundo invisible del Hades, y anda, como suele decirse, errante por los cementerios alrededor de las tumbas, donde se han visto fantasmas tenebrosos, como son los espectros de estas almas, que no han abandonado el cuerpo del todo purificadas, sino reteniendo algo de esta materia visible, que las hace aun a ellas mismas visibles.

—Es muy probable que así sea, Sócrates.

—Sí, sin duda, Cebes; y es probable también que no sean las almas de los buenos, sino las de los malos, las que se ven obligadas a andar errantes por esos sitios, donde llevan el castigo de su primera vida, que ha sido mala, y donde continúan vagando hasta que, llevadas del amor que tienen a esa masa corporal que las sigue siempre, se ingieren de nuevo en un cuerpo y se sumen probablemente en esas mismas costumbres que contituían la ocupación de su primera vida.

—¿Qué dices, Sócrates?

—Digo, por ejemplo, Cebes, que los que han hecho de su vientre su dios y que han amado la intemperancia, sin ningún pudor, sin ninguna cautela, entran probablemente en cuerpos de asnos o de otros animales semejantes; ¿no lo piensas tú también?

—Seguramente.

—Y las almas que sólo han amado la injusticia, la tiranía y las rapiñas van a animar cuerpos de lobos, de gavilanes, de halcones. Almas de tales condiciones, ¿pueden ir a otra parte?

—No, sin duda.

—Lo mismo sucede a las demás; siempre van asociadas a cuerpos análogos a sus gustos.

—Evidentemente.

—¿Cómo puede dejar de ser así? Y los más dichosos, cuyas almas van a un lugar más agradable, ¿no son aquellos que siempre han ejercitado esta virtud social y civil que se llama templanza y justicia, a la que se han amoldado sólo por el hábito y mediante el ejercicio, sin el auxilio de la filosofía y de la reflexión?

—¿Cómo pueden ser los más dichosos?

—Porque es probable que sus almas entren en cuerpos de animales pacíficos y dulces, como las abejas, las avispas, las hormigas; o que vuelvan a ocupar los cuerpos humanos, para formar hombres de bien.

—Es probable.

—Pero en cuanto a aproximarse a la naturaleza de los dioses, de ninguna manera es esto permitido a aquellos que no han filosofado durante toda su vida y cuyas almas no han salido del cuerpo en toda su pureza. Esto está reservado al verdadero filósofo. He aquí por qué, mi querido Simmias y mi querido Cebes, los verdaderos filósofos renuncian a todos los deseos del cuerpo; se contienen y no se entregan a sus pasiones; no temen ni la ruina de su casa, ni la pobreza, como la multitud que está apegada a las riquezas; ni temen la ignominia ni el oprobio, como los que aman las dignidades y los honores.

—No debería obrarse de otra manera—repuso Cebes.

—No, sin duda—continuó Sócrates—; así todos aquellos que tienen interés por su alma y que no viven para halagar al cuerpo rompen con todas las costumbres y no siguen el mismo camino que los demás, que no saben adónde van; sino que persuadidos de que no debe hacerse nada que sea contrario a la filosofía, a la libertad y a la purificación que ella procura, se dejan conducir por ella y la siguen a todas partes adonde quiera conducirlos.

—¿Cómo, Sócrates?

—Voy a explicároslo. Los filósofos, al ver que su alma está verdaderamente ligada y pegada al cuerpo, y forzada a considerar los objetos por medio del cuerpo, como a través de una prisión oscura, y no por sí misma, conocen perfectamente que la fuerza de este lazo corporal consiste en las pasiones, que hacen que el alma misma encadenada contribuya a apretar la ligadura. Conocen también que la filosofía, al apoderarse del alma en tal estado, la consuela dulcemente e intenta desligarla, haciéndole ver que los ojos del cuerpo sufren numerosas ilusiones, lo mismo que los oídos y que todos los demás sentidos; le advierte que no debe hacer de ellos otro uso que aquel a que obliga la necesidad, y le aconseja que se encierre y se recoja en sí misma; que no crea en otro testimonio que en el suyo propio, después de haber examinado dentro de sí misma lo que cada cosa es en su esencia; debiendo estar bien persuadida de que cuanto examine por medio de otra cosa, como muda con el intermedio mismo, no tiene nada de verdadero. Ahora bien; lo que ella examina por los sentidos es sensible y visible; y lo que ve por sí misma e invisible e inteligible. El alma del verdadero filósofo, persuadida de que no debe oponerse a su libertad, renuncia, en cuanto le es posible, a los placeres, a los deseos, a las tristezas, a los temores, porque sabe que después de los grandes placeres, de los grandes temores, de las extremas tristezas y de los extremos deseos, no sólo se experimentan los males sensibles que todo el mundo conoce, como las enfermedades o la pérdida de bien, sino el más grande y el último de todos los males, tanto más grande cuanto que no se deja sentir.

—¿En qué consiste ese mal, Sócrates?

—En que obligada el alma a regocijarse o afligirse por cualquier objeto, está persuadida de que lo que le causa este placer o esta tristeza es muy verdadero y muy real, cuando no lo es en manera alguna. Tal es el efecto de todas las cosas visibles; ¿no es así?

—Es cierto, Sócrates.

—Principalmente cuando se experimenta esta clase de afecciones, ¿no es que el alma está particularmente atada y ligada al cuerpo?

—¿Por qué es eso?

—Porque cada placer y cada tristeza están armados de un clavo, por decirlo así, con el que sujetan el alma al cuerpo; y la hacen tan material, que cree que no hay otros objetos reales que los que el cuerpo le dice. Resultado de esto es que, como tiene las mismas opiniones que el cuerpo, se ve necesariamente forzada a tener las mismas costumbres y los mismos hábitos, lo cual le impide llegar nunca pura al otro mundo; por el contrario, al salir de esta vida, llena de las manchas de ese cuerpo que acaba de abandonar, entra muy luego en otro cuerpo, donde echa raíces, como si hubiera sido allí sembrada; y de esta manera se ve privada de todo comercio con la esencia pura, simple y divina.

—Es muy cierto, Sócrates—dijo Cebes.

—Por esta razón, los verdaderos filósofos trabajan para adquirir la fortaleza y la templanza, y no por las razones que se imagina el vulgo. ¿Piensas tú como éste?

—De ninguna manera.

—Haces bien; y es lo que conviene a un verdadero filósofo; porque el alma no creerá nunca que la filosofía quiera desligarla, para que, viéndose libre, se abandone a los placeres, a las tristezas, y se deje encadenar por ellas para comenzar siempre de nuevo como la tela de Penélope. Por el contrario, manteniendo todas las pasiones en una perfecta tranquilidad y tomando siempre la razón por guía, sin abandonarla jamás, el alma del filósofo contempla incesantemente lo verdadero, lo divino, lo inmutable, que está por encima de la opinión; y nutrida con esta verdad pura, estará persuadida de que debe vivir siempre lo mismo, mientras permanezca adherida al cuerpo; y que después de la muerte, unida de nuevo a lo que es de la misma naturaleza que ella, se verá libre de todos los males que afligen a la naturaleza humana. Siguiendo estos principios, mis queridos Simmias y Cebes, y después de una vida semejante, ¿temerá el alma que en el momento en que abandone el cuerpo, los vientos la lleven y la disipen, y que, enteramente anonadada, no existirá en ninguna parte?

Luego que Sócrates hubo hablado de esta suerte, todos quedaron en gran silencio, y parecía que aquél estaba como meditando en lo que acababa de decir. Nosotros permanecimos callados, y sólo Simmias y Cebes hablaban por lo bajo. Notándolo Sócrates les dijo:

—¿De qué habláis? ¿Os parece que falta algo a mis pruebas? Porque se me figura que ellas dan lugar a muchas dudas y objeciones si uno se toma el trabajo de examinarlas en detalle. Si habláis de otra cosa, nada tengo que deciros; pero por poco que dudéis sobre lo que hablamos, no tengáis dificultad en decir lo que os parezca, y en manifestar francamente si cabe una demostración mejor; y en este caso, asociadme a vuestras indagaciones, si es que creéis llegar conmigo más fácilmente al término que nos hemos propuesto.

—Te diré la verdad, Sócrates—respondió Simmias—; ha largo tiempo que tenemos dudas Cebes y yo, y nos hemos dado de codo para comprometernos a proponértelas, porque tenemos vivo deseo de ver cómo las resuelves. Pero ambos hemos temido ser importunos proponiéndote cuestiones desagradables en la situación en que te hallas.

—¡Ah!, mi querido Simmias—replicó Sócrates, sonriendo dulcemente—; ¿con qué trabajo convencería yo a los demás hombres de que no tengo por una desgracia la situación en que me encuentro, cuando de vosotros mismos no puedo conseguirlo, pues me creéis en este momento en peor posición que antes? Me suponéis, al parecer, muy inferior a los cisnes, por lo que respecta al presentimiento y a la adivinación. Los cisnes, cuando presienten que van a morir, cantan aquel día aún mejor que lo han hecho nunca, a causa de la alegría que tienen al ir a unirse con el dios a que ellos sirven. Pero el temor que los hombres tienen a la muerte hace que calumnien a los cisnes, diciendo que lloran su muerte y que cantan de tristeza. No reflexionan que no hay pájaro que cante cuando tiene hambre y frío o cuando sufre de otra manera, ni aun el ruiseñor, la golondrina y la abubilla, cuyo canto se dice que es efecto del dolor. Pero estos pájaros no cantan de manera alguna de tristeza, y menos los cisnes, a mi juicio; porque perteneciendo a Apolo, son divinos, y como prevén los bienes de que se goza en la otra vida cantan y se regocijan en aquel día más que lo han hecho nunca. Y yo mismo pienso que sirvo a Apolo lo mismo que ellos; que como ellos estoy consagrado a este dios; que no he recibido menos que ellos de nuestro común dueño el arte de la adivinación, y que no me siento contrariado al salir de esta vida. Así, pues, en este concepto, podéis hablarme cuanto queráis, e interrogarme por todo el tiempo que tengan a bien permitirlo los once.

—Muy bien, Sócrates—repuso Simmias—; te propondré mis dudas, y Cebes te hará sus objeciones. Pienso como tú, que en estas materias es imposible, o por lo menos muy difícil, saber toda la verdad en esta vida; y estoy convencido de que no examinar detenidamente lo que se dice, y cansarse antes de haber hecho todos los esfuerzos posibles para conseguirla, es una acción digna de un hombre perezoso y cobarde; porque, una de dos cosas, o aprender de los demás la verdad o encontrarla por sí mismo; y si una y otra cosa son imposibles, es preciso escoger entre todos los razonamientos humanos el mejor y más fuerte, y embarcándose en él como en una barquilla, atravesar de este modo las tempestades de esta vida, a menos que sea posible encontrar, para hacer este viaje, algún buque más grande, esto es, algún razonamiento incontestable que nos ponga fuera de peligro. No tendré reparo en hacerte preguntas, puesto que lo permites; y no me expondré al remordimiento que yo podía tener algún día por no haberte dicho en este momento lo que pienso. Cuando examino con Cebes lo que nos ha dicho, Sócrates, confieso que tus pruebas no me parecen suficientes.

—Quizá tienes razón, mi querido Simmias; pero ¿por qué no te parecen suficientes?

—Porque podría decirse lo mismo de la armonía de una lira, de la lira misma y de sus cuerdas; esto es, que la armonía de una lira es algo invisible, inmaterial, bello, divino; y la lira y las cuerdas son cuerpos, materia, cosas compuestas, terrestres y de naturaleza mortal. Después de hecha pedazos la lira o rotas las cuerdas, podría alguno sostener con razonamientos iguales a los tuyos que es preciso que esta armonía subsista necesariamente y no perezca; porque es imposible que la lira subsista una vez rotas las cuerdas, que las cuerdas, que son cosas mortales, subsistan luego de rota la lira; y que la armonía, que es de la misma naturaleza que el ser inmortal y divino, perezca antes que lo que es mortal y terrestre. Es absolutamente necesario, añadiría, que la armonía exista en alguna parte, y que el cuerpo de la lira y las cuerdas se corrompan y perezcan enteramente antes que la armonía reciba el menor daño. Y tú mismo, Sócrates, te habrás hecho cargo, sin duda, de que la idea que nos formamos generalmente del alma es algo semejante a lo que voy a decirte. Como nuestro cuerpo está compuesto y es mantenido en equilibrio por lo caliente, lo frío, lo seco y lo húmedo, nuestra alma no es más que la armonía que resulta de la mezcla de estas cualidades cuando están debidamente combinadas. Si nuestra alma no es otra cosa que una especie de armonía, es evidente que cuando nuestro cuerpo está demasiado laso o demasiado tenso a causa de las enfermedades o de otros males, nuestra alma, divina y todo, perecerá necesariamente como las demás armonías, que son consecuencia del sonido o efecto de los instrumentos; mientras que los restos de cada cuerpo duran aún largo tiempo; duran hasta que se queman o se corrompen. Mira, Sócrates, lo que podremos responder a estas razones, si alguno pretende que nuestra alma, no siendo más que una mezcla de las cualidades del cuerpo, es la primera que perece cuando llega eso a que llamamos la muerte.

Entonces Sócrates, echando una mirada a cada uno de nosotros, como tenía por costumbre, y sonriéndose, dijo:

—Simmias tiene razón. Si alguno de vosotros tiene más facilidad que yo para responder a sus objeciones, puede hacerlo; porque me parece que Simmias se ha esforzado de veras sus razonamientos. Pero, antes de responderle, quería que Cebes nos objetara, con el fin de que, en tanto que él habla, tengamos tiempo para pensar lo que debemos contestar; y así también, oídos que sean ambos, cederemos, si sus razones son buenas; y en caso contrario, sostendremos nuestros principios hasta donde podamos. Dinos, pues, Cebes, ¿qué es lo que te impide asentir a lo que yo he dicho?

—Voy a decirlo—respondió Cebes—. Se me figura que la cuestión se halla en el mismo punto en que estaba antes, y que quedan en pie, por tanto, nuestras anteriores objeciones. Que nuestra alma existe antes de venir a animar el cuerpo, lo hallo admirablemente probado; y si no te ofendes, diré que plenamente demostrado; pero que ella exista después de la muerte, no lo está en manera alguna. Sin embargo, no acepto por completo la objeción de Simmias, según la cual nuestra alma no es más fuerte ni más durable que nuestro cuerpo; porque, a mi parecer, el alma es infinitamente superior a todo lo corporal. ¿En qué consiste entonces tu duda?, se me dirá. Si ves que muerto el hombre, su parte más débil, que es el cuerpo, subsiste, ¿no te parece absolutamente necesario que lo que es más durable dure más largo tiempo? Mira, Sócrates, yo te lo suplico; si respondo bien a esta objeción, es porque para hacerme entender necesito valerme de una comparación como Simmias. La objeción que se me propone es, a mi parecer, como si después de la muerte de un viejo tejedor se dijese: Este hombre no ha muerto, sino que existe en alguna parte, y la prueba es que ved que está aquí el traje que gastaba y que él mismo se había hecho, traje que subsiste entero y completo, y que no ha perecido. Pues bien, si alguno repugnara reconocer como suficiente esta prueba, se le podría preguntar: ¿cuál es más durable, el hombre o el traje que gasta y de que se sirve? Necesariamente habría que responder que el hombre, y sólo con esto se creería haber demostrado que, puesto que lo que el hombre tiene de menos durable no ha perecido, con más razón subsiste el hombre mismo. Pero no hay nada de eso, en mi opinión, mi querido Simmias; y ve ahora, te lo suplico, lo que yo respondo a esto. No hay nadie que no conozca a la primera ojeada que hacer esta objeción es decir un absurdo; porque este tejedor murió antes del último traje, pero después de los muchos que había gastado y consumido durante su vida; y no hay derecho para decir que el hombre es una cosa más débil y menos durable que el traje. Esta comparación puede aplicarse al alma y al cuerpo, y decirse con grande exactitud, en mi opinión, que el alma es un ser muy durable, y que el cuerpo es un ser más débil y que dura menos. Y el que conteste de este modo podrá añadir que cada alma usa muchos cuerpos, sobre todo si vive muchos años; porque si el cuerpo está mudando y perdiendo continuamente mientras el hombre vive, y el alma, por consiguiente, renueva sin cesar su vestido perecible, resulta necesario que cuando llega el momento de la muerte vista su último traje, y éste será el único que sobreviva al alma; mientras que cuando ésta muere, el cuerpo muestra inmediatamente la debilidad de su naturaleza, porque se corrompe y perece muy pronto. Así, pues, no hay que tener tanta fe en tu demostración, que vayamos a tener confianza de que después de la muerte existirá aún el alma. Porque si alguno extendiese el razonamiento todavía más que tú, y se le concediese, no sólo que el alma existe en el tiempo que precede a nuestro nacimiento, sino también que no hay inconveniente en que las almas de algunos existan después de la muerte y renazcan muchas veces para morir de nuevo; siendo el alma bastante fuerte para usar muchos cuerpos, uno luego de otro, como usa el hombre muchos vestidos; concediéndole todo esto, digo, no por eso se negaba que el alma se gasta al cabo de tantos nacimientos, y que al fin acaba por perecer de hecho en alguna de estas muertes. Y si se añadiese que nadie puede saber cuál de estas muertes alcanzará al alma, porque es imposible a los hombres presentirlo, entonces todo hombre que no teme la muerte y la espera con confianza es un insensato, salvo que pueda demostrar que el alma es enteramente inmortal e imperecible. De otra manera, es absolutamente necesario que el que va a morir tema por su alma y tema que ella va a perecer en la próxima separación del cuerpo.

Cuando oímos estas objeciones, no dejaron de incomodarnos, como hubimos de confesarlo; porque, después de estar convencidos por los razonamientos anteriores, venían tales argumentos a turbarnos y arrojarnos en la desconfianza, no sólo por lo que se había dicho, sino también por lo que se nos podía decir en lo sucesivo; porque en todo caso íbamos a parar en creer, o que no éramos capaces de formar juicio sobre estas materias, o que estas materias no podrían producir otra cosa que la incertidumbre.

EQUÉCRATES.—Fedón, los dioses te perdonen, porque yo al oírte me digo a mí mismo: ¿qué podremos creer en lo sucesivo, puesto que las razones de Sócrates, que me parecían tan persuasivas, se hacen dudosas? En efecto; la objeción que hace Simmias al decir que nuestra alma no es más que una armonía me sorprende maravillosamente, y siempre me ha sorprendido; porque me ha hecho recordar que yo mismo tuve esta misma idea en otro tiempo. Así, pues, yo estoy como de nuevo en esta ocasión, y necesito muy de veras nuevas pruebas para convencerme de que nuestra alma no muere con el cuerpo. Por lo mismo, Fedón, dinos, ¡por Zeus!, de qué manera Sócrates continuó la disputa; si se vió embarazado como vosotros, o si sostuvo su opinión con templanza; y, en fin, si os satisfizo enteramente o no. Cuéntanos, te lo suplico, todos estos pormenores sin olvidar nada.

FEDÓN.—Te aseguro, Equécrates, que si siempre he admirado a Sócrates, en esta ocasión le admiré más que nunca, porque el que estuviere pronto a satisfacer esto no puede extrañarse en un hombre como él; pero lo que me pareció admirable fué, en primer lugar, la dulzura, la bondad, las muestras de aprobación con que escuchó las objeciones de estos jóvenes; y en seguida, la sagacidad con que notó la impresión que ellas habían hecho en nosotros; y, en fin, la habilidad con que nos curó, y cómo atrayéndonos como a vencidos fugitivos, nos hizo volver la espalda, y nos obligó a entrar en discusión.

EQUÉCRATES.—¿Cómo?

FEDÓN.—Voy a decírtelo. Estaba yo sentado a su derecha, cerca de su cama, en un asiento bajo, y él estaba en otro más alto que el mío; pasando su mano por mi cabeza, y cogiendo el cabello que caía sobre mis espaldas, y con el cual tenía la costumbre de jugar, me dijo: Fedón, mañana te harás cortar estos hermosos cabellos (12); ¿no es verdad?

—Regularmente, Sócrates, le respondí.

—De ninguna manera, si me crees.

—¿Cómo?

—Hoy es—me dijo—cuando debo cortar yo mis cabellos y tú los tuyos, si es cierto que nuestro razonamiento ha muerto y que no podemos resucitarle; y si estuviera yo en tu lugar y me viese vencido, juraría, al modo de los de Argos (13), no dejar crecer mis cabellos hasta que no hubiese contraído a mi vez la victoria sobre las objeciones de Simmias y de Cebes.

Yo le dije:

—¿Has olvidado el proverbio de que el mismo Heracles no basta contra dos?

—¡Ah!—dijo—, ¿por qué no apelas a mí, como a tu Iolas?

—También yo apelo a ti, no como Heracles a su Iolas, sino como Iolas apela a su Heracles.

—No importa—replicó—; es igual. Pero ante todo estemos en guardia, para no incurrir en una gran falta.

—¿Qué falta?—le dije.

—En la de ser *misólogos* (14), que los hay, como hay misántropos; porque el mayor de todos los males es aborrecer la razón, y esta misología tiene el mismo origen que la misantropía. ¿De dónde procede si no la misantropía? De que, después de haberse fiado de un hombre, sin ningún previo examen, y de haberle creído siempre sincero, honrado y fiel, se encuentra uno al fin con que es falso y malvado; y al cabo de muchas pruebas semejantes a ésta, viéndose engañado por sus mejores y más íntimos amigos, y cansado de ser la víctima, concluye por aborrecer a todos los hom-

---

(12) Los griegos se hacían cortar los cabellos a la muerte de sus amigos, y los colocaban sobre su tumba.

(13) Estando los de Argos en guerra con los espartanos, a causa de la ciudad de Tiré, de que estos últimos se habían apoderado, y habiendo sido aquéllos derrotados, se hicieron cortar los cabellos y juraron no dejarlos crecer hasta no haber reconquistado la ciudad.

14) Enemigos de la razón.

bres igualmente, y llega a persuadirse de que no hay uno solo sincero. ¿No has notado que la misantropía se forma de esta manera y así por grados?

—Seguramente—le dije.

—¿No es esto una vergüenza? ¿No es evidente que semejante hombre se mete a tratar con los demás sin tener conocimiento de las cosas humanas? Porque si hubiera tenido la menor experiencia, habría visto las cosas como son en sí, y reconocido que los buenos y los malos son muy raros, lo mismo los unos que los otros, y que los que ocupan un término medio son numerosos.

—¿Qué dices, Sócrates?

—Digo, Fedón, que con los buenos y los malos sucede lo que con los muy grandes o muy pequeños. ¿No ves que es raro encontrar un hombre muy grande o un hombre muy pequeño? Así sucede con los perros y con todas las demás cosas; con lo que es rápido y con lo que es lento; con lo que es bello y lo que es feo; con lo que es blanco y lo que es negro. ¿No notas que en todas estas cosas los dos extremos son raros y que el medio es muy frecuente y muy común?

—Lo advierto muy bien, Sócrates.

—Si se propusiese un combate de maldad, serían bien pocos los que pudieran aspirar al primer premio.

—Es probable.

—Seguramente—replicó—; pero no es en este concepto en el que los razonamientos se parecen a los hombres, sino que por seguirte me he dejado ir un poco fuera del asunto. La única semejanza que hay es que cuando se admite un razonamiento como verdadero sin saber el arte de razonar sucede que más tarde parece falso, séalo o no lo sea, y diferente de él mismo; y cuando uno ha contraído el hábito de disputar, sosteniendo el pro y el contra, se cree al fin hombre muy hábil, y se imagina ser el único que ha comprendido que ni en las cosas ni en los razonamientos hay nada de verdadero ni de seguro; que todo está en un flujo y reflujo sin interrupción, como el Euripo (15) y que nada permanece ni un solo momento en el mismo estado.

—Es la pura verdad.

—Cuando hay un razonamiento verdadero, sólido, susceptible de ser comprendido, ¿no sería una desgracia deplorable, Fedón, que por haberse dejado llevar de estos razonamientos, en que todo aparece tan pronto verdadero como falso, en lugar de acusarse a sí mismo y de acusar a su propia incapacidad, vaya uno a hacer recaer la falta sobre la razón, y pasarse la vida aborreciendo y calumniando a la razón misma, privándose así de la verdad y de la ciencia?

—Sí, eso sería deplorable, ¡por Zeus!—dije yo.

—Estemos, pues, en guardia—replicó él—, para que esta desgracia no nos suceda; y no nos preocupemos con la idea de que no hay nada sano en el razonamiento. Persuadámonos más bien de que somos nosotros mismos los autores de este mal, y hagamos decididamente todos los esfuerzos posibles para corregirnos. Vosotros estáis obligados a ello, tanto más cuanto que os resta mucho tiempo de vida; y yo también me considero obligado a lo mismo porque voy a morir. Temo mucho que al ocuparme hoy en esta materia, lejos de conducirme como verdadero filósofo, voy a convertirme en disputador terco, a la manera de todos esos ignorantes que cuando disputan no se cuidan en manera alguna de enseñar la verdad, sino que su único objeto es arrastrar a su opinión personal a todos los que los escuchan. La única diferencia que hay entre ellos y yo es que yo no intento sólo persuadir con lo que diga a los que están aquí presentes, si bien me complaceré en ello si lo consigo, sino que mi principal objeto es convencerme a mí mismo. Porque he aquí, mi querido amigo, cómo razono yo, y verás que este razonamiento me interesa mucho; si lo que yo diga resulta verdadero, es bueno creerlo; y si después de la muerte no hay nada, habré sacado de todas ma-

---

(15) El Euripo, que separa Eubea de Beocia, estaba en un continuo movimiento de flujo y de reflujo, de siete veces al día y otras tantas por la noche.

neras la ventaja de no haber incomodado a los demás con mis lamentos en el poco tiempo que me queda de vida.

Mas no permaneceré mucho en esta ignorancia, que miraría como un mal; sino que bien pronto va a desvanecerse. Fortificado con estas reflexiones, mi querido Simmias y mi querido Cebes, voy a entrar en la discusión; y si me creeis, que sea menos por respeto a la autoridad de Sócrates que por respeto a la verdad. Si lo que os digo es verdadero, admitidlo; si no lo es, combatidlo con todas vuestras fuerzas; teniendo mucho cuidado, no sea que yo me engañe a mí mismo, que os engañe también a vosotros por exceso de buena voluntad, abandonándoos como la abeja, que deja su aguijón en la llaga.

Comencemos, pues; pero antes habéis de ver, os lo suplico, si me acuerdo bien de vuestras objeciones. Me parece que Simmias teme que el alma, aunque más divina y más excelente que el cuerpo, perezca antes que él, como según ha dicho sucede con la armonía; y Cebes ha concedido, si no me engaño, que el alma es más durable que el cuerpo, pero que no se puede asegurar que después que ella ha usado muchos cuerpos no perezca al abandonar el último, y que ésta no sea una verdadera muerte del alma; porque, con respecto al cuerpo, éste no cesa ni un solo momento de perecer. ¿No son éstos los dos puntos que tenemos que examinar, Simmias y Cebes?

Convinieron ambos en ello.

—¿Rechazáis—continuó él—absolutamente todo lo que os he dicho, o admitís una parte?

Ellos dijeron que no lo rechazaban todo.

—Pero—añadió Sócrates—, ¿qué pensáis de lo que os he dicho de que *aprender* no es más que *recordar;* y por consiguiente, que es necesario que nuestra alma haya existido en alguna parte antes de haberse unido al cuerpo?

—Yo—dijo Cebes—, he reconocido desde luego la evidencia de lo que dices, y no conozco principio que me parezca más verdadero.

—Lo mismo digo yo—dijo Simmias—, y me sorprendería mucho si llegara a mudar de opinión en este punto.

—Tienes que mudar de parecer, mi querido tebano, si persistes en la opinión de que la armonía es algo compuesto y que nuestra alma no es más que una armonía que resulta del acuerdo de las cualidades del cuerpo, porque probablemente no te creerías a ti mismo si dijeras que la armonía existe antes de las cosas de que se compone. ¿Lo dirías?

—No, sin duda, Sócrates—respondió Simmias.

—¿No notas, sin embargo—replicó Sócrates—, que es esto lo que dices cuando sostienes que el alma existe antes de venir a animar el cuerpo, y que no obstante se compone de cosas que no existe aún? Porque el alma no es como la armonía con la que la comparas, sino que es evidente que la lira, las cuerdas, los sonidos discordantes existen antes de la armonía, la cual resulta de todas estas cosas, y en seguida perece con ella. Esta última proposición tuya, ¿conviene con la primera?

—De ninguna manera—dijo Simmias.

—Sin embargo—replicó Sócrates—, si en algún discurso debe haber acuerdo, es en aquel en que se trata de la armonía.

—Tienes razón, Sócrates.

—Pues en este caso no hay acuerdo—dijo Sócrates—; y así mira cuál de estas dos opiniones prefieres: o el conocimiento es una reminiscencia, o el alma es una armonía.

—Escojo lo primero—dijo Simmias—, porque he admitido la segunda sin demostración, contentándome con esa aparente verosimilitud que basta al vulgo. Pero estoy persuadido de que todos los razonamientos que no se apoyan sino sobre la probabilidad están henchidos de vanidad; y que si se mira bien, ellos extravían y engañan lo mismo en geometría que en cualquier otra ciencia. Mas la doctrina de que la ciencia es una reminiscencia está fundada en un principio sólido; en el principio de que, según hemos dicho, nuestra alma, antes de venir a animar nuestro cuerpo, existe como la esen-

cia misma; la esencia, es decir, lo que existe realmente.
He aquí por qué, convencido de que debo darme por
satisfecho con esta prueba, no debo ya escucharme a
mí mismo, ni tampoco dar oídos a los que digan que
el alma es una armonía.

—Ahora bien, Simmias—dijo Sócrates—: ¿te parece
que es propio de la armonía o de cualquier otra cosa
compuesta el ser diferente de las cosas mismas de que
se compone?

—De ninguna manera.

—¿Ni el padecer o hacer otra cosa que lo que hacen
o padecen los elementos que la componen?

—Conforme—dijo Simmias.

—¿No es natural que a la armonía precedan las cosas
que la componen y no que la sigan?

—Así es.

—¿No son incompatibles con la armonía los sonidos,
los movimientos y toda cosa contraria a los elementos
de que ella se compone?

—Seguramente—dijo Simmias.

—¿Pero no consiste toda armonía en la consonancia?

—No te entiendo bien—dijo Simmias.

—Pregunto si, según que sus elementos están más o
menos de acuerdo, no resulta más o menos la armonía.

—Seguramente.

—¿Y puede decirse del alma que una es más o menos alma que otra?

—No, sin duda.

—Veamos, pues, ¡por Zeus! ¿No se dice que esta
alma, que tiene inteligencia y virtud, es buena, y que
aquella otra, que tiene locura y maldad, es mala? ¿No
se dice esto con razón?

—Sí, sin duda.

—Y los que sostienen que el alma es una armonía,
¿qué dirán que son estas cualidades del alma, este vicio
y esta virtud? ¿Dirán que la una es una armonía y la
otra una disonancia? ¿Que el alma virtuosa, siendo ar-
mónica por naturaleza, tiene además en sí misma otra
armonía? ¿Y que la otra, siendo una disonancia, no
produce armonía?

—Yo no puedo decírtelo—respondió Simmias—; parece, sin embargo, que los partidarios de esta opinión dirían algo semejante.

—Pero estamos de acuerdo—dijo Sócrates—, en que un alma no es más o menos alma que otra; es decir, que hemos sentado que ella no tiene más o menos armonía. ¿No es así?

—Lo confieso—dijo Simmias.

—Y que no siendo más o menos armonía, no existe más o menos acuerdo entre sus elementos. ¿No es así?

—Sí, sin duda.

—Y no estando más o menos de acuerdo con sus elementos, ¿puede tener más armonía o menos armonía? ¿O es preciso que la tenga igual?

—Igual.

—Por tanto, puesto que un alma no puede ser más o menos alma que otra, ¿no puede estar en más o menos acuerdo que otra?

—Es cierto.

—Se sigue de aquí necesariamente que un alma no puede tener ni más armonía ni más disonancia que otra.

—Convengo en ello.

—Por consiguiente, ¿un alma puede tener más virtud o más vicio que otra, si es cierto que el vicio es una disonancia y la virtud una armonía?

—De ninguna manera.

—O más bien: ¿la razón exige que se diga que el vicio no puede encontrarse en ninguna alma, si el alma es una armonía, porque la armonía, si es perfecta armonía, no puede consentir la disonancia?

—Sin dificultad.

—Luego, el alma, si es alma perfecta, no puede ser capaz de vicio.

—¿Cómo podría serlo conforme a los principios en que hemos convenido?

—Según estos mismos principios, las almas de todos los animales son igualmente buenas si todas son igualmente almas.

—Así me parece, Sócrates.

—¿Y consideras que esto sea incontestable, y como

una consecuencia necesaria, si es cierta la hipótesis de que el alma es una armonía?

—No, sin duda, Sócrates.

—Pero, dime, Simmias: entre todas las cosas que componen el hombre, ¿encuentras que mande otra que el alma, sobre todo cuando es sabia?

—No, sólo ella manda.

—¿Y manda aflojando la rienda a las pasiones del cuerpo, o resistiéndolas? Por ejemplo, cuando el cuerpo tiene sed, ¿no le impide el alma beber? O cuando tiene hambre, ¿no le impide comer, y lo mismo en otras mil cosas semejantes, en que vemos claramente que el alma combate las pasiones del cuerpo? ¿No es así?

—Sin duda.

—¿Pero no hemos convenido antes en que el alma, siendo una armonía, no puede tener otro tono que el producido por la tensión, aflojamiento, vibración o cualquier otra modificación de los elementos que la componen, y que debe necesariamente obedecerles sin dominarlos jamás?

—Hemos convenido en eso, sin duda—dijo Simmias. ¿Por qué no?

—Pero—repuso Sócrates—, ¿no vemos prácticamente que el alma hace todo lo contrario; que gobierna y conduce las cosas mismas de que se la supone compuesta; que las resiste durante casi toda la vida, reprendiendo a unas más duramente mediante el dolor, como en la gimnasia y en la medicina; tratando a otras con más dulzura, contentándose con reprender o amenazar al deseo, a la cólera, al temor, como cosas de distinta naturaleza que ella? Esto es lo que Homero ha expresado muy bien, cuando dice en la *Odisea* que Odiseo (16), "dándose golpes de pecho, dijo con aspereza a su corazón: sufre esto, corazón mío, que cosas más duras has soportado". ¿Crees tú que Homero hubiera dicho esto si hubiera creído que el alma es una armonía que debe ser gobernada por las pasiones del cuerpo? ¿No piensas que más bien ha creído que el alma debe guiarlas y

_____

(16) *Odisea*, R. 20, v. 17.

amaestrarlas, y que es de una naturaleza más divina que una armonía?

—Sí, ¡por Zeus!, yo lo creo—dijo Simmias.

—Por consiguiente, mi querido Simmias—replicó Sócrates—, no podemos en modo alguno decir que el alma es una especie de armonía, porque no estaríamos al parecer de acuerdo ni con Homero, este poeta divino, ni con nosotros mismos.

Simmias convino en ello.

—Me parece—repuso Sócrates—que hemos suavizado muy bien esta armonía tebana (17); pero en cuanto a Cebes, ¿de qué medio me valdré yo para apaciguar a este Cadmo? (18). ¿De qué razonamiento me valdré para conseguirlo?

—Estoy seguro de que lo encontrarás—respondió Cebes—. Por lo que hace al argumento de que acabas de servirte contra la armonía, me ha llamado la atención más de lo que yo creía; porque mientras Simmias te proponía sus dudas, tenía por imposible que ninguno las rebatiera; y he quedado completamente sorprendido al ver que no ha podido sostener ni siquiera tu primer ataque. Después de esto, es claro que no me sorprenderé si a Cadmo alcanza la misma suerte.

—Mi querido Cebes—replicó Sócrates—; no me alabes demasiado, no sea que la envidia trastorne lo que tengo que decir; pero esto depende del dios. Ahora nosotros, cerrando más las filas, como dice Homero (19), pongamos tu objeción a prueba. Lo que deseas averiguar se reduce a lo siguiente: quieres que se demuestre que el alma es inmortal e imperecible, con el fin de que un filósofo, que va a morir y muere con valor y con la esperanza de ser infinitamente más dichoso en el otro mundo que si hubiera muerto después de haber vivido de distinta manera, no tenga una confianza insensata. Porque el que el alma sea algo vigoroso y divino y el

(17) Sócrates llama a la opinión de Simmias, que era de Tebas, la *armonía tebana,* aludiendo a la fábula de Anfión, que construyó los muros de la ciudad con la armonía de su lira.

(18) Alusión al otro fundador de Tebas, donde también Cebes había nacido.

(19) *Ilíada,* R. 4., v. 496.

que haya existido antes de nuestro nacimiento no prueba nada, dices tú, en favor de su inmortalidad, y todo lo que se puede inferir es que puede durar por mucho tiempo, y que existía ya antes que nosotros en alguna parte y por siglos casi infinitos; que durante este tiempo ha podido conocer y hacer muchas cosas, sin que por esto fuera inmortal; que, por el contrario, el momento de su primera venida al cuerpo ha sido quizá el principio de su ruina, y como una enfermedad que se prolonga entre las debilidades y angustias de esta vida, y concluye por lo que llamamos la muerte. Añades que importa poco que el alma venga una sola vez a animar el cuerpo o que venga muchas, y que esto no hace variar los justos motivos de temor; porque, a no estar demente, el hombre debe temer siempre la muerte, en tanto que no sepa con certeza y pueda demostrar que el alma es inmortal. He aquí, a mi parecer, todo lo que dices, Cebes; y yo lo repito muy al por menor, para que nada se nos escape, y para que puedas todavía añadir o quitar lo que gustes.

—Por ahora—respondió Cebes—, nada tengo que modificar, porque has dicho lo mismo que yo manifesté.

Sócrates, después de haber permanecido silencioso por algún tiempo, y como recogido en sí mismo, le dijo a Cebes:

—En verdad no es tan poco lo que pides, porque para explicarlo es preciso examinar a fondo la cuestión del nacimiento y de la muerte. Si lo deseas, te diré lo que me ha sucedido a mí mismo sobre esta materia; y si lo que voy a decir te parece útil, te servirás de ello en apoyo de tus convicciones.

—Lo deseo con todo mi corazón—dijo Cebes.

—Escúchame, pues: cuando yo era joven sentía un vivo deseo de aprender esa ciencia que se llama la física, porque me parecía una cosa sublime saber las causas de todos los fenómenos, de todas las cosas; lo que las hace nacer, lo que las hace morir, lo que las hace existir; y no hubo sacrificio que omitiera para examinar, en primer lugar, si es de lo caliente o de lo frío, como

algunos pretenden (20), de donde proceden los animales; si es la sangre la que crea el pensamiento (21) o el
aire (22), o el fuego (23), o ninguna de estas cosas; o
si sólo el cerebro (24) es la causa de nuestras sensaciones, de la vista, del oído, del olfato; si de estos sentidos
resultan la memoria y la imaginación; y si de la memoria y de la imaginación sosegada nace, en fin, la
ciencia. Quería conocer después las causas de la corrupción de todas estas cosas. Mi curiosidad buscaba
los cielos y hasta los abismos de la tierra, para saber
qué es lo que produce todos los fenómenos; y al fin
me encontré todo lo incapaz que se puede ser para hacer estas indagaciones. Voy a darte una prueba patente
de ello. Y es que este precioso estudio me ha dejado
tan a oscuras en las mismas cosas que yo sabía antes
con la mayor evidencia, según a mí y a otros nos parecía, que he olvidado todo lo que sabía sobre muchas
materias, por ejemplo, en la siguiente: ¿cuál es la causa
de que el hombre crezca? Pensaba yo que era muy
claro para todo el mundo que el hombre no crece sino
porque come y bebe; puesto que por medio del alimen-
to, uniéndose la carne a la carne, los huesos a los huesos, y todos los demás elementos a sus elementos semejantes, lo que al principio no es más que un pequeño
volumen aumenta y crece, y de esta manera un hombre
de pequeño se hace muy grande. He aquí lo que yo
pensaba. ¿No te parece que tenía razón?

—Seguramente—dijo Cebes.

—Escucha lo que sigue. Creía yo saber por qué un
hombre era más grande que otro hombre, llevándose de
diferencia toda la cabeza; y por qué un caballo era
más grande que otro caballo; y otras cosas más claras,
como por ejemplo, que diez eran más que ocho por
haberse añadido dos, y que dos codos eran más grandes
que un codo por excederle en una mitad.

—¿Y qué piensas ahora?—dijo Cebes.

---

(20) Opinión de los jónicos Anaxágoras y Arquelao.
(21) Opinión de Empédocles.
(22) Opinión de Anaxímenes.
(23) Opinión de Heráclito.
(24) Opinión antigua. Diógenes Laercio, II, 30.

—¡Por Zeus! Estoy tan distante de creer que conozco las causas de ninguna de estas cosas, que ni aun presumo saber si cuando a uno se le añade otro uno, es este uno el que se añadió al otro, el que se hace dos; o si es el añadido y el que se añade juntos los que constituyen dos en virtud de esta adición del uno al otro. Porque lo que me sorprende es que mientras estaban separados cada uno de ellos era uno y no eran dos, y que después que se han juntado se han hecho dos, porque se ha puesto el uno al par del otro. Yo no veo tampoco cómo es que cuando se divide una cosa, esa división hace que esta cosa, que era una antes de dividirse, se haga dos desde el momento de la separación; porque aquí aparece una causa enteramente contraria a la que hizo que uno y uno fuesen dos. Antes este uno y el otro uno se hacen dos, porque se juntan el uno con el otro; y ahora esta cosa, que es una, se hace dos, porque se la divide y se la separa. Más aún: no creo saber por qué el uno es uno y, en fin, tampoco sé, al menos por razones físicas, cómo una cosa, por pequeña que sea, nace, perece o existe; así que resolví adoptar otro método, ya que éste de ninguna manera me satisfacía.

Habiendo oído leer en un libro, que según se decía, era de Anaxágoras, que la inteligencia es la norma y la causa de todos los seres, me vi arrastrado por esta idea; y me pareció una cosa admirable que la inteligencia fuese la causa de todo; porque creía que, habiendo dispuesto la inteligencia todas las cosas, precisamente estarían arregladas lo mejor posible. Si alguno, pues, quiere saber la causa de cada cosa, por qué nace y por qué perece, no tiene más que indagar la mejor manera en que puede ella existir; y me pareció que era una consecuencia de este principio que lo único que el hombre debe averiguar es cuál es lo mejor y lo más perfecto; porque desde el momento en que lo haya averiguado, conocerá necesariamente cuál es lo más malo, puesto que no hay más que una ciencia para lo uno y para lo otro.

Pensando de esta suerte tenía el gran placer de encontrarme con un maestro como Anaxágoras, que me explicaría, según mis deseos, la causa de todas las cosas; y que, después de haberme dicho, por ejemplo, si la tierra es plana o redonda, me explicaría la causa y la necesidad de lo que ella es, y me diría cuál es lo mejor en el caso, y por qué esto es lo mejor. Asimismo si creía que la tierra está en el centro del mundo, esperaba que me enseñaría por qué es lo mejor que la tierra ocupe el centro; y luego de haber oído de él todas estas explicaciones, estaba resuelto por mi parte a no ir nunca en busca de ninguna otra clase de causas. También me proponía interrogarle en igual forma acerca del sol, de la luna y de los demás astros, para conocer la razón de sus revoluciones, de sus movimientos y de todo lo que les sucede; y para saber cómo es lo mejor posible lo que cada uno de ellos hace, porque no podía imaginarme que, después de haber dicho que la inteligencia los había ordenado y arreglado, pudiese decirme que fuera otra la causa de su orden y disposición que la de no ser posible cosa mejor; y me lisonjeaba de que, después de designarme esta causa en general y en particular, me haría conocer en qué consiste el bien de cada cosa en particular y el bien de todas en general. Por nada hubiera cambiado en aquel momento mis esperanzas.

Tomé, pues, con el más vivo interés estos libros y me puse a leerlos lo más pronto posible, para saber luego lo bueno y lo malo de todas las cosas; pero muy luego perdí toda esperanza, porque tan pronto como hube adelantado un poco en mi lectura, me encontré con que mi hombre no hacía intervenir para nada la inteligencia, que no daba ninguna razón del orden de las cosas, y que en lugar de la inteligencia ponía el aire, el éter, el agua y otras cosas igualmente absurdas. Me pareció como si dijera: Sócrates hace mediante la inteligencia todo lo que hace; y que en seguida, queriendo dar razón de cada cosa que yo hago, dijera que hoy, por ejemplo, estoy sentado en mi cama porque mi cuerpo se compone de huesos y de nervios; que siendo los huesos duros y sólidos, están separados por

junturas, y que los nervios, pudiendo estirarse o encogerse, unen los huesos con la carne y con la piel, que
encierra y abraza a los unos y a los otros; que estando
los huesos libres en sus articulaciones, los nervios, que
pueden extenderse y encogerse, hacen que me sea posible recoger las piernas como veis y que ésta es la
causa de estar yo sentado aquí y de esta manera. O
también es lo mismo que si, para explicar la causa de
la conversación que tengo con vosotros, os dijese que
lo era la voz, el aire, el oído y otras cosas semejantes;
y no os dijese ni una sola palabra de la verdadera
causa, que es la de haber creído los atenienses que lo
mejor para ellos era condenarme a muerte, y que, por
la misma razón, he creído yo que era igualmente lo
mejor para mí estar sentado en esta cama y esperar
tranquilamente la pena que me han impuesto. Porque
os juro por el cielo que estos nervios y estos huesos
míos ha largo tiempo que estarían en Megara o en
Beocia si hubiera creído que era lo mejor para ellos y
no hubiera estado persuadido de que era mucho mejor
y más justo permanecer aquí para sufrir el suplicio a
que mi patria me ha condenado que no escapar y huir.
Dar, por lo tanto, razones semejantes me parecía muy
ridículo.

Dígase en buena hora que si yo no tuviera huesos
ni nervios, y otras cosas semejantes, no podría hacer
lo que juzgase conveniente; pero decir que estos huesos y estos nervios son la causa de lo que yo hago, y
no la elección de lo que es mejor, para la que me sirvo
de la inteligencia, es el mayor absurdo, porque equivale a no conocer esta diferencia: que una es la causa
y otra la cosa, sin la que la causa no sería nunca
causa; y por lo tanto la cosa y no la causa es la que
el pueblo, que camina siempre a tientas y como en
tinieblas, toma por verdadera causa, y a la que sin
razón da este nombre. He aquí por qué unos (25) consideran rodeada la tierra por un torbellino, y la suponen fija en el centro del mundo; otros (26) la conci-

---

(25) Empédocles.
(26) Anaxímenes.

ben como una ancha artesa, que tiene por base el aire; pero no se cuidan de investigar el poder que la ha colocado del modo necesario para que fuera lo mejor posible; no creen en la existencia de ningún poder divino, sino que se imaginan haber encontrado un Atlas más fuerte, más inmortal y más capaz de sostener todas las cosas; y a este bien, que es el único capaz de ligar y abrazarlo todo, lo tienen por una vana idea.

Yo con el mayor gusto me habría hecho discípulo de cualquiera que me hubiera enseñado esta causa; pero al ver que no podía alcanzar a conocerla, ni por mí mismo, ni por medio de los demás, ¿quieres, Cebes, que te diga la segunda tentativa que hice para encontrarla?

—Lo quiero con todo mi corazón—dijo Cebes.

—Cansado de examinar todas las cosas, creí que debía estar prevenido para que no me sucediese lo que a los que miran un eclipse de sol; que pierden la vista si no toman la precaución de observar en el agua o en cualquier otro medio la imagen de este astro. Algo de esto pasó en mi espíritu; y temí perder los ojos del alma si miraba los objetos con los ojos del cuerpo y si me servía de mis sentidos para tocarlos y conocerlos. Me convencí de que debía recurrir a la razón y buscar en ella la verdad de todas las cosas. Quizá la imagen de que me sirvo para explicarme no es enteramente exacta; porque yo mismo no estoy conforme en que el que mira las cosas en la razón las mire más aún por medio de otra cosa que el que las ve en sus fenómenos; pero, sea de esto lo que quiera, éste es el camino que adopté; y desde entonces, tomando por fundamento lo que me parece lo mejor, tengo por verdadero todo lo que está en este caso, trátese de las cosas o de las causas; y lo que no está conforme con esto lo desecho como falso. Pero voy a explicarme con más claridad, porque me parece que no me entiendes aún.

—No, ¡por Zeus!, Sócrates—dijo Cebes—; no te comprendo lo bastante.

—Sin embargo—replicó Sócrates—, nada digo de nue-

—Sí.

—Si uno pretendiese que un hombre es más grande que otro, llevándole la cabeza, y que éste es pequeño en la misma proporción, ¿no serías de su opinión? Pero sostendrías que lo que quieres decir es que todas las cosas que son más grandes que otras no lo son sino a causa de la magnitud; que es la magnitud misma la que las hace grandes; y en la misma forma, que las cosas pequeñas no son más pequeñas sino a causa de la pequeñez, siendo la pequeñez la que hace que sean pequeñas. Y me imagino que, al sostener esta opinión, temerías una objeción embarazosa que te podrían hacer. Porque si dijeses que un hombre es más grande o más pequeño que otro con exceso de la cabeza, te podían responder por lo pronto, que el mismo objeto constituía la magnitud del más grande y la pequeñez del más pequeño; y que a la altura de la cabeza, que es pequeña en sí misma, es a lo que el más grande debería su magnitud; y sería en verdad maravilloso que un hombre fuese grande a causa de una cosa pequeña. ¿No tendrías este temor?

—Sin duda—replicó Cebes, sonriéndose.

—¿No temerías por la misma razón decir que diez son más que ocho porque exceden en dos? ¿No dirías más bien que esto es a causa de la cantidad? Y lo mismo tratándose de dos codos, ¿no dirías que son más grandes que uno a causa de la magnitud, más bien que a causa del codo más? Porque aquí hay el mismo motivo para temer la objeción.

—Tienes razón.

—Pero ¿no tendrías dificultad en decir que si se añade uno a uno, la adición es la causa del múltiple dos, o que si se divide uno en dos, la causa es la división? ¿No afirmarías más bien que no conoces otra causa de cada fenómeno que su participación en la esencia propia de la clase a que cada uno pertenezca; y que, por consiguiente, tú no ves que sea otra la causa del múltiple dos que su participación en la ~~ualidad, de que participa necesariamente todo lo que ~~ dos, como todo lo que se hace uno participa de la unidad? ¿No abandonarías las adiciones, las divisiones y todas las sutilezas de este género, dejando a los más sabios sentar sobre semejantes bases sus razonamientos, mientras que tú, retenido, como suele decirse, por miedo a tu sombra o más bien a tu ignorancia, te atendrías al sólido principio que nosotros hemos establecido? Y si se impugnara este principio; ¿le dejarías sin defensa antes de haber examinado todas las consecuencias que de él se derivan para ver si entre ellas hay o no acuerdo? Y si te vieses obligado a dar razón de esto, ¿no lo harías suponiendo otro principio más elevado hasta que hubieses encontrado algo seguro que te dejara satisfecho? ¿Y no evitarías embrollarlo todo como ciertos disputadores, y confundir el primer principio con los que de él se derivan, para llegar a la verdad de las cosas? Es cierto que quizá a estos disputadores les importa poco la verdad, y que al mezclar de esta suerte todas las cosas mediante su profundo saber, se contentan con darse gusto a sí mismos; pero tú, si eres verdadero filósofo, harás lo que yo te he dicho.

—Tienes razón—dijeron al mismo tiempo Simmias y Cebes.

EQUÉCRATES.—¡Por Zeus! Hicieron bien en decir esto, Fedón; porque me ha parecido que Sócrates se explicaba con una claridad admirable, aun para los menos entendidos.

FEDÓN.— Así pareció a todos los que se hallaban allí presentes.

EQUÉCRATES.—Y a nosotros, que no estábamos allí, nos parece lo mismo, vista la relación que nos haces. Pero ¿qué sucedió después?

FEDÓN.—Me parece, si mal no recuerdo, que después de haberle concedido que toda idea existe en sí, y que las cosas que participan de esta idea toman de ella su denominación, continúo de esta manera:

—Si este principio es verdadero, cuando dices que Simmias es más grande que Sócrates y más pequeño que Fedón, ¿no dices que en Simmias se encuentran al mismo tiempo la magnitud y la pequeñez?

—Sí—dijo Cebes.

—Habrás de convenir en que si tú dices: Simmias es más grande que Sócrates, esta proposición no es verdadera en sí misma, porque no es cierto que Simmias sea más grande porque es Simmias, sino que es más grande porque accidentalmente tiene la magnitud. Tampoco es cierto que sea más grande que Sócrates porque Sócrates es Sócrates, sino porque Sócrates participa de la pequeñez en comparación con la magnitud de Simmias.

—Así es la verdad.

—Simmias en igual forma, no es más pequeño que Fedón porque Fedón es Fedón, sino porque Fedón es grande cuando se le compara con Simmias, que es pequeño.

—Así es.

—Simmias es llamado a la vez grande y pequeño, porque está entre los dos; es más grande que el uno a causa de la superioridad de su magnitud, y es inferior, a causa de su pequeñez, a la magnitud del otro—. Y echándose a reír al mismo tiempo, dijo: —Me parece que me he detenido demasiado en estas explicaciones, pero al fin, lo que he dicho es exacto.

Cebes convino en ello.

—He insistido en esta doctrina porque deseo atraeros a mi opinión. Y me parece que no sólo la magnitud no puede nunca ser al mismo tiempo grande y pequeña, sino también que la magnitud, que está en nosotros, no admite la pequeñez, ni puede ser sobrepujada; porque una de dos cosas: o la magnitud huye y se retira al aproximarse su contraria que es la pequeñez, o cesa de existir y perece; pero si alguna vez ella subsiste y recibe en sí la pequeñez, no podrá por esto ser otra cosa que lo que ella era. Así, por ejemplo, después de haber recibido en mí la pequeñez, yo quedo el mismo que era antes, con la sola diferencia de ser además pequeño. La magnitud no puede ser pequeña al mismo tiempo que es grande; y de igual modo la pequeñez, que está en nosotros, no toma nunca el puesto de la magnitud; en una palabra, ninguna cosa contraria, en tanto que lo es, puede hacerse o ser su contraria, sino que cuando la otra llega, o se retira o perece.

Cebes convino en ello; pero uno de los que estaban presentes, no recuerdo quién era, dirigiéndose a Sócrates, le dijo:

—¡Ah, por los dioses! ¿No has admitido ya lo contrario de lo que dices? Porque, ¿no hemos convenido en que lo más grande nace de lo más pequeño y lo más pequeño de lo más grande; en una palabra, que las contrarias nacen siempre de sus contrarias? Y ahora me parece haberle oído que nunca puede suceder esto.

Sócrates, inclinando un tanto la cabeza hacia adelante, como para oír mejor, le dijo:

—Muy bien, tienes razón al recordarnos los principios que hemos establecido; pero no ves la diferencia que hay entre lo que hemos sentado antes y lo que decimos ahora. Dijimos que una cosa nace siempre de su contraria, y ahora decimos que lo contrario no se convierte nunca en lo contrario a sí mismo, ni en nosotros, ni en la naturaleza. Entonces hablábamos de las cosas que tienen sus contrarias, cada una de las cuales podíamos designar con su nombre; y aquí hablamos de las esencias mismas, cuya presencia en las cosas da a éstas sus nombres, y de estas últimas es de las que decimos que no pueden nunca nacer la una de la otra.

Y al mismo tiempo, mirando a Cebes, le dijo:

—La objeción que se acaba de proponer ¿ha causado en ti alguna turbación?

—No, Sócrates; no soy tan débil, aunque hay cosas capaces de turbarme.

—Estamos, pues, unánime y absolutamente conformes—replicó Sócrates—en que nunca un contrario puede convertirse en lo contrario a sí mismo.

—Es cierto—dijo Cebes.

—Vamos a ver si convienes en esto: ¿Hay algo que se llame frío y algo que se llame caliente?

—Seguramente.

—¿Como la nieve y el fuego?

—No, ¡por Zeus!

—¿Lo caliente es entonces diferente del fuego, y lo frío diferente de la nieve?

—Sin dificultad.

—Convendrás, yo creo, en que cuando la nieve ha recibido calor, como decíamos antes, ya no será lo que era, sino que desde el momento que se la aplique, le cederá el puesto o desaparecerá enteramente.

—Sin duda.

—Lo mismo sucede con el fuego, tan pronto como le supere el frío; y así se retirará o perecerá, porque apenas se le haya aplicado el frío, no podrá ser ya lo que era, y no será fuego y frío a la vez.

—Muy bien—dijo Cebes.

—Es, pues, tal la naturaleza de algunas de estas cosas, que no sólo la misma idea conserva siempre el mismo nombre, sino que este nombre sirve igualmente para otras cosas que no son lo que ella es en sí misma, pero que tienen su misma forma mientras existen. Algunos ejemplos aclararán lo que quiero decir. Lo impar debe tener siempre el mismo nombre. ¿No es así?

—Sí, sin duda.

—Ahora bien, dime: ¿es ésta la única cosa que tiene este nombre, o hay alguna otra cosa que no sea lo impar y que, sin embargo, sea preciso designar con este nombre, por ser de tal naturaleza que no puede existir sin lo impar? Como, por ejemplo, el número tres y muchos otros; pero fijémonos en el tres. ¿No te parece que el número tres debe ser llamado siempre con su nombre, y al mismo tiempo con el nombre de impar, aunque lo impar no es lo mismo que el número tres? Sin embargo tal es la naturaleza del tres, del cinco y de la mitad de los números, que aunque cada uno de ellos no sea lo que es lo impar, es, no obstante, siempre impar. Lo mismo sucede con la otra mitad de los números, como dos, cuatro, aunque no son lo que es lo par, es cada uno de ellos, sin embargo, siempre par. ¿No estás conforme?

—¿Y cómo no?

—Fíjate en lo que voy a decir. Me parece que no

sólo estas contrarias que se excluyen, sino también todas las demás cosas, que sin ser contrarias en sí, tienen, sin embargo, siempre sus contrarias, no pueden dejarse penetrar por la esencia, que es contraria a la que ellas tienen, sino tan pronto como esta esencia aparece, ellas se retiran o perecen. El tres, por ejemplo, ¿no perecerá antes que hacerse en ningún caso número par, permaneciendo tres?

—Seguramente—dijo Cebes.

—Sin embargo—dijo Sócrates—, el dos no es contrario al tres.

—No, sin duda.

—Luego las contrarias no son las únicas cosas que no consienten sus contrarias, sino que hay todavía otras cosas también incompatibles.

—Es cierto.

—¿Quieres que las determinemos en cuanto nos sea posible?

—Sí.

—¿No serán aquellas, ¡oh Cebes!, que obligan a la cosa en que se encuentran, cualquiera que sea, no sólo a retener la idea que es en ellas esencial, sino también a rechazar toda otra idea contraria a ésta?

—¿Qué dices?

—Lo que decíamos antes. Todo aquello en que se encuentra la idea de tres, debe necesariamente, no sólo permanecer tres, sino permanecer también impar.

—¿Quién lo duda?

—Por consiguiente, es imposible que en una cosa tal como ésta penetre la idea contraria a la que constituye su esencia.

—Es imposible.

—Ahora bien, lo que constituye su esencia, ¿no es el impar?

—Sí.

—Y la idea contraria a lo impar, ¿no es la idea de lo par?

—Sí.

—Luego la idea de lo par no se encuentra nunca en el tres.

—No, sin duda.

—El tres, por lo tanto, no consiente lo par.

—No lo consiente.

—Porque el tres es impar.

—Seguramente.

—He aquí lo que queríamos sentar como base; que hay ciertas cosas que, no siendo contrarias a otras, las excluyen, lo mismo que si fuesen contrarias, como el tres que aunque no es contrario al número par, no lo consiente, lo desecha; como el dos, que lleva siempre consigo algo contrario al número impar; como el fuego, el frío y muchas otras cosas. Mira ahora si admitirías tú la siguiente definición: no sólo lo contrario no consiente su contrario, sino que todo lo que lleva consigo un contrario, al comunicarse con otra cosa, no consiente nada que sea contraria al contrario que lleva en sí.

Piénsalo bien, porque no se pierde el tiempo en repetirlo muchas veces. El cinco no será nunca compatible con la idea de par; como el diez, que es dos veces aquél, no lo será nunca con la idea de impar; y este dos, aunque su contraria no sea la idea de lo impar, no admitirá, sin embargo, la idea de lo impar, como no consentirán nunca idea de lo entero las tres cuartas partes, la tercera parte ni las demás fracciones, si es que me has entendido y estás de acuerdo conmigo en este punto.

Ahora bien; voy a resumir mis primeras preguntas; y tú, al responderme, me contestarás, no en forma idéntica a ellas, sino en forma diferente, según el ejemplo que voy a ponerte; porque además de la manera de responder que hemos usado, que es segura, hay otra que lo es menos; puesto que si me preguntases qué es lo que produce el calor en los cuerpos, yo no te daría la respuesta, segura sí, pero necia, de que es el calor; sino que, de lo que acabamos de decir, deduciría una respuesta más acertada, y te diría, es el fuego; y si me preguntas qué es lo que hace que el cuerpo esté enfermo, te respondería que no es la enfermedad, sino la fiebre. Si me preguntas qué es lo que constituye lo impar, no te responderé la imparidad, sino la unidad; y así de las demás cosas. Mira si entiendes suficientemente lo que quiero decirte.

—Te entiendo perfectamente.

—Respóndeme, pues—continuó Sócrates—. ¿Qué es lo que hace que el cuerpo esté vivo?

—Es el alma.

—¿Sucede así constantemente?

—¿Cómo no ha de suceder?—dijo Cebes.

—¿El alma lleva, por consiguiente, consigo la vida a dondequiera que ella va?

—Es cierto.

—¿Hay algo contrario a la vida, o no hay nada?

—Sí, hay alguna cosa.

—¿Qué cosa?

—La muerte.

—El alma, por consiguiente, no consentiría nunca lo que es contrario a lo que lleva siempre consigo. Esto se deduce rigurosamente de nuestros principios.

—La consecuencia es indeclinable—dijo Cebes.

—Pero ¿cómo llamamos a lo que no consiente nunca la idea de lo par?

—Lo impar.

—¿Cómo llamamos a lo que no consiente nunca la justicia, y a lo que no consiente nunca el orden?

—La injusticia y el desorden.

—Sea así; y a lo que no consiente nunca la muerte, ¿cómo lo llamamos?

—Lo inmortal.

—El alma, ¿no consiente la muerte?

—No.

—El alma es, por consiguiente, inmortal.

—Inmortal.

—¿Diremos que esto está demostrado, o falta algo a la demostración?

—Está suficientemente demostrado, Sócrates.

—Pero, Cebes, si fuese una necesidad que lo impar fuese imperecible, ¿el tres no lo sería igualmente?

—¿Quién lo duda?

—Si lo que no tiene calor fuese necesariamente imperecible, siempre que algo aproximase el fuego a la nieve, ¿la nieve no subsistiría sana y salva? Porque ella no perecería; y por mucho que se la expusiese al fuego no recibiría nunca el calor.

—Muy cierto.

—En la misma forma, si lo que no es susceptible de frío fuese necesariamente imperecible, por mucho que se echara sobre el fuego algo frío, nunca el fuego se extinguiría, nunca perecería; por el contrario, quedaría con toda su fuerza..

—Es de necesidad absoluta.

—Precisamente tiene que decirse lo mismo de lo que es inmortal. Si lo que es inmortal no puede perecer jamás, por mucho que la muerte se aproxime al alma, es absolutamente imposible que el alma muera; porque, según acabamos de ver, el alma no recibirá nunca en sí la muerte, jamás morirá; así como el tres, y lo mismo cualquier otro número impar, no pueden nunca ser par; como el fuego no puede ser nunca frío, ni el calor del fuego convertirse en frío. Alguno me dirá quizá: es que lo impar no puede convertirse en par por el advenimiento de lo par. Estamos conformes; ¿pero qué obsta para que, si lo impar llega a perecer, lo par ocupe su lugar? A esta objeción yo no podría responder que lo impar no perece si lo impar no es imperecible. Pero si lo hubiéramos declarado imperecible, sostendríamos con razón que siempre que se presentase lo par, el tres y lo impar se retirarían, pero de ninguna manera perecerían; y lo mismo diríamos del fuego, de lo caliente y de otras cosas semejantes. ¿No es así?

—Seguramente—dijo Cebes.

—Por consiguiente, viniendo a la inmortalidad, que es de lo que tratamos al presente, si convenimos en que todo lo que es inmortal es imperecible, el alma necesariamente es, no sólo inmortal, sino absolutamente imperecible. Si no convenimos en esto, es preciso buscar otras pruebas.

—No es necesario—dijo Cebes—; porque, ¿a qué podríamos llamar imperecible, si lo que es inmortal y eterno estuviese sujeto a perecer?

—No hay nadie—replicó Sócrates—que no convenga en que ni Dios, ni la esencia y la idea de la vida, ni cosa alguna inmortal pueden perecer.

—¡Por Zeus! Todos los hombres reconocerán esta verdad—dijo Cebes—; y pienso que mejor aún convendrán en ello los dioses.

—Si es cierto que todo lo que es inmortal es imperecible, el alma que es inmortal, ¿no está eximida de perecer?

—Es necesario.

—Así, pues, cuando la muerte sorprende al hombre, lo que hay en él de mortal muere, y lo que hay de inmortal se retira, sano e incorruptible, cediendo su puesto a la muerte.

—Es cierto.

—Por consiguiente, si hay algo inmortal e imperecible, mi querido Cebes, el alma debe serlo; y por lo tanto, nuestras almas existirán en otro mundo.

—Nada tengo que oponer a eso, Sócrates—dijo Cebes—; y no puedo menos de rendirme a tus razones; pero si Simmias o algún otro tienen alguna cosa que objetar, harán muy bien en no callar; porque, ¿qué momento ni qué ocasión mejores pueden encontrar para conversar y para ilustrarse sobre estas materias?

—Yo—dijo Simmias—nada tengo que oponer a lo que ha manifestado Sócrates, si bien confieso que la magnitud del objeto y la debilidad natural al hombre me inclinan, a pesar mío, a una especie de desconfianza.

—No sólo lo que manifiesta Simmias—dijo Sócrates—, está muy bien dicho, sino que por seguros que nos parezcan nuestros primeros principios, es preciso volver de nuevo a ellos para examinarlos con más cuidado. Cuando los hayas comprendido suficientemente, conocerás sin dificultad la fuerza de mis razones, en cuanto es posible al hombre; y cuando te convenzas no buscarás otras pruebas.

—Muy bien—dijo Cebes.

—Amigos míos, una cosa digna de tenerse en cuenta es que si el alma es inmortal hay necesidad de cuidarla no sólo durante la vida, sino también para el tiempo que viene después de la muerte, porque si bien lo reflexionáis, es muy grave el abandonarla. Si la muerte fuese la disolución de toda existencia, sería una gran cosa para los malos verse después de su muerte libres de su cuerpo, de su alma y de sus vicios; pero, supuesta la inmortalidad del alma, ella no tiene otro medio de librarse de sus males, ni puede procurarse la salud de otro modo que haciéndose muy buena y muy sabia, porque al salir de este mundo sólo lleva consigo sus costumbres y sus hábitos, que son, según se dice, la causa de su felicidad o de su desgracia desde el primer momento de su llegada. Dícese que luego de la muerte de alguno el genio que le ha conducido durante la vida lleva el alma a cierto lugar donde se reúnen todos los muertos para ser juzgados, con el fin de que vayan desde allí al Hades con el guía, que es el encargado de conducirlos de un punto a otro; y después que han recibido allí los bienes o los males a que se han hecho acreedores, y han permanecido en aquella estancia todo el tiempo que les fué designado, otro conductor los vuelve a la vida presente, después de muchas revoluciones de siglos. Este camino no es lo que Telefo dice en Esquilo: "Un camino sencillo conduce al Hades". No es ni único ni sencillo; si lo fuese no habría necesidad de guía, porque nadie puede extraviarse cuando el camino es único; tiene, por el contrario, muchas revueltas y muchas travesías, como lo infiero de lo que se practica en nuestros sacrificios y en nuestras ceremonias religiosas. El alma dotada de templanza y sabiduría sigue a su guía voluntariamente porque sabe la suerte que le espera; pero la que está clavada a su cuerpo por sus pasiones, como dije antes, y permanece largo tiempo ligada a este mundo visible, sólo después de haber resistido y sufrido mucho, es cuando el genio que le ha sido destinado consigue arrancarla como por fuerza y a pesar suyo. Cuando llega de esta manera al punto donde se reúnen todas

las almas, si es impura, si se ha manchado en algún
asesinato o cualquier otro crimen feroz, acciones muy
propias de su índole, todas las demás almas huyen de
ella, y le tienen horror; no encuentra ni quien la acom-
pañe, ni quien la guíe; y anda errante y completamente
abandonada, hasta que la necesidad la arrastra a la
mansión que merece. Pero la que ha pasado su vida
en la templanza y en la pureza tiene a los dos dioses
mismos por compañeros y por guías, y va a habitar el
lugar que le está preparado, porque hay lugares diversos y maravillosos en la tierra, la cual, según he aprendido de alguien, no es como se figuran los que acostumbran describirla.

Entonces, Simmias dijo:

—¿Qué dices, Sócrates? He oído contar muchas cosas
de esa tierra, pero no las que te han enseñado a ti. Te
escucharé gustoso en adelante.

—Para referirte la historia de esto, mi querido Simmias, no creo que haya necesidad del arte de Glauco (27). Mas probarte su verdad es más difícil, y no
sé si todo el arte de Glauco bastaría al efecto. Semejante empresa no sólo está quizá por encima de mis
fuerzas, sino que aun cuando no lo estuviese, el poco
tiempo que me queda de vida no permite que enta-
blemos tan larga discusión. Todo lo que yo puedo
hacer es darte una idea general de esta tierra y de los
lugares diferentes que encierra, tales como yo me los
figuro.

—Eso nos bastará—dijo Simmias.

—En primer lugar—continuó Sócrates—, estoy persuadido de que si la tierra está en medio del cielo y es
de forma esférica, no tiene necesidad del aire ni de
ningún otro apoyo para no caer, sino que el cielo
mismo, que la rodea por todas partes, y su propio
equilibrio bastan para que se sostenga, porque todo lo
que está en equilibrio, en medio de una cosa que le
oprime igualmente por todos los puntos, no puede in-

---

(27) Proverbio para decir que una cosa era muy difícil.
Glauco fué un obrero muy hábil en el difícil arte de trabajar
el hierro.

clinarse a ningún lado, y por consiguiente subsiste fija e inmóvil; ésta es mi persuasión.

—Con razón—dijo Simmias.

—Por otra parte, estoy convencido de que la tierra es muy grande, y que nosotros sólo habitamos la parte que se extiende desde el Faso hasta las columnas de Heracles, derramados a orillas de la mar como hormigas o como ranas alrededor de una laguna. Hay otros pueblos, a mi parecer, que habitan regiones que nos son desconocidas, porque en la superficie de la tierra se encuentran por todas partes cavernas de todas formas y dimensiones llenas siempre de un aire grueso, de espesos vapores y de aguas que afluyen allí de todas partes. Pero la tierra misma está en lo alto, en este cielo puro, en que se encuentran los astros, y al que la mayor parte de los que hablan de esto llaman éter, del cual es un mero sedimento lo que afluye a las cavidades que habitamos. Sumidos en estas cavidades creemos, sin dudarlo, que habitamos lo más elevado de la tierra, que es poco más o menos lo mismo que si uno, teniendo su habitación en las profundidades del océano, se imaginase que habitaba por cima del mar y viendo al través del agua el sol y los demás astros, tomase el mar por el cielo; y que no habiendo, a causa de su peso y de su debilidad, subido nunca arriba, ni sacado en toda su vida la cabeza fuera del agua, ignorase cuánto más puro y hermoso es este lugar que el que él habita, no habiéndolo visto, ni tampoco encontrado persona que pudiera enseñárselo. He aquí justamente la situación en que nos hallamos. Confinados en algunas cavidades de la tierra, creemos habitar en lo alto; tomamos el aire por el cielo, y creemos que es el verdadero cielo, en el que todos los astros verifican sus revoluciones. La causa de nuestro error es que nuestro peso y nuestra debilidad nos impiden elevarnos por cima del aire, porque si alguno se fuera a lo alto y pudiese elevarse con alas, apenas estuviese su cabeza fuera de nuestro espeso aire, vería lo que pasa en aquella dichosa estancia, en la misma forma que los peces, si se elevaran por cima de la superficie de los mares, verían lo que pasa en el aire que nosotros respiramos; y si fuese de una naturaleza capaz de larga meditación, conocería que éste era el verdadero cielo, la verdadera luz, la verdadera tierra. Porque esta tierra que pisamos, estas piedras y todos estos lugares que habitamos, están enteramente roídos y corrompidos, como lo que está bajo las aguas del mar, roído también por la acritud de las sales. Así es que en el mar nada nace perfecto, ni tiene ningún valor; no hay allí más que cavernas, arena y cieno; y si alguna tierra se encuentra, es sólo fango, sin que sea posible comparar nada de lo que allí existe con lo que aquí vemos. Pero lo que se encuentra en la otra mansión está muy por cima de lo que vemos en ésta; y para daros a conocer la belleza de esta tierra pura, que está en el centro del cielo, os referiré, si queréis, una preciosa fábula, que bien merece que la escuchéis.

—La escucharemos con muchísimo placer, Sócrates —dijo Simmias.

—En primer lugar, mi querido Simmias, dícese que mirando esta tierra desde un punto elevado, parece como una de nuestras pelotas de viento, cubierta con doce bandas de diferentes colores, de los que no son sino una muestra los que usan los pintores; porque los colores de esta tierra son infinitamente más brillantes y más puros. Una es de color de púrpura, maravilloso; otra de color de oro; ésta de un blanco más brillante que la nieve y el yeso; y así de todos los demás colores, que son de una calidad y de una belleza a que en manera alguna se aproximan los que aquí vemos. Las cavidades mismas de esta tierra, llenas de agua y aire, muestran cierta variedad y son distintas entre sí; de manera que el aspecto de la tierra presenta una infinidad de matices maravillosos admirablemente diversificados. En esta otra tierra tan acabada todo es de una perfección que guarda proporción con ella, los árboles, las flores, los frutos; las montañas y las piedras son tan tersas y de una limpieza y de un brillo tales, que no hay nada que se les parezca. Nuestras esmeraldas, nuestros jaspes, nuestras ágatas, que tanto estimamos aquí, no son más que pequeños pedacitos de ella. No hay una sola piedra en esta dichosa tierra que no sea infinitamente más bella que las nuestras; y la causa de esto es porque todas estas piedras preciosas son puras, no están roídas ni mordidas como las nuestras por la acritud de las sales y por la corrupción de los sedimentos que de allí descienden a nuestra tierra inferior, donde se acumulan e infestan no sólo las piedras y la tierra, sino también las plantas y los animales. Además de todas estas bellezas, esta dichosa tierra es rica en oro, plata y otros metales, que, derramados en abundancia por todas partes, despiden por uno y por otro lado una brillantez que encanta la vista; de manera que el aspecto de esta tierra es un espectáculo de bienaventurados. Está habitada por toda clase de animales y por hombres derramados unos por el campo y otros alrededor del aire, como estamos nosotros alrededor del mar. Los hay que habitan en islas que el aire forma cerca del continente; porque el aire es allí lo que son aquí el agua y el mar para nuestro uso: y lo que para nosotros es el aire, para ellos es el éter. Sus estaciones son tan templadas que viven más que nosotros y están siempre libres de enfermedades; y en razón de la vista, el oído, el olfato y de todos los demás sentidos, y hasta en razón de la inteligencia misma, están tan por cima de nosotros como lo están el aire respecto del agua y el éter respecto del aire. Allí tienen bosques sagrados y templos que habitan verdaderamente los dioses, los cuales dan señales de su presencia por los oráculos, las profecías, las inspiraciones y por todos los demás signos, que prueban la comunicación con ello. Allí ven también el sol y la luna como son; y en lo demás su felicidad guarda proporción con todo esto.

—He aquí lo que es esta tierra con todo lo que la rodea. En torno suyo, en sus cavidades, hay muchos lugares; unos más profundos y más abiertos que el país que nosotros habitamos; otros más profundos y menos abiertos; y los hay que tienen menos profundidad y más extensión. Todos estos lugares están taladrados por bajo en muchos puntos, y comunican entre sí por conductos, al través de los cuales corren como fuentes una cantidad inmensa de agua, ríos subterráneos inagotables, manantiales de agua frías y calientes, ríos de fuego y otros de cieno, unos más líquidos, otros más cenagosos, como los torrentes de cieno y de fuego que en Sicilia preceden a la lava. Estos sitios se llenan de una u otra materia, según la dirección que toman las corrientes a medida que se derraman. Todos estos surtidores se mueven bajando y subiendo como un balancín suspendido en el interior de la tierra. He aquí cómo se verifica este movimiento. Entre las aberturas de la tierra hay una que es la más grande, que la atraviesa por entero. Homero habla de ellas cuando dice (28): *muy lejos, en el abismo más profundo que exista en las entrañas de la tierra.*

Homero y la mayor parte de los poetas llaman a este lugar el Tártaro. Allí es donde todos los ríos reúnen sus aguas, y de allí es donde en seguida salen. Cada uno de ellos participa de la naturaleza del terreno sobre que corre. Si estos ríos vuelven a correr en sentido contrario, es porque el líquido no encuentra allí fondo, se agita suspendido en el vacío y hierve de arriba abajo. El aire y el viento que los rodean hacen lo mismo; los siguen cuando suben y cuando bajan, y a la manera que se ve entrar y salir el aire incesantemente en los animales cuando respiran, en la misma forma el aire que se mezcla con estas aguas entra y sale con ellas, y produce vientos terribles y furiosos. Cuando estas aguas caen con violencia en el abismo inferior de que os he hablado forman corrientes que se arrojan, al través de la tierra, en los lechos de los ríos que encuentran y que llenan como una bomba. Cuando estas aguas salen de aquí y vienen a los sitios que nosotros habitamos, los llenan de la misma manera; y derramándose por todas partes sobre la superficie de la tierra, alimentan nuestros mares, nuestros ríos, nuestros estanques y nues-

(28) *Ilíada*, R. VIII, v. 14.

tras fuentes. En seguida desaparecen, y sumiéndose en la tierra, los unos con grandes rodeos y los otros no con tantos, desaguan en el Tártaro, donde entran más bajos que habían salido, unos más, otros menos, pero todos algo. Unos salen y entran de nuevo en el Tártaro por el mismo lado, y otros por el opuesto a su salida; los hay que corren en círculo, y que después de haber dado vuelta a la tierra una y muchas veces, como las serpientes que se repliegan sobre sí mismas, bajándose lo más que pueden, marchan hasta la mitad del abismo, pero sin pasar de aquí, porque la otra mitad es más alta que su nivel. Estas aguas forman muchas corrientes y muy grandes, pero hay cuatro principales, la mayor de las cuales es la que corre más exteriormente y en rededor, y que se llama océano. El que está enfrente de éste es el Aqueronte, que corre en sentido opuesto al través de lugares desiertos, y que sumiéndose en la tierra, se arroja en la laguna Aquerusia, donde concurren la mayor parte de las almas de los muertos, que después de haber permanecido allí el tiempo que se les ha señalado, a unas más, a otras menos, son enviadas otra vez a este mundo para animar nuevos cuerpos. Entre el Aqueronte y el océano corre un tercer río, que no lejos de su origen va a precipitarse en un extenso lugar lleno de fuego, y allí forma un lago más grande que nuestro mar, donde hierve el agua mezclada con el cieno; y saliendo de aquí negra y cenagosa, recorre la tierra y desemboca en la extremidad de la laguna Aquerusia sin mezclarse con sus aguas, y después de haber dado muchas vueltas bajo la tierra, se arroja en la parte más baja del Tártaro. Este río se llama Piriflegetón, del que se ven salir arroyos de llamas por muchas hendiduras de la tierra. A la parte opuesta, el cuarto río cae primeramente en un lugar horrible y salvaje que es, según se dice, de un color azulado. Se llama este lugar Estigio, y laguna Estigia la que forma el río al caer. Después de haber tomado en las aguas de esta laguna virtudes horribles, se sume en la tierra, donde da muchas vueltas y dirigiendo su curso frente por frente del Piriflegetón, le encuentra al fin de la laguna Aquerusia por la extremidad opuesta. Este río no mezcla sus aguas con las de los otros, pero después de haber dado su vuelta por la tierra, se arroja como los demás en el Tártaro por el punto opuesto al Piriflegetón. A este cuarto río llaman los poetas Cocito.

Dispuestas así todas las cosas por la naturaleza, cuando los muertos llegan al lugar a que los ha conducido su guía, se los somete a un juicio para saber si su vida en este mundo ha sido santa y justa o no. Los que no han sido ni enteramente criminales ni absolutamente inocentes son enviados al Aqueronte, y desde allí son conducidos en barcas a la laguna Aquerusia, donde habitan sufriendo castigos proporcionados a sus faltas, hasta que, libres de ellos, reciben la recompensa debida a sus buenas acciones. Los que se consideran incurables a causa de lo grande de sus faltas y que han cometido muchos y numerosos sacrilegios, asesinatos inicuos y contra ley u otros crímenes semejantes, el fatal destino, haciendo justicia, los precipita en el Tártaro, de donde no saldrán jamás. Pero los que sólo han cometido faltas que pueden expiarse, aunque sean muy grandes, como haber cometido violencias contra su padre o su madre, o haber quitado la vida a alguno en el furor de la cólera, aunque hayan hecho por ello penitencia durante toda su vida, son sin remedio precipitados también en el Tártaro; pero transcurrido un año, las olas los arrojan y echan a los homicidas al Cocito, y a los parricidas al Piriflegetón, que los arrastra hasta la laguna Aquerusia. Allí dan grandes gritos, y llaman a los que fueron asesinados y a todos aquellos contra quienes cometieron violencias, y los conjuran para que les dejen pasar la laguna, y ruegan se los reciba allí. Si los ofendidos ceden y se compadecen, aquéllos pasan y se ven libres de todos los males; y si no ceden, son de nuevo precipitados en el Tártaro, que los vuelve a arrojar a los otros ríos, hasta que hayan conseguido el perdón de los ofendidos, porque tal ha sido la sentencia dictada por los jueces. Pero los que han justificado haber

137

pasado su vida en la santidad dejan estos lugares terrestres como una prisión y son recibidos en lo alto, en esa tierra pura donde habitan. Y lo mismo sucede con los que han sido purificados por la filosofía, los cuales viven por toda la eternidad sin cuerpo, y son recibidos en estancias aún más admirables. No es fácil que os haga una descripción de esta felicidad, ni el poco tiempo que me resta me lo permite. Pero lo que acabo de deciros basta, mi querido Simmias, para haceros ver que debemos trabajar toda nuestra vida en adquirir la virtud y la sabiduría, porque el precio es magnífico y la esperanza grande.

Sostener que todas estas cosas son como yo las he descrito, ningún hombre de buen sentido puede hacerlo; pero lo que he dicho del estado de las almas y de sus estancias es como os lo he anunciado o de una manera parecida; creo que, en el supuesto de ser el alma inmortal, puede asegurarse sin inconveniente; y la cosa bien merece correr el riesgo de creer en ella. Es un azar precioso a que debemos entregarnos, y con el que debe uno encantarse a sí mismo. He aquí por qué me he detenido tanto en mi discurso. Todo hombre que durante su vida ha renunciado a los placeres y a los bienes del cuerpo y los ha mirado como extraños y maléficos, que sólo se ha entregado a los placeres que da la ciencia, y ha puesto en su alma, no adornos extraños, sino adornos que le son propios, como la templanza, la justicia, la fortaleza, la libertad, la verdad; semejante hombre debe esperar tranquilamente la hora de su partida para el Hades, estando siempre dispuesto para este viaje cuando quiera que el destino le llame. Respecto a vosotros, Simmias y Cebes y los demás aquí presentes, haréis este viaje cuando os llegue vuestro turno. Con respecto a mí, la suerte me llama hoy, como diría un poeta trágico; y ya es tiempo de que me vaya al baño, porque me parece que es mejor no beber el veneno hasta después de haberme bañado, y ahorraré así a las mujeres el trabajo de lavar mi cadáver.

Cuando Sócrates hubo acabado de hablar, Critón, tomando la palabra, le dijo:

—Bueno, Sócrates; pero ¿no tienes nada que recomendarnos ni a mí ni a estos otros sobre tus hijos o sobre cualquier otro negocio en que podamos prestarte algún servicio?

—Nada más, Critón, que lo que os he recomendado siempre, que es el tener cuidado de vosotros mismos, y así haréis un servicio a mí, a mi familia y a vosotros mismos, aunque no me prometierais nada en este momento; mientras que si os abandonáis, si no queréis seguir el camino de que acabamos de hablar, todas las promesas, todas las protestas que pudieseis hacerme hoy, todo esto de nada serviría.

—Haremos los mayores esfuerzos—respondió Critón—para onducirnos de esa manera; pero ¿cómo te enterraremos?

—Como gustéis—dijo Sócrates—, si es cosa que podéis cogerme y si no escapo a vuestras manos.

Y sonriéndose y mirándonos al mismo tiempo, dijo:

—No puedo convencer a Critón de que yo soy el Sócrates que conversa con vosotros y que arregla todas las partes de su discurso; se imagina siempre que soy el que va a ver morir luego, y en este concepto me pregunta cómo me ha de enterrar. Y todo ese largo discurso que acabo de dirigiros para probaros que desde que haya bebido la cicuta no permaneceré ya con vosotros, sino que os abandonaré e iré a gozar de la felicidad de los bienaventurados; todo esto me parece que lo he dicho en vano para Critón, como si sólo hubiera hablado para consolaros y para mi consuelo. Os suplico que seáis mis fiadores cerca de Critón, pero de contrario modo a como él lo fué de mí cerca de los jueces, porque allí respondió por mí de que no me fugaría. Y ahora quiero que vosotros respondáis, os lo suplico, de que en el momento que muera, me iré; con el fin de que el pobre Critón soporte con más tranquilidad mi muerte, y que al ver quemar mi cuerpo o darle tierra no se desespere, como si yo sufriese grandes males, y no diga en mis funerales que expone a Sócrates, que lleva a Sócrates, que entierra a Sócrates; porque es preciso que sepas, mi querido Critón—le dijo—que hablar impropiamente no es sólo cometer una falta en lo que se dice, sino causar un mal a las almas. Es preciso tener más valor, y decir que es mi cuerpo el que tú entierras; y entiérrale como te acomode, y de la manera que creas ser más conforme con las leyes.

Al concluir estas palabras se levantó y pasó a una habitación inmediata para bañarse. Critón le siguió, y Sócrates nos suplicó que le aguardásemos. Le aguardamos, pues, rodando mientras tanto nuestra conversación ya sobre lo que nos había dicho, haciendo sobre ello reflexiones, ya sobre la triste situación en que íbamos a quedar, considerándonos como hijos que iban a verse privados de su padre y condenados a pasar el resto de nuestros días en completa orfandad.

Después que salió del baño le llevaron allí sus hijos; porque tenía tres, dos muy jóvenes y otro que era ya bastante grande, y con ellos entraron las mujeres de su familia. Habló con todos un rato, en presencia de Critón, y les dió sus órdenes; en seguida hizo que se retirasen las mujeres y los niños y vino a donde nosotros estábamos. Ya se aproximaba la puesta del sol, porque había permanecido largo rato en el cuarto de baño. En cuanto entró se sentó en su cama, sin tener tiempo para decirnos nada, porque el servidor de los once entró casi en aquel momento y aproximándose a él, dijo:

—Sócrates, no tengo que dirigirte la misma represión que a los demás que han estado en tu caso. Desde que vengo a advertirles, por orden de los magistrados, que es preciso beber el veneno, se alborotan contra mí y me maldicen; pero respecto a ti, desde que estás aquí, siempre me has parecido el más firme, el más dulce y el mejor de cuantos han entrado en esta prisión; y estoy bien seguro de que en este momento no estás enfadado conmigo y que sólo lo estarás con los que son la causa de tu desgracia, y a quienes tú conoces bien. Ahora, Sócrates, sabes lo que vengo a anunciarte; recibe mi saludo, y trata de soportar con resignación lo que es inevitable.

Dicho esto, volvió la espalda y se retiró derramando lágrimas. Sócrates, mirándolo, le dijo:

—Y también yo te saludo, amigo mío, y haré lo que me dices. Ved—nos dijo al mismo tiempo—qué honradez la de este hombre; durante el tiempo que he permanecido aquí me ha venido a ver muchas veces; se conducía como el mejor de los hombres; y en este momento, ¡qué de veras me llora! Pero, adelante, Critón, obedezcámosle de buena voluntad, y que me traiga el veneno si está machacado; y si no lo está, que él mismo lo machaque.

—Pienso, Sócrates—dijo Critón—, que el sol alumbra todavía las montañas y que no se ha puesto; y me consta que otros muchos no han bebido el veneno sino mucho después de haber recibido la orden; que han comido y bebido a su gusto y aun algunos gozado de los placeres del amor; así que no debes apresurarte, porque aún tienes tiempo.

—Los que hacen lo que tú dices, Critón—respondió Sócrates—, tienen sus razones; creen que eso más ganan, pero yo las tengo también para no hacerlo, porque la única cosa que creo ganar bebiendo la cicuta un poco más tarde es hacerme ridículo a mis propios ojos, manifestándome tan ansioso de vida, que intente ahorrar la muerte, cuando ésta es absolutamente inevitable (29). Así, pues, mi querido Critón, haz lo que te he dicho; y no me atormentes más.

Entonces Critón hizo una señal al esclavo que tenía allí cerca. El esclavo salió, y poco después volvió con el que debía suministrar el veneno, que llevaba ya disuelto en una copa. Sócrates, viéndole entrar, le dijo:

—Muy bien, amigo mío; es preciso que me digas lo que tengo que hacer; porque tú eres el que debes enseñármelo.

—Nada más—le dijo este hombre—que ponerte a pasear después de haber bebido la cicuta, hasta que

_____

(29) Alusión a un verso de Hesíodo. (*Las obras y los días*, verso 367.)

sientas que se debilitan tus piernas, y entonces te acuestas en tu cama.

Al mismo tiempo le alargó la copa; Sócrates la tomó, Equécrates, con la mayor tranquilidad, sin ninguna emoción, sin mudar de color ni de semblante; y mirando a este hombre con ojo firme y seguro, como acostumbraba, le dijo:

—¿Es permitido hacer una libación con un poco de este brebaje?

—Sócrates—le respondió este hombre—, sólo disolvemos lo que precisamente se ha de beber.

—Ya lo entiendo—dijo Sócrates—; pero por lo menos es permitido y muy justo dirigir oraciones a los dioses, para que bendigan nuestro viaje, y que le hagan dichoso; esto es lo que les pido, y ¡ojalá escuchen mis votos!

Luego de haber dicho esto, llevó la copa a los labios, y bebió con una tranquilidad y una dulzura maravillosas.

Hasta entonces nosotros tuvimos fuerza para contener las lágrimas, pero al verle beber y después que hubo bebido, ya no fuímos dueños de nosotros mismos. Yo sé decir que mis lágrimas corrieron en abundancia, y a pesar de todos mis esfuerzos no tuve más remedio que cubrirme con mi capa para llorar con libertad por mí mismo, porque no era la desgracia de Sócrates la que yo lloraba, sino la mía propia, pensando en el amigo que iba a perder. Critón, antes que yo, no pudiendo contener sus lágrimas había salido; y Apolodoro, que ya antes no había cesado de llorar, prorrumpió en gritos y en sollozos, que partían el alma de cuantos estaban presentes, menos la de Sócrates.

—¿Qué hacéis—dijo—, amigos míos? ¿No fué el temor de estas debilidades inconvenientes lo que motivó el haber alejado de aquí a las mujeres? ¿Por qué he oído decir siempre que es preciso morir oyendo buenas palabras? Manteneos, pues, tranquilos, y dad pruebas de más firmeza.

Estas palabras nos llenaron de confusión, y retuvimos nuestras lágrimas.

Sócrates, que estaba paseándose, dijo que sentía desfallecer sus piernas, y se acostó de espalda, como el hombre le había ordenado. Al mismo tiempo este mismo hombre que le había dado el veneno se aproximó y, después de haberle examinado un momento los pies y las piernas, le apretó con fuerza un pie, y le preguntó si lo sentía, y Sócrates respondió que no. Le estrechó en seguida las piernas y, llevando sus manos más arriba, nos hizo ver que el cuerpo se helaba y se endurecía, y tocándole él mismo, nos dijo que en el momento que el frío llegase al corazón, Sócrates dejaría de existir. Ya el bajo vientre estaba helado, y entonces descubriéndose, porque estaba cubierto, dijo, y éstas fueron sus últimas palabras:

—Critón, debemos un gallo a Asclepio; no te olvides de pagar esta deuda (30).

—Así lo haré—respondió Critón—; pero mira si tienes aún alguna advertencia que hacernos.

No respondió nada, y de allí a poco hizo un movimiento. El hombre aquel, entonces, lo descubrió por entero y vimos que tenía su mirada fija. Critón, viendo esto, le cerró la boca y los ojos.

—He aquí, Equécrates, cuál fué el fin de nuestro amigo, del hombre, podemos decirlo, que ha sido el mejor de cuantos hemos conocido en nuestro tiempo; y por otra parte, el más sabio, el más justo de todos los hombres.

---

(30) Era un sacrificio en acción de gracias al dios de la medicina, que le libraba por la muerte de todos los males de la vida.

EL BANQUETE

ARGUMENTO

El objeto de este diálogo es el Amor. He aquí por de pronto el preámbulo, ninguna de cuyas circunstancias es indiferente. El ateniense Apolodoro cuenta a varias personas, que no se citan, la historia de una comida dada por Agatón a Sócrates, a Fedro, al médico Eriximaco, al poeta cómico Aristófanes y a otros, cuando alcanzó el premio por su primera tragedia. Apolodoro no asistió a la comida, pero supo los pormenores por un tal Aristodemo, uno de los convidados, cuya veracidad está comprobada con el testimonio de Sócrates. Estos pormenores están tanto más presentes en su memoria cuanto que de allí a poco tuvo ocasión de referirlos. Hasta los más sencillos tienen su importancia. Ya tenemos a los convidados reunidos en casa de Agatón; sólo Sócrates se hace esperar. Se le ve dirigirse pensativo a la casa de Agatón y detenerse largo rato a la puerta, inmóvil y absorto, a pesar de las repetidas veces que se le llama, mientras se da principio a la comida. ¿No es esto una imagen sensible de su frugalidad proverbial, de su tendencia decidida a la meditación más que a esa actividad exterior que distrae a los demás hombres? Entra, por fin, en casa de Agatón al terminarse la comida, y su llegada imprime a la reunión un carácter de sobriedad y de gravedad desacostumbradas. Siguiendo el consejo de Eriximaco, los convidados acuerdan beber moderadamente, despedir a la tocadora de flauta y entablar alguna conversación. ¿De qué se hablará? Del Amor. He aquí a Platón en su elemento. ¡Con qué arte prepara al espíritu para oír la teoría que va a desenvolver naturalmente, y al propio tiempo con rigor lógico, en el discurso que cada uno de los convidados debe pronunciar sobre el Amor! ¡Y qué esmero para evitar la monotonía, conservando a estos sagaces contrincantes la manera de pensar y de decir acomodada al carácter y profesión de cada uno! Fedro habla como un joven, pero joven cuyas pasiones se han purificado con el estudio de la filosofía; Pausanias, como hombre maduro, a quien la edad y la filosofía han enseñado lo que no sabe la juventud; Eriximaco se explica como médico; Aristófanes tiene la elocuencia del poeta cómico, ocultando bajo una forma festiva pensamientos profundos; Agatón se expresa como poeta. En fin, después de todos los demás y cuando la teoría se ha elevado por grados, Sócrates la completa y la expresa en un lenguaje maravilloso, propio de un inspirado.

Fedro toma primero la palabra, para hacer del Amor un elogio muy levantado. Este panegírico es el eco del sentimiento de esos pocos hombres, a quienes una educación liberal ha hecho capaces de juzgar al Amor aparte de su sensualidad grosera y en su acción moral. El Amor es un dios, y un dios muy viejo, puesto que ni los prosistas ni los poetas han podido nombrar a su padre ni a su madre; lo que significa, sin duda, que es muy difícil sin estudio explicar su origen. Es el dios que hace más bienes a los hombres, porque no consiente la cobardía a los amantes y les inspira la abnegación. Es como un principio moral que gobierna la conducta, sugiriendo a todos la vergüenza del mal y la pasión del bien. "De manera que si por una especie de encantamiento, un Estado o un ejército sólo se compusiese de amantes y amados, no habría pueblo que sintiera más hondamente el horror al vicio y la emulación por la virtud." En fin, es un dios que procura la felicidad al hombre, en cuanto le hace dichoso sobre la tierra y dichoso en el cielo, donde el que ha obrado bien recibe su recompensa.

"Concluyo—dice Fedro—, diciendo que, de todos los dioses, el Amor es el más antiguo, el más augusto y más capaz de hacer al hombre virtuoso y feliz durante la vida y después de la muerte."

Pausanias es el segundo en turno. Corrige, por lo pronto, lo que hay de excesivo en este entusiasta elogio. Después precisa la cuestión, y coloca la teoría del Amor a la entrada del verdadero camino, del camino de una indagación filosófica. El Amor no camina sin Afrodita, es decir, que no se explica sin la belleza; primera indicación de este lazo estrecho, que se pondrá después en evidencia, entre el Amor y lo Bello. Hay dos Afroditas: la una antigua, hija del cielo y que no tiene madre, es la Afrodita Urania o celeste; la otra, más joven, hija de Zeus y de Dione, es la Afrodita popular. Hay por tanto dos Amores, que corresponden a las dos Afroditas; el primero, sensual, brutal, popular, sólo se dirige a los sentidos; es un amor vergonzoso y que es necesario evitar. Pausanias, después de haber señalado desde el principio este punto olvidado por Fedro, estimando bastante estas palabras, no se fija más en él en todo el curso de su explicación. El otro amor se dirige a la inteligencia, por tanto, al sexo que participa más de la inteligencia, al sexo masculino. Este amor es digno de ser honrado y deseado por todos. Pero exige, para que sea bueno y honesto, de parte del amante, muchas condiciones difíciles de reunir. El amante no debe unirse a un amigo demasiado joven, pues que no puede prever lo que llegarán a ser el cuerpo y el espíritu de su amigo; el cuerpo puede hacerse deforme, agrandándose, y el espíritu corromperse; y es muy natural evitar estos percances buscando jóvenes ya hechos y no niños. El amante debe conducirse para con su amigo conforme a las reglas de lo honesto. "Es deshonesto conceder sus favores a un hombre vicioso por malos motivos." No lo es menos concederlos a un hombre rico o poderoso por deseo de dinero o de honores. El amante debe amar el alma, y en el alma la virtud. El amor entonces está fundado en un cambio de recíprocos servicios entre el amante y el amigo, con el fin "de hacerse mutuamente dichosos". Estas reflexiones de Pausanias, cada vez más elevadas, han extraído el elemento de la cuestión, que habrá de ser el asunto en los demás discursos, elemento a la vez psicológico y moral, susceptible aún de transformaciones y de engrandecimiento.

El médico Eriximaco, que habla en tercer lugar, guarda, en su manera de examinar el Amor, en la naturaleza del desenvolvimiento que da a su pensamiento y hasta en su dicción, todos los rasgos familiares a su sabia profesión. Acepta desde luego la distinción de los dos amores designados por Pausanias; pero camina mucho más adelante. Se propone probar que el Amor no reside sólo en el alma de los hombres, sino que está en todos los seres. Le considera como la unión y la armonía de los contrarios y demuestra la verdad de su definición con los ejemplos siguientes. El Amor está en la medicina, en el sentido de que la salud del cuerpo resulta de la armonía de las cualidades que constituyen el temperamento bueno y el malo; y el arte de un buen médico consiste en ser hábil para restablecer esta armonía cuando es turbada, y para mantenerla. El Amor está en los elementos, puesto que es preciso el acuerdo de lo seco y de lo húmedo, de lo caliente y de lo frío, naturalmente contrarios, para producir una temperatura dulce y regular. ¿No se da igualmente el Amor en la música, esta combinación de sonidos opuestos, del grave y del agudo, del lleno y del tenue? Lo mismo en la poesía, cuyo ritmo no es debido sino a la unión de las sílabas breves y de las largas. Lo mismo en las estaciones, que son una feliz combinación de los elementos, una armonía de influencia, cuyo conocimiento es el objeto de la astronomía. Lo mismo, en fin, en la adivinación y en la religión, puesto que su objeto es mantener en proporción conveniente lo que hay de bueno y de vicioso en la naturaleza humana, y hacer que vivan en buena inteligencia los hombres y los dioses. El Amor está en todas partes; malo y funesto, cuando los elementos opuestos se niegan a unirse y, predominando el uno sobre el otro, hacen imposible la armonía; bueno y saludable, cuando esta armonía se realiza y se mantiene. Como fácilmente se ve, el punto culminante de este discurso es la definición nueva del amor; la unión de los contrarios. La teoría ha ganado en extensión, abriendo al espíritu un horizonte muy vasto, puesto que saliendo del dominio de la psicología, en que estaba encerrada al principio, tiende a abrazar el orden de las cosas físicas por entero.

Aristófanes, que en lugar de hablar en su turno, había cedido la palabra a Eriximaco, sin duda porque lo que él tenía que decir sobre el Amor debía relacionarse con el lenguaje del sabio médico mejor viniendo después que no antes, Aristófanes, digo, entra en un orden de ideas que parecen diametralmente opuestas, y que, sin embargo, en el fondo concuerdan con aquéllas. El Amor es, a su parecer, la unión de los semejantes. Para confirmar su opinión y dar a su vez pruebas completamente nuevas de la universalidad del Amor, imagina una mitología a primera vista muy singular.

Primitivamente había tres especies de hombres, unos todo hombres, otros todo mujeres, y los terceros hombres y mujeres, los andróginos, especie en todo inferior a las otras dos. Estos hombres eran dobles: dos hombres unidos, dos mujeres unidas, un hombre y una mujer unidos. Estaban unidos por el ombligo, y tenían cuatro brazos, cuatro piernas, dos semblantes en una misma cabeza, opuestos el uno al otro y vueltos del lado de la espalda, los órganos de la generación dobles y colocados del lado del semblante, por bajo de la espalda. Los dos seres unidos de esta manera, sintiendo amor el uno por el otro, engendraban sus semejantes, no uniéndose, sino dejando caer la semilla a tierra como las cigarras. Esta raza de hombres era fuerte. Se hizo orgullosa y atrevida hasta el punto de intentar, como los gigantes de la fábula, escalar el cielo. Para castigarles y disminuir su fuerza, Zeus resolvió dividir estos hombres dobles. Comenzó por cortarles haciendo de uno dos, y encargó a Apolo la curación de la herida. El dios arregló el vientre y el pecho, y para humillar a los culpables, volvió el semblante del lado en que se hizo la separación, para que tuvieran siempre a la vista el recuerdo de su desgracia. Los órganos de la generación habían quedado del lado de la espalda, de suerte que cuando las mitades separadas, atraídas por el ardor del amor, se aproximaban la una a la otra, no podían engendrar; la raza se perdía. Zeus intervino, puso estos órganos en la parte anterior e hizo posibles la generación y la reproducción. Pero desde entonces la generación se hizo mediante la unión del varón con la hembra, y la sociedad hizo que se separaran los seres del mismo sexo primitivamente unidos. Sin embargo, en el amor que sienten el uno por el otro, han guardado el recuerdo de su antiguo estado; los hombres, nacidos de hombres dobles, se aman a su vez; como las mujeres, nacidas de los andróginos, aman a los hombres, y como los hombres, nacidos de los mismos andróginos, aman a las mujeres.

¿Cuál es el objeto de este mito? Al parecer explicar y clasificar todas las especies del amor humano. Las conclusiones, que desde este doble punto de vista se sacan, están tan profundamente grabadas con el sello de las costumbres griegas en la época de Platón, que resultan en completa contradicción con los sentimientos que el espíritu moderno y el cristianismo han hecho prevalecer. Porque tomando por punto de partida la definición de Aristófanes de que el Amor es la unión de los semejantes, se llega a esta consecuencia: que el amor del hombre por la mujer y de la mujer por el hombre es el más inferior de todos, puesto que es la unión de dos contrarios. Es preciso poner por cima de él el amor de la mujer, apetecido por los Tribades, y sobre estos dos amores el del hombre por el hombre, el más noble de todos. No sólo es más noble, sino que en sí mismo es el único amor verdadero y durable. Y así, cuando las dos mitades de un hombre doble, que se buscan sin cesar, llegan a encontrarse, experimentan en el acto el más violento amor, y no tienen otro deseo que el de unirse íntima e indisolublemente para volver a su primitivo estado. Éste es el extremo en que la opinión de Aristófanes se aproxima a la de Eriximaco. Hay entre ellos este punto común: que el amor considerado por uno como la armonía de los contrarios y por otro como la unión de los semejantes, es para ambos el deseo de la unidad. Esta idea saca la teoría de la psicología y de la física para elevarla a la metafísica.

Agatón toma a su vez la palabra. Es poeta y hábil retórico también, y su discurso exhala un perfume de elegancia. Anuncia que va a completar lo que falta aún a la teoría del Amor, preguntándose luego cuál es su naturaleza, y, atendida su naturaleza, cuáles sus efectos. El Amor es el más dichoso de los diosos; es de naturaleza divina. ¿Y por qué el más dichoso? Porque es el más bello, y el más bello porque es el más joven, escapa siempre a la ancianidad y es compañero de la juventud. Es el más tierno y el más delicado, puesto que no escoge su estancia sino en el alma de los hombres, que es después de los dioses lo más delicado y lo más tierno que existe. Es también el más sutil, sin lo cual no podría, como lo hace, deslizarse por todas partes, penetrar en todos los corazones y salir de ellos; y el más gracioso, puesto que, fiel al viejo adagio de que *el Amor y la fealdad están en guerra,* va siempre acompañado por la hermosura. El Amor es el mejor de los diosos, como lo es el más justo, puesto que no ofende nunca ni nunca es ofendido; el más moderado, puesto que la templanza consiste en dominar los placeres, y no hay un placer mayor que el Amor; el más fuerte, porque ha vencido al mismo Ares, al dios de la victoria; el más hábil, en fin, porque a su arbitrio crea a los poetas y a los artistas y es el maestro de Apolo, de las Musas, de Hefaístos, de Palas Atenea y de Zeus. Después de esta ingeniosa pintura de la naturaleza del Amor, Agatón quiere, como se había propuesto, celebrar sus beneficios. Lo hace en una peroración brillante, grabada con ese sello de elegancia un tanto amanerada que caracterizaba su talento, y del cual Platón ha querido presentar una copia fiel y algún tanto irónica. "La elocuencia de Agatón, va a decir Sócrates, me recuerda a Gorgias."

Todos los convidados han expresado libremente sus ideas sobre el amor; Sócrates es el único que continúa silencioso. No sin razón habla el último. Evidentemente es el intérprete directo de Platón, y en su discurso es donde expresamente debe buscarse la teoría platoniana. He aquí por qué se compone de dos partes: la una, crítica, en la que Sócrates rechaza lo que le parece inadmisible en todo lo que se había dicho y especialmente en el discurso de Agatón; la otra, dogmática, donde da, respetando la división de Agatón, su propia opinión sobre la naturaleza y sobre los efectos del amor. Veamos el análisis.

El discurso de Agatón es muy bello, pero quizá tiene más poesía que filosofía; quizá es más aparente que verdadero. Sienta, en efecto, que el Amor es un dios, que es bello y que es bueno; pero nada de esto es cierto. El Amor no es bello, porque no posee la belleza por lo mismo que la desea; y sólo se desea lo que no se tiene. Tampoco es bueno, puesto que siendo lo bueno inseparable de lo bello, todas las cosas buenas son bellas. Se sigue de aquí que el Amor no es bueno, porque no es bello. Resta probar que no es un dios. Aquí, por un artificio de composición, que parece una especie de protesta implícita contra el papel tan inferior que la mujer ha hecho hasta este momento, en esta conversación sobre el amor, Platón expone sus opiniones por boca de una mujer, la extranjera de Mantinea, antes de dejarlas expresar a Sócrates.

De boca de Diotima, "entendida en amor y en otras muchas cosas", dice Sócrates que ha aprendido todo cuanto sabe sobre el Amor. Primero le ha hecho entender que el Amor no es ni bello ni bueno, como lo ha probado, y por consiguiente que no es un dios. Si fuese un dios, sería bello y bueno; porque los dioses, como nada les falta, no pueden estar privados ni de la bondad ni de la belleza. ¿Quiere decir esto que el Amor sea un ser feo o malo? Esto no se sigue necesariamente de lo dicho, porque entre la belleza y la fealdad, entre la bondad y la maldad, hay un medio, como lo hay entre la ciencia y la ignorancia. ¿Pues qué es, en fin? El Amor es un ser intermedio entre el mortal y el inmortal, en una palabra, un demonio. La función propia de un demonio consiste en servir de intérprete entre los dioses y los hombres, llevando de la tierra al cielo los votos y el homenaje de los mortales, y del cielo a la tierra las voluntades y beneficios de los dioses. Por esta razón, el Amor mantiene la armonía entre la esfera humana y la divina, aproxima estas naturaleza contrarias, y es, con los demás demonios, el lazo que une el gran todo. Esto equivale a decir que el hombre, por el esfuerzo del Amor, se eleva hasta Dios. Es el fondo, que se presiente, del verdadero pensamiento de Platón; pero falta desenvolverlo y aclararlo.

De nada serviría conocer la naturaleza y la misión del Amor si se ignorasen su origen, su objeto, sus efectos y su fin supremo. Platón no quiere dejar estas cuestiones en la oscuridad. El Amor fué concebido el día del nacimento de Afrodita; nació del dios de la abundancia, Poros, y del de la pobreza, Penia; esto explica a la vez su naturaleza divina y su carácter. De su madre le viene el ser flaco, consumido, sin abrigo, miserable; y de su padre el ser fuerte, varonil, emprendedor, robusto, hábil y afortunado cazador, que sigue sin cesar la pista de las buenas y bellas acciones. Es además apasionado por la sabiduría, que es bella y buena por excelencia; no siendo ni bastante sabio para poseerla, ni bastante ignorante para creer que la posee. Su objeto, en último resultado, es lo bello y el bien, que Platón identifica bajo una sola palabra: la belleza. Pero es preciso saber bien lo que es amar lo bello; es desear apropiársclo y poseerlo siempre, para ser dichoso. Y como no hay un solo hombre que no ande en busca de su propia felicidad, es preciso distinguir, entre todos, aquel de quien puede decirse que persigue la felicidad mediante la posesión de lo bello. Es el hombre que aspira a la producción de la belleza mediante el cuerpo y según el espíritu; y como no se cree completamente dichoso si no se perpetúa esta producción sin interrupción y sin fin, se sigue que el Amor no es realmente otra cosa que el deseo mismo de la inmortalidad. Ésta es la única inmortalidad posible al hombre respecto del cuerpo. Se produce por el nacimiento de los hijos, por la sucesión y sustitución de un ser viejo por un ser joven. Este deseo de perpetuarse es el origen del amor paterno, de esta solicitud para asegurar la transmisión de su nombre y de sus bienes. Pero por cima de esta producción y de esta inmortalidad mediante el cuerpo, hay las que tienen lugar según el espíritu. Éstas son las propias del hombre que ama la belleza del alma, y que trabaja para producir en un alma bella, que le ha seducido, los rasgos inestimables de la virtud y del deber. De esta manera perpetúa la sabiduría, cuyos gérmenes estaban en él, y se asegura una inmortalidad muy superior a la primera.

Las últimas páginas del discurso de Sócrates están consagradas a expresar la serie de esfuerzos mediante los que el Amor se eleva de grado en grado hasta su fin supremo. El hombre poseído por el Amor se encanta, desde luego, de un cuerpo bello, y después de todos los cuerpos bellos, cuyas bellezas son hermanas entre sí. Es el primer grado del Amor. Luego se enamora de las almas bellas y de todo lo que en ellas es bello: sus sentimiento y sus acciones. Franquea este segundo grado para pasar de la esfera de las acciones a la de la inteligencia. Allí se siente enamorado de todas las ciencias, cuya belleza le inspira, con una fecundidad inagotable, los más elevados pensamientos y todas esas grandes ideas que constituyen la filosofía. Pero, entre todas las ciencias, hay una que cautiva toda su alma, que es la ciencia misma de lo Bello, cuyo conocimiento es el colmo y la perfección del Amor. ¿Y qué es esta belleza que tanto se desea y que tan difícil es de conseguir? Es la belleza en sí, eterna, divina, única belleza real, y de la que no son todas las demás sino un reflejo. Iluminado con su pura e inalterable luz, el hombre privilegiado, que llega a contemplarla, siente al fin nacer en él, y engendra en los demás, toda clase de virtudes. Este hombre es el verdaderamente dichoso, el verdaderamente inmortal.

Después del discurso de Sócrates, parece que nada queda por decir sobre el amor, y que el *Banquete* debe concluir. Pero Platón tuvo por conveniente poner de relieve, cuando no se esperaba, la elevación moral de su teoría mediante el contraste que presenta con la bajeza de las inclinaciones ordinarias de los hombres. Por esto, en este instante se presenta Alcibíades, medio ebrio, coronada su cabeza con hiedra y violetas, acompañado de tocadoras de flauta y de una porción de sus compañeros de embriaguez. ¿Qué quiere decir esta orgía en medio de estos filósofos? ¿No pone a la vista, para usar las expresiones de Platón, el eterno contraste de la Afrodita popular y de la Afrodita celeste? Pero el ingenioso autor del *Banquete* ha hecho que produjera otro resultado importante. La orgía, que amenazaba ya hacerse contagiosa, cesa como por encanto en el instante en que Alcibíades ha reconocido a Sócrates. ¡Qué imagen del poder, a la vez que de la superioridad de esta moral de Sócrates, se muestra en el discurso en que Alcibíades hace, como a su pesar, el elogio más magnífico de este hombre encantador, dejando ver su cariño para con la persona de Sócrates, su admiración al contemplar esta razón serena y superior, y su vergüenza al recordar sus propios extravíos!

Después que Alcibíades concluye de hablar, comienza a circular la copa entre los convidados, hasta que todos, unos en pos de otros, van cayendo en la embriaguez. Sócrates, único invencible, porque su pensamiento, extraño a estos desórdenes, preserva de ellos a su cuerpo, conversa sobre diferentes asuntos con los que resisten hasta los primeros albores del día. Entonces, y cuando todos los convidados se han entregado al sueño, abandona la casa de Agatón, para ir a dedicarse a sus ocupaciones diarias; última manifestación de esta alma fuerte, que la filosofía había hecho invulnerable a las pasiones.

EL BANQUETE O DEL AMOR

APOLODORO Y UN AMIGO DE APOLODORO.—SÓCRATES.
AGATÓN.—FEDRO.—PAUSANIAS.—ERIXIMACO.
ARISTÓFANES.—ALCIBÍADES

APOLODORO.—Me considero bastante preparado para referiros lo que me pedís, porque ahora recientemente, según iba yo de mi casa de Faleras (1) a la ciudad, un conocido mío que venía detrás de mí, me avistó, y llamándome de lejos: —¡Hombre de Faleras!—gritó en tono de confianza—: ¡Apolodoro! ¿No puedes acortar el paso? Yo me detuve, y le aguardé. Me dijo—: Justamente andaba en tu busca, porque quería preguntarte lo ocurrido en casa de Agatón el día que Sócrates, Alcibíades y otros muchos comieron allí. Dícese que toda la conversación rodó sobre el amor. Yo supe algo por uno a quien Fénix, hijo de Filipo, refirió una parte de los discursos que se pronunciaron, pero no pudo decirme el pormenor de la conversación, y sólo me dijo que tú lo sabías. Cuéntamelo, pues, tanto más cuanto es un deber en ti dar a conocer lo que dijo tu amigo. Pero, ante todo, dime: ¿Estuviste presente en esa conversación? —No es exacto, y ese hombre no te ha dicho la verdad—le respondí—, puesto que citas esa conversación como si fuera reciente, y como si hubiera podido yo estar presente. —Yo así lo creía. — ¡Cómo—le dije—, Glaucón!, ¿no sabes que ha muchos años que Agatón no pone los pies en Atenas? Respecto a mí aún no hace tres años que trato a Sócrates, y que me propongo estudiar asiduamente todas sus palabras y todas sus accio

---

(1) Puerto distante como 20 estadios de Atenas.

nes. Antes andaba vacilante por uno y otro lado, y creyendo llevar una vida racional, era el más desgraciado de los hombres. Me imaginaba, como tú ahora, que en cualquier cosa debía uno ocuparse con preferencia a la filosofía. —Vamos, no te burles, y dime cuándo tuvo lugar esa conversación. —Éramos muy jóvenes tú y yo; fué cuando Agatón consiguió el premio con su primera tragedia, al día siguiente en que sacrificó a los dioses en honor de su triunfo, rodeado de sus coristas. —Larga es la fecha, a mi ver; ¿pero quién te ha dicho lo que sabes? ¿Es Sócrates? —No, ¡por Zeus!—le dije—; me lo ha dicho el mismo que se lo refirió a Fénix, que es un cierto Aristodemo, del pueblo de Cidatenes, un hombre pequeño, que siempre anda descalzo. Éste se halló presente, y si no me engaño, era entonces uno de los más apasionados de Sócrates. Algunas veces pregunté a éste sobre las particularidades que me había referido Aristodemo, y vi que concordaban. —¿Por qué tardas tanto—me dijo Glaucón—, en referirme la conversación? ¿En qué cosa mejor podemos emplear el tiempo que nos resta para llegar a Atenas?

Yo convine en ello, y continuando nuestra marcha, entramos pronto en materia. —Como te dije antes, estoy preparado, y sólo falta que me escuches. Además del provecho que encuentro en hablar u oír hablar de filosofía, nada hay en el mundo que me cause tanto placer; mientras que, por el contrario, me muero de fastidio cuando os oigo a vosotros, hombres ricos y negociantes, hablar de vuestros intereses. Lloro vuestra obcecación y la de vuestros amigos; creéis hacer maravillas, y no hacéis nada bueno. Quizá también por vuestra parte os compadeceréis de mí, y me parece que tenéis razón; pero no es una mera creencia mía, sino que tengo la seguridad de que sois dignos de compasión.

EL AMIGO DE APOLODORO.—Tú siempre el mismo, Apolodoro; hablando mal siempre de ti y de los demás, y persuadido de que todos los hombres, excepto Sócrates, son unos miserables, principiando por ti. No sé por qué te han dado el nombre de Furioso; pero sé bien que algo de esto se advierte en tus discursos. Siempre se te encuentra desabrido contigo mismo y con todos, excepto con Sócrates.

APOLODORO.—¿Te parece, querido mío, que es preciso ser un furioso y un insensato para hablar así de mí mismo y de todos los demás?

EL AMIGO DE APOLODORO.—Déjate de disputas, Apolodoro. Acuérdate ahora de tu promesa, y refiéreme los discursos que pronunciaron en casa de Agatón.

APOLODORO.—He aquí lo ocurrido poco más o menos; o mejor es que tomemos la historia desde el principio, como Aristodemo me la refirió.

Encontré a Sócrates—me dijo—que salía del baño, y se había calzado las sandalias contra su costumbre. Le pregunté adónde iba tan apuesto.

—Voy a comer a casa de Agatón—me respondió—. Rehusé asistir a la fiesta que daba ayer para celebrar su victoria, por no acomodarme una excesiva concurrencia; pero di mi palabra para hoy, y he aquí por qué me encuentras tan en punto. Me he embellecido para ir a la casa de tan bello joven. Pero, Aristodemo, ¿no te dará la humorada de venir conmigo, aunque no hayas sido convidado?

—Como quieras—le dije.

—Sígueme, pues, y cambiemos el proverbio, probando que un hombre de bien puede ir a comer a casa de otro hombre de bien sin ser convidado. Con gusto acusaría a Homero, no sólo de haber cambiado este proverbio, sino de haberse burlado de él (2), cuando después de representar a Agamenón como un gran guerrero, y a Menelao como un combatiente muy débil, hace concurrir a Menelao al festín de Agamenón, sin ser convidado; es decir, presenta un inferior asistiendo a la mesa de un hombre que está muy por cima de él.

—Tengo temor—dije a Sócrates—, de no ser tal como tú querrías, sino más bien según Homero; es decir una medianía que se sienta a la mesa de un sabio sin ser convidado. Por lo demás, tú eres el que me guías y a ti te toca salir en mi defensa, porque yo no confesaré

_____

(2) *Ilíada*, R. II, v. 408.

que concurro allí sin que se me haya invitado, y diré
que tú eres el que me convidas.

—Somos dos (3)—respondió Sócrates—, y ya a uno
ya a otro, no nos faltará qué decir. Marchemos.

Nos dirigimos a la casa de Agatón durante esta plá-
tica, pero antes de llegar, Sócrates se quedó atrás entregado a sus propios pensamientos. Me detuve para esperar, pero me dijo que siguiera adelante. Cuando llegué
a la casa de Agatón, encontré la puerta abierta y me
sucedió una aventura singular. Un esclavo de Agatón
me condujo en el acto a la sala donde tenía lugar la
reunión, estando ya todos sentados a la mesa y esperando sólo que se les sirviera. Agatón, en el momento
que me vió, exclamó:

—¡Oh, Aristodemo!, seas bien venido si vienes a comer con nosotros. Si vienes a otra cosa, ya hablaremos
otro día. Ayer te busqué para suplicarte que fueras uno
de mis convidados, pero no pude encontrarte. ¿Y por
qué no has traído a Sócrates?

Miré para atrás y vi que Sócrates no me seguía, y
entonces dije a Agatón que yo mismo había venido con
Sócrates, como que él era quien me había convidado.

—Has hecho bien—replicó Agatón—; ¿pero dónde
está Sócrates?

—Me seguía y no sé qué ha podido suceder.

—Esclavo—dijo Agatón—, llégate a ver dónde está
Sócrates y condúcele aquí. Y tú, Aristodemo, siéntate
al lado de Eriximaco. Esclavo, lavadle los pies para que
pueda ocupar su puesto.

En este estado vino un esclavo a anunciar que había
encontrado a Sócrates de pie en el umbral de la casa
próxima, y que habiéndole invitado, no había querido
venir.

—¡Vaya una cosa singular!—dijo Agatón—. Vuelve
y no le dejes hasta que haya entrado.

—No—dije yo entonces—, dejadle.

—Si a ti te parece así—dijo Agatón—en buena hora.
Ahora, vosotros, esclavos, servidnos. Traed lo que queráis, como si no tuviérais que recibir órdenes de nadie,

_____
(3) *Ilíada*, R. X., v. 224.

porque ése es un cuidado que jamás he querido tomarme. Miradnos, lo mismo a mí que a mis amigos, como si fuéramos huéspedes convidados por vosotros mismos. Portaos lo mejor posible, que en ello va vuestro crédito.

Comenzamos a comer, y Sócrates no aparecía. A cada instante, Agatón quería que se le fuese a buscar, pero yo lo impedí constantemente. En fin, Sócrates entró después de habernos hecho esperar algún tiempo, según su costumbre, cuando estábamos ya a media comida. Agatón que estaba solo sobre un triclinio al extremo de la mesa, le invitó a que se sentara junto a él.

—Ven, Sócrates—le dijo—, permite que esté lo más próximo a ti, para ver si puedo ser partícipe de los magníficos pensamientos que acabas de descubrir; porque tengo una plena certeza de que has descubierto lo que buscabas, pues de otra manera no hubieras dejado el umbral de la puerta.

Cuando Sócrates se sentó dijo:

—¡Ojalá, Agatón, que la sabiduría fuese una cosa que pudiese pasar de un espíritu a otro, cuando dos hombres están en contacto, como corre el agua, por medio de una mecha de lana, de una copa llena a una copa vacía! Si el pensamiento fuese de esta naturaleza, sería yo el que me consideraría dichoso estando cerca de ti, y me vería, a mi parecer, henchido de esa buena y abundante sabiduría que tú posees; porque la mía es una cosa mediana y equívoca, o, por mejor decir, es un sueño. La tuya, por el contrario es una sabiduría magnífica y rica en bellas esperanzas como lo atestigua el vivo resplandor que arroja ya en tu juventud, y los aplausos que más de treinta mil griegos acaban de prodigarte.

—Eres muy burlón—replicó Agatón—, pero ya examinaremos cuál es mejor, si la sabiduría tuya o la mía; y Dionisos será nuestro juez. Ahora de lo que se trata es de comer.

Sócrates se sentó, y cuando él y los demás convidados acabaron de comer, si hicieron libaciones, se cantó un himno en honor del dios, y después de todas las demás ceremonias acostumbradas, se habló de beber. Pausanias tomó entonces la palabra:

—Veamos—dijo—cómo podremos beber sin que nos cause mal. En cuanto a mí, declaro que me siento aún incomodado de resultas de la francachela de ayer, y tengo necesidad de respirar un tanto, y creo que la mayor parte de vosotros está en el mismo caso; porque ayer érais todos de los nuestros. Prevengámonos, pues, para beber con moderación.

—Pausanias—dijo Aristófanes—, me das mucho gusto en querer que se beba con moderación, porque yo fuí uno de los que se contuvieron menos la noche última.

—¡Cuánto celebro que estéis de ese humor!—dijo Eriximaco, hijo de Acumenes—; pero falta por consultar el parecer de uno. ¿Cómo te encuentras, Agatón?

—Lo mismo que vosotros—respondió.

—Tanto mejor para nosotros—replicó Eriximaco—, para mí, para Aristodemo, para Fedro y para los demás, si vosotros, que sois los valientes, os dais por vencidos, porque nosotros somos siempre ruines bebedores. No hablo de Sócrates, que bebe siempre lo que le parece, y no le importa nada la resolución que se toma. Así, pues, ya que no veo a nadie aquí con deseos de excederse en la bebida, seré menos importuno si os digo unas cuantas verdades sobre la embriaguez. Mí experiencia de médico me ha probado perfectamente que el exceso en el vino es funesto al hombre. Evitaré siempre este exceso en cuanto pueda, y jamás lo aconsejaré a los demás; sobre todo cuando su cabeza se encuentra resentida a causa de una orgía de la víspera.

—Sabes—le dijo Fedro de Mirrinos, interrumpiéndole—, que sigo con gusto tu opinión, sobre todo cuando hablas de medicina; pero ya ves que hoy todos se presentan muy razonables.

No hubo más que una voz; se resolvió de común acuerdo beber por placer y no llevarlo hasta la embriaguez.

—Puesto que hemos convenido—dijo Eriximaco—, que nadie se exceda, y que cada uno beba lo que le parezca, soy de opinión que se despida, desde luego, a la tocadora de flauta. Que vaya a tocar para sí, y si lo prefiere, para las mujeres allá en el interior. En cuanto a nosotros, si me creéis, entablaremos alguna conversación general, y hasta os propondré el asunto si os parece.

Todos aplaudieron el pensamiento, y le invitaron a que entrara en materia.

Eriximaco repuso entonces: Comenzaré por este verso de la Melanipa de Eurípides: *Este discurso no es mío sino de Fedro;* porque Fedro me dijo continuamente, con una especie de indignación: ¡Oh Eriximaco! ¿No es cosa extraña que de tantos poetas que han hecho himnos y cánticos en honor de la mayor parte de los dioses, ninguno haya hecho el elogio de Eros, que sin embargo, es un gran dios? Mira lo que hacen los sofistas, que son entendidos: componen todos los días grandes discursos en prosa en alabanza de Heracles y los demás semidioses; testigo el famoso Pródico, y esto no es sorprendente. He visto un libro que tenía por título el *Elogio de la sal,* donde el sabio autor exageraba las maravillosas cualidades de la sal y los grandes servicios que presta al hombre. En una palabra, apenas encontrarás cosa que no haya tenido su panegírico. ¿En qué consiste que en medio de este furor de alabanzas universales, nadie hasta ahora ha emprendido el celebrar dignamente a Eros, y que se haya olvidado dios tan grande como éste? Yo—continuó Eriximaco—, apruebo la indignación de Fedro. Quiero pagar mi tributo al amor, y hacérmele favorable. Me parece, al mismo tiempo, que cuadraría muy bien a una sociedad como la nuestra honrar a este dios. Si esto os place, no hay que buscar otro asunto para la conversación. Cada uno improvisará lo mejor que pueda un discurso en alabanza de Eros. Correrá la voz de izquierda a derecha. De esta manera, Fedro hablará primero, ya porque le toca, y ya porque es el autor de la proposición que os he formulado.

—No dudo, Eriximaco—dijo Sócrates—, que tu dictamen será unánimemente aprobado. Por lo menos, no seré yo el que le combata, yo que hago profesión de no conocer otra cosa que el amor. Tampoco lo harán Agatón, ni Pausanias, ni seguramente Aristófanes, a pesar de estar consagrado por entero a Dionisos y a Afrodita. Igualmente puedo responder de todos los demás que se hallan presentes, aunque, a decir verdad, no sea partido igual para los últimos que nos hemos sentado. En todo caso, si los que nos preceden cumplen con su deber y agotan la materia, a nosotros nos bastará prestar nuestra aprobación. Que Fedro comience bajo los más felices auspicios y que rinda alabanza a Eros.

La opinión de Sócrates fué unánimemente adoptada. Daros en este momento cuenta, palabra por palabra, de los discursos que se pronunciaron, es caso que no podéis esperar de mí; pues no habiéndome Aristodemo, de quien los he tomado, referido tan perfectamente, ni retenido yo algunas cosas de la historia que me contó, sólo os podré decir lo más esencial. He aquí poco más o menos el discurso de Fedro, según me lo refirió:

"Eros es un gran dios, muy digno de ser honrado por los dioses y por los hombres por mil razones, sobre todo por su ancianidad; porque es el más anciano de los dioses. La prueba es que no tiene padre ni madre; ningún poeta ni prosador se los ha atribuído. Según Hesíodo (4), el caos existió al principio, y *en seguida apareció la tierra con su vasto seno, base eterna e inquebrantable de todas las cosas, y de Eros.*

"Hesíodo, por consiguiente, hace que al caos sucedan la Tierra y Eros. Parménides habla así de su origen: Eros es el primer dios que fué concebido (5). Acusilao (6) ha seguido la opinión de Hesíodo. Así, pues, están de acuerdo en que Eros es el más antiguo de los dioses todos. También es de todos ellos el que hace más bien a los hombres; porque no conozco mayor ventaja para un joven que tener un amante virtuoso; ni para un amante, que el amar un objeto virtuoso. Nacimiento,

_____

(4) *Teogonía*, v. 116-117-120.
(5) Véanse los *Fragmentos de Parménides*, por Fulleborn.
(6) Antiguos historiadores: Eumelo y Acusilao, según dice Clemente de Alejandría, pusieron en prosa los versos de Hesíodo, y los publicaron como su propia obra. Strom, 6, 2.

honores, riquezas, nada puede como el amor inspirar al hombre lo que necesita para vivir honradamente; quiero decir, la vergüenza del mal y la emulación del bien. Sin estas dos cosas es imposible que un particular o un Estado haga nunca nada bello ni grande. Me atrevo a decir que si un hombre que ama hubiese cometido una mala acción o sufrido un ultraje sin rechazarlo, más vergüenza le causaría presentarse ante la persona que ama, que ante su padre, su pariente o ante cualquier otro. Vemos que lo mismo sucede con el que es amado, porque nunca se presenta tan confundido como cuando su amante le coge en alguna falta. De manera que si, por una especie de encantamiento, un Estado o un ejército pudieran componerse de amantes y de amados, no habría pueblo que llevase más allá el horror al vicio y la emulación por la virtud. Hombres unidos de este modo, aunque en corto número, podrían en cierta manera vencer al mundo entero; porque si hay alguno de quien un amante no querría ser visto en el acto de desertar de las filas o arrojar las armas, es la persona que ama; y preferiría morir mil veces que abandonar a la persona amada viéndola en peligro y sin prestarle socorro; porque no hay hombre tan cobarde a quien Eros no inspire el mayor valor y no le haga semejante a un héroe. Lo que dice Homero (7) de que inspiran los dioses audacia a ciertos guerreros, puede decirse con más razón de Eros que de ninguno de los demás dioses. Sólo los amantes saben morir el uno por el otro. Y no sólo el hombre, sino las mismas mujeres han dado su vida por salvar a los que amaban. La Hélade ha visto un brillante ejemplo en Alcestes, hija de Pelias; sólo ella quiso morir por su esposo, aunque éste tenía padre y madre. El amor del amante sobrepujó tanto a la amistad por sus padres, que los declaró, por decirlo así, personas extrañas respecto de su hijo, y como si fuesen parientes sólo en el nombre. Y aun cuando se han llevado a cabo en el mundo muchas acciones magníficas, es muy reducido el número de las que han rescatado del Hades a los que habían entrado; pero la de Alcestes ha pareci-

(7) *Ilíada*, R. XI, v. 472, R. XV, v. 262.

do tan bella a los ojos de los hombres y de los dioses, que encantados éstos de su valor, la volvieron a la vida. ¡Tan cierto es que un amor noble y generoso se hace estimar de los dioses mismos!

"No trataron así a Orfeo, hijo de Eagro, sino que le arrojaron del Hades, sin concederle lo que pedía. En lugar de volverle su mujer, que andaba buscando, le presentaron un fantasma, una sombra de ella, porque como buen músico le faltó el valor. Lejos de imitar a Alcestes y de morir por la persona que amaba, se ingenió para bajar vivo al Hades. Así es que, indignados los dioses, castigaron su cobardía haciéndole morir a manos de mujeres. Por el contrario, han honrado a Aquiles, hijo de Tetis, y le recompensaron colocándole en las islas de los bienaventurados, porque habiéndole predicho su madre que si mataba a Héctor moriría en el acto, y que si no le combatía volvería a la casa paterna, donde moriría después de una larga vejez. Aquiles no dudó, y prefiriendo la venganza de Patroclo a su propia vida, quiso no sólo morir por su amigo, sino también morir sobre su cadáver (8). Por esta razón los dioses le han honrado más que a todos los hombres, mereciendo su admiración por el sacrificio que hizo en obsequio de la persona que le amaba. Esquilo se burla de nosotros cuando dice que el amado era Patroclo. Aquiles era más hermoso, no sólo que Patroclo, sino que todos los demás héroes. No tenía aún pelo de barba y era mucho más joven, como dice Homero (9). Verdaderamente si los dioses aprueban lo que se hace por la persona que se ama, ellos estiman, admiran y recompensan mucho más lo que se hace por la persona por quien es uno amado. En efecto, el que ama tiene un no sé qué de más divino que el que es amado, porque en su alma existe un dios; y de aquí procede el haber sido tratado mejor Aquiles que Alcestes, después de su muerte, en las islas de los afortunados. Concluyo, pues, que de todos los dioses Eros es el más antiguo, el más

---

(8) *Ilíada*, R. XVIII, v. 94.
(9) *Ilíada*, R. XI, v. 786.

más joven, nacida de varón y de hembra. Pero no habiendo nacido la Afrodita Urania de hembra, sino tan sólo de varón, el amor que la acompaña sólo busca a los jóvenes. Ligados a una diosa de más edad, y que, por consiguiente, no tiene la sensualidad fogosa de la juventud, los inspirados por este amor sólo gustan del sexo masculino, naturalmente más fuerte y más inteligente. He aquí las señales mediante las que pueden conocerse los verdaderos servidores de este amor: no buscan los demasiado jóvenes sino aquellos cuya inteligencia comienza a desenvolverse, es decir, que ya les apunta el bozo. Pero su objeto no es, en mi opinión, sacar provecho de la imprudencia de un amigo demasiado joven, y seducirle para abandonarle después, y, cantando victoria, dirigirse a otro; sino que se unen a ellos en relación con el propósito de no separarse y pasar toda su vida con la persona que aman. Sería verdaderamente de desear que hubiese una ley que prohibiera amar a los demasiado jóvenes para no gastar el tiempo en una cosa tan incierta; porque, ¿quién sabe lo que resultará un día de tan tierna juventud; qué giro tomarán el cuerpo y el espíritu, y hacia qué punto se dirigirán, si hacia el vicio o si hacia la virtud? Los sabios ya se imponen ellos mismos una ley tan justa; pero sería conveniente hacerla observar rigurosamente por los amantes populares de que hablamos, y prohibirles esta clase de compromiso, como se les impide, en cuanto es posible, amar a las mujeres de condición libre. Éstos son los que han deshonrado el amor hasta tal punto que han hecho decir que era vergonzoso conceder sus favores a un amante. Su amor intempestivo e injusto por la juventud demasiado tierna es lo único que ha dado lugar a semejante opinión, siendo así que nada de lo que se hace según principios de sabiduría y de honestidad puede ser reprendido justamente.

"No es difícil comprender las leyes que arreglan el ~mor en otros países, porque son precisas y sencillas. ~las costumbres de Atenas y de Lacedemonia ne-~~plicación. En la Élida, por ejemplo, y en la ~e se cultiva poco el arte de la palabra, se dice sencillamente que es bueno conceder sus amores a quien nos ama, y nadie encuentra malo esto, sea joven o viejo. Es preciso creer que en estos países está autorizado así el amor para allanar las dificultades y para hacerse amar sin necesidad de recurrir a los artificios del lenguaje, que desconoce aquella gente. Pero en la Jonia y en todos los países sometidos a la dominación de los bárbaros se tiene este comercio por infame; se proscriben igualmente allí la filosofía y la gimnasia, y es porque los tiranos no gustan ver que entre sus súbditos se formen grandes corazones o amistades y relaciones vigorosas, que es lo que el amor sabe crear muy bien. Los tiranos de Atenas hicieron en otro tiempo la experiencia. La pasión de Aristogitón y la fidelidad de Harmodio trastornaron su dominación. Es claro que en estos Estados, donde es vergonzoso conceder sus amores a quien nos ama, esta severidad nace de la iniquidad de los que la han establecido, de la tiranía de los gobernantes y de la cobardía de los gobernados; y que en los países donde simplemente se dice que es bueno conceder sus favores a quien nos ama, esta indulgencia es una prueba de grosería. Todo esto está más sabiamente ordenado entre nosotros. Pero, como dije ya, no es fácil comprender nuestros principios en este concepto. Por una parte, se dice que es mejor amar a la vista de todo el mundo que amar en secreto, y que es preciso amar con preferencia a los más generosos y más virtuosos, aunque sean menos bellos que los demás. Es sorprendente cómo se interesa todo el mundo por el triunfo del hombre que ama; se le anima, lo cual no se haría si el amar no se tuviese por cosa buena; se le aprecia cuando ha triunfado su amor, y se le desprecia cuando no ha triunfado. La costumbre permite al amante emplear medios maravillosos para llegar a su objeto, y no hay ni uno solo de estos medios que no le haga perder la estimación de los sabios, si se sirve de él para otra cosa que no sea para hacerse amar. Porque si un hombre, con el objeto de enriquecerse o de obtener un empleo o de crearse cualquier otra posición de este género, se atre-

viera a tener por alguno la menor de las complacen-
cias que tiene un amante para con la persona que
ama; si emplease las súplicas, si se valiese de las lágrimas y los ruegos, si hiciese juramento, si durmiese
en el umbral de su puerta, si se rebajase a bajezas
que un esclavo se avergonzaría de practicar, ninguno
de sus enemigos o de sus amigos dejaría de impedir
que se envileciera hasta este punto. Los unos le echa-
rían en cara que se conducía como un adulador y
como un esclavo; otros se ruborizarían y se esforzarían
por corregirlo. Sin embargo, todo esto sienta maravillosamente a un hombre que ama; no sólo se admiten
estas bajezas sin tenerlas por deshonrosas, sino que se
lo mira como a un hombre que cumple muy bien con
su deber; y lo más extraño es que se quiere que los
amantes sean los únicos perjuros que los dioses dejen
de castigar, porque se dice que los juramentos no obligan en asuntos de amor. Tan cierto es, que en nuestras costumbres los hombres y los dioses todo se lo
permiten a un amante. No hay en esta materia nadie
que no esté persuadido de que es muy laudable en
esta ciudad amar y recíprocamente hacer lo mismo con
los que nos aman. Por otra parte, si se considera con
qué cuidado un padre pone un pedagogo cerca de sus
hijos para que los vigile, y que el principal deber de
éste es impedir que hablen a los que los aman; que
sus camaradas mismos, si les ven sostener tales relaciones, los hostigan y molestan con burlas; que los de
más edad no se oponen a tales burlas, ni reprenden
a los que las usan; al ver este cuadro, ¿no se creerá
que estamos en un país donde es una vergüenza el
mantener semejantes relaciones? He aquí por qué es
preciso explicar esta contradicción. El amor, como dije
al principio, no es de suyo ni bello ni feo. Es bello
si se observan las reglas de la honestidad; y es feo si
no se tienen en cuenta estas reglas. Es deshonesto
conceder sus favores a un hombre vicioso, o por malos motivos. Es honesto si se conceden por motivos
justos a un hombre virtuoso. Llamo hombre vicioso
al amante popular que ama el cuerpo más bien que

el alma, porque su amor no puede tener duración, puesto que ama una cosa que no dura. Tan pronto como la flor de la belleza de lo que amaba ha pasado, vuela a otra parte, sin acordarse ni de sus palabras ni de sus promesas. Pero el amante de un alma bella permanece fiel toda la vida, porque lo que ama es durable. Así, pues, la costumbre entre nosotros quiere que uno se mire bien antes de comprometerse; que se entregue a los unos y huya de los otros; ella anima a ligarse a aquéllos y huir de éstos, porque discierne y juzga de qué especie es así el que ama como el que es amado. Por esto se mira como vergonzoso el entregarse ligeramente, y se exige la prueba del tiempo, que es el que hace conocer mejor todas las cosas. Y también es vergonzoso entregarse a un hombre poderoso y rico, ya se sucumba por temor, ya por debilidad; o que se deje alucinar por el dinero o la esperanza de optar a empleos; porque además de que estas razones no pueden engendrar nunca una amistad generosa, descansa por otra parte sobre fundamentos pocos sólidos y durables. Sólo resta un motivo por el que en nuestras costumbres se puede decentemente favorecer a un amante; porque así como la servidumbre voluntaria de un amante para con el objeto de su amor no se tiene por adulación, ni puede echársele en cara tal cosa; en igual forma hay otra especie de servidumbre voluntaria, que no puede nunca ser reprendida y es aquella en la que el hombre se compromete en vista de la virtud. Hay entre nosotros la creencia de que si un hombre se somete a servir a otro con la esperanza de perfeccionarse, mediante él, en una ciencia o en cualquiera virtud particular, esta servidumbre voluntaria no es vergonzosa y no se llama adulación. Es preciso tratar al amor como a la filosofía y a la virtud, y que sus leyes tiendan al mismo fin, si se quiere que sea honesto favorecer a aquel que nos ama; porque si el amante y el amado se aman mutuamente bajo estas condiciones, a saber: que el amante, en reconocimiento de los favores del que ama, esté dispuesto a hacerle todos los servicios que la equidad le permita; y que el amado a su vez, en recompensa del cuidado que su amante hubiere tomado para hacerle sabio y virtuoso, tenga con él todas las consideraciones debidas; si el amante es verdaderamente capaz de dar ciencia y virtud a la persona que ama, y la persona amada tiene un verdadero deseo de adquirir instrucción y sabiduría; si todas estas condiciones se verifican, entonces únicamente es decoroso conceder sus favores al que nos ama. El amor no puede permitirse por ninguna otra razón, y entonces no es vergonzoso verse engañado. En cualquier otro caso es vergonzoso, véase o no engañado, porque si con una esperanza de utilidad o de ganancia se entrega uno a un amante que se creía rico, que después resulta pobre, y que no puede cumplir su palabra, no es menos indigno, porque. es ponerse en evidencia y demostrar que mediando el interés se arroja a todo, y esto no tiene nada de bello. Por el contrario, si luego de haber favorecido a un amante que se le creía hombre de bien, y con la esperanza de hacerle uno mejor por medio de su amistad, llega a resultar que este amante no es tal hombre de bien y que carece de virtudes, no es deshonroso verse uno en este caso engañado; porque ha demostrado el fondo de su corazón y ha puesto en evidencia que por la virtud y con la esperanza de llegar a una mayor perfección, es uno capaz de emprenderlo todo, y nada más glorioso que este pensamiento. Es bello amar cuando la causa es la virtud. Este amor es el de la Afrodita Urania; es celeste por sí mismo; es útil a los particulares y a los Estados, y digno para todos de ser objeto de principal estudio, puesto que obliga al amante y al amado a vigilarse a sí mismos y a esforzarse en hacerse mutuamente virtuosos. Todos los demás amores pertenecen a la Afrodita popular. He aquí, Fedro, todo lo que yo puedo decirte de improviso sobre Eros."

Habiendo hecho Pausanias aquí una pausa (y he aquí un juego de palabras (10) que vuestros sofistas enseñan), correspondía a Aristófanes hablar, pero no pudo verificarlo por un hipo que le sobrevino, no sé

---

(10) En el texto: Παυσανίου δε παυσαμένον.

cosas opuestas mientras permanecen opuestas, y así las cosas opuestas que no concuerdan no producen armonía. De esta manera, también las sílabas largas y las breves, que son opuestas entre sí, componen el ritmo, cuando se las ha puesto de acuerdo. Y aquí es la música, como antes era la medicina, la que produce el acuerdo, estableciendo la concordia o el amor entre las contrarias. La música es la ciencia del amor con relación al ritmo y la armonía. No es difícil reconocer la presencia del amor en la constitución misma del ritmo y de la armonía. Aquí no se encuentran dos amores, sino que, cuando se trata de poner el ritmo y la armonía en relación con los hombres, sea inventando, lo cual se llama composición musical, sea sirviéndose de los aires y compases ya inventados, lo cual se llama educación, se necesitan entonces atención suma y un artista hábil. Aquí corresponde aplicar la máxima establecida antes: que es preciso complacer a los hombres moderados y a los que están en camino de serlo, y fomentar su amor, el amor legítimo y celeste, el de la musa Urania. Pero respecto al de Polimnia, que es el amor vulgar, no se le debe favorecer sino con gran reserva y de modo que el placer que procure no pueda conducir nunca al desorden. La misma circunspección es necesaria en nuestro arte para arreglar el uso de los placeres de la mesa, de modo que se goce de ellos moderadamente, sin perjudicar a la salud.

"Debemos, pues, distinguir cuidadosamente estos dos amores en la música, en la medicina y en todas las cosas divinas y humanas, puesto que no hay ninguna en que no se encuentren. También se hallan en las estaciones, que constituyen el año, porque siempre que los elementos de que hablé antes, lo frío y lo caliente, lo húmedo y lo seco, contraen los unos para con los otros un amor ordenado y componen una debida y templada armonía, el año es fértil y es favorable a los hombres, a las plantas y a todos los animales, sin perjudicarles en nada. Pero cuando el amor intemperante predomina en la constitución de las estaciones, casi todo lo destruye y arrasa; engendra la peste y toda clase de enfermedades que atacan a los animales y a las plantas; y las heladas, los hielos y las nieblas provienen de este amor desordenado de los elementos. La ciencia del amor, en el movimiento de los astros y de las estaciones del año, se llama astronomía. Además, los sacrificios, el uso de la adivinación, es decir, todas las comunicaciones de los hombres con los dioses, sólo tienen por objeto entretener y satisfacer el amor, porque todas las impiedades nacen de que buscamos y honramos en nuestras acciones, no el mejor amor, sino el peor, faz a faz de los vivos, de los muertos y de los dioses. Lo propio de la adivinación es vigilar y cuidar de estos dos amores. La adivinación es la creadora de la amistad que existe entre los dioses y los hombres, porque sabe todo lo que hay de santo o de impío en las inclinaciones humanas. Por lo tanto es cierto decir, en general, que el amor es poderoso, y que su poder es universal; pero que cuando se consagra al bien y se ajusta a la justicia y a la templanza, tanto respecto de nosotros como respecto de los dioses, es cuando manifiesta todo su poder y nos procura una felicidad perfecta, estrechándonos a vivir en paz los unos con los otros, y facilitándonos la benevolencia de los dioses, cuya naturaleza se halla tan por cima de la nuestra. Omito quizá muchas cosas en este elogio de Eros, pero no es por falta de voluntad. A ti te toca, Aristófanes, suplir lo que yo haya omitido. Por lo tanto, si tienes el proyecto de honrar al dios de otra manera, hazlo y comienza, ya que tu hipo ha cesado."

Aristófanes respondió:

—Ha cesado, en efecto, y sólo lo achaco al estornudo; y me admira que para restablecer el orden en la economía del cuerpo haya necesidad de un movimiento como éste, acompañado de ruidos y agitaciones ridículas; porque verdaderamente el estornudo ha hecho cesar el hipo sobre la marcha.

—Mira lo que haces, mi querido Aristófanes—dijo Eriximaco—, estás a punto de hablar, y parece que te burlas a mi costa, pues cuando podías discurrir en paz, me precisas a que te vigile, para ver si dices algo que se preste a la risa.

—Tienes razón, Eriximaco—respondió Aristófanes sonriéndose—. Haz de cuenta que no he dicho nada, y no hay necesidad de que me vigiles, porque temo, no el hacer reír con mi discurso, de lo que se alegraría mi musa para la que sería un triunfo, sino el decir cosas ridículas.

—Después de lanzar la flecha—replicó Eriximaco—, ¿crees que te puedes escapar? Fíjate bien en lo que vas a decir, Aristófanes, y habla como si tuvieras que dar cuenta de cada una de tus palabras. Quizá, si me parece del caso, te trataré con indulgencia.

—Sea lo que quiera, Eriximaco, me propongo tratar el asunto de una manera distinta de lo que habéis hecho Pausanias y tú.

"Figúraseme que hasta ahora los hombres han ignorado enteramente el poder de Eros; porque si lo conociesen, le levantarían templos y altares magníficos, y le ofrecerían suntuosos sacrificios, y nada de esto se hace, aunque sería muy conveniente; porque entre todos los dioses él es el que derrama más beneficios sobre los hombres, como que es su protector y su médico, y los cura de los males que impiden al género humano llegar a la cumbre de la felicidad. Voy a intentar daros a conocer el poder de Eros, y queda a vuestro cargo enseñar a los demás lo que aprendáis de mí. Pero es preciso comenzar por decir cuál es la naturaleza del hombre y las modificaciones que ha sufrido.

"En otro tiempo la naturaleza humana era muy diferente de lo que es hoy. Primero había tres clases de hombres: los dos sexos que hoy existen, y uno tercero, compuesto de estos dos, el cual ha desaparecido conservándose sólo el nombre. Este animal formaba una especie particular, y se llamaba andrógino, porque reunía el sexo masculino y el femenino; pero ya no existe y su nombre está en descrédito. En segundo lugar, todos los hombres tenían formas redondas, la espalda y los costados colocados en círculo, cuatro brazos, cuatro piernas, dos fisonomías unidas a un cuello circular y perfectamente semejantes, una sola cabeza, que reunía estos dos semblantes opuestos entre sí, dos orejas, dos órganos de la generación y todo lo demás en esta misma proporción. Marchaban rectos como nosotros, y sin tener necesidad de volverse para tomar el camino que querían. Cuando deseaban caminar ligero, se apoyaban sucesivamente sobre sus ocho miembros, y avanzaban con rapidez mediante un movimiento circular, como los que hacen la rueda con los pies al aire. La diferencia que se encuentra entre estas tres especies de hombres nace de la que hay entre sus principios. El sol produce el sexo masculino, la tierra el femenino, y la luna el compuesto de ambos, que participa de la tierra y del sol. De estos principios recibieron su forma y su manera de moverse, que es esférica. Los cuerpos eran robustos y vigorosos y de corazón animoso, y por esto concibieron la atrevida idea de escalar el cielo y combatir con los dioses, como dice Homero de Efialtes y de Oto (11). Zeus examinó con los dioses el partido que debía tomarse. El negocio no carecía de dificultad; los dioses no querían anonadar a los hombres, como en otro tiempo a los gigantes, fulminando contra ellos sus rayos, porque entonces desaparecían el culto y los sacrificios que los hombres les ofrecían; pero por otra parte, no podían sufrir semejante insolencia. En fin, después de largas reflexiones, Zeus se expresó en estos términos: Creo haber encontrado un medio de conservar a los hombres y hacerlos más circunspectos, y consiste en disminuir sus fuerzas. Los separaré en dos; así se harán débiles y tendremos otra ventaja, que será la de aumentar el número de los que nos sirvan; marcharán rectos, sosteniéndose en dos piernas sólo; y si luego de este castigo conservan su impía audacia y no quieren permanecer en reposo, los dividiré de nuevo, y se verán precisados a marchar sobre un solo pie, como los que bailan sobre odres en la fiesta de Caco.

"Después de esta declaración, el dios hizo la sepa-

---

(11) *Odisea*, R. XI, v. 307.

ración que acababa de resolver, y la hizo lo mismo que cuando se cortan huevos para salarlos, o como cuando con un cabello se los divide en dos partes iguales. En seguida mandó a Apolo que curase las heridas y colocase el semblante y la mitad del cuello del lado donde se había hecho la separación, con el fin de que la vista de este castigo los hiciese más modestos. Apolo puso el semblante del lado indicado, y reuniendo los cortes de la piel sobre lo que hoy se llama vientre, los cosió a manera de una bolsa que se cierra, no dejando más que una abertura en el centro, que se llama ombligo. En cuanto a los otros pliegues, que eran numerosos, los pulió, y arregló el pecho con un instrumento semejante a aquel de que se sirven los zapateros para suavizar la piel de los zapatos sobre la horma, y sólo dejó algunos pliegues sobre el vientre y el ombligo, como en recuerdo del antiguo castigo. Hecha esta división, cada mitad hacia esfuerzos para encontrar la otra mitad de que había sido separada; y cuando se encontraban ambas, se abrazaban y se unían, llevadas del deseo de entrar en su antigua unidad, con un ardor tal, que abrazadas perecían de hambre e inacción, no queriendo hacer nada la una sin la otra. Cuando una de las dos mitades perecía, la que sobrevivía buscaba otra, a la que se unía de nuevo, ya fuese la mitad de una mujer entera, lo que ahora llamamos una mujer, ya fuese una mitad de hombre; y de esta manera la raza iba extinguiéndose. Zeus, movido a compasión, imagina otro expediente; pone delante los órganos de la generación, porque antes estaban detrás, y se concebía y se derramaba el semen no el uno en el otro, sino en tierra como las cigarras. Zeus puso los órganos en la parte anterior y de esta manera la concepción se hace mediante la unión del varón y la hembra. Entonces, si se verificaba la unión del hombre y la mujer, el fruto de la misma eran los hijos; y si el varón se unía al varón, la saciedad los separaba bien pronto y los restituía a sus trabajos y demás cuidados de la vida. De aquí procede el amor que tenemos naturalmente los uno a los otros; él nos recuerda nuestra naturaleza primitiva y hace esfuerzos para reunir las dos mitades y para restablecernos en nuestra antigua perfección. Cada uno de nosotros no es más que una mitad de hombre, que ha sido separada de su todo como se divide una hoja en dos. Estas mitades buscan siempre sus mitades. Los hombres que provienen de la separación de estos seres compuestos, que se llaman andróginos, aman a las mujeres; y la mayor parte de los adúlteros pertenecen a esta especie, así como también las mujeres que aman a los hombres y violan las leyes del himeneo. Pero a las mujeres que provienen de la separación de las mujeres primitivas no les llaman la atención los hombres y se inclinan más a las mujeres; a esta especie pertenecen las *tribades*. Del mismo modo los hombres que provienen de la separación de los hombres primitivos buscan el sexo masculino. Mientras son jóvenes, aman a los hombres; se complacen en dormir con ellos y estar en sus brazos; son los primeros entre los adolescentes y los adultos, como que son de una naturaleza mucho más varonil. Sin razón se les echa en cara que viven sin pudor, porque no es la falta de éste lo que les hace obrar así, sino que dotados de alma fuerte, valor varonil y carácter viril, buscan sus semejantes; y la prueba es que con el tiempo son más aptos que los demás para servir al Estado. Hechos hombres a su vez aman a los jóvenes, y si se casan y tienen familia no es porque la naturaleza los incline a ello, sino porque la ley los obliga. Lo que prefieren es pasar la vida los unos con los otros en celibato. El único objeto de los hombres de ese carácter, amen o sean amados, es reunirse a quienes se les asemejan. Cuando el que ama a los jóvenes o cualquier otro llega a encontrar su mitad, la simpatía, la amistad, el amor, los une de una manera tan maravillosa, que no quieren en ningún concepto separarse ni por un momento. Estos mismos hombres, que pasan toda la vida juntos, no pueden decir lo que quieren el uno del otro, porque si encuentran tanto gusto en vivir de esta suerte, no es de creer que sea la causa de esto el placer de los sentidos. Evidentemente su alma desea otra cosa, que ella no puede expresar, pero que adivina y da a entender. Y si cuando están el uno en brazos del otro, Hefaístos se apareciese con los instrumentos de su arte y les dijese: ¡Oh hombres! ¿Qué es lo que os exigís recíprocamente? Y si viéndoles perplejos, continuase interpelándoles de esta manera: "Lo que queréis ¿no es estar de tal manera unidos que ni de día ni de noche estéis el uno sin el otro? Si es esto lo que deseáis, voy a fundiros y mezclaros de tal manera, que no seréis ya dos personas, sino una sola; y que mientras viváis, viváis una vida común como una sola persona y que cuando hayáis muerto, en la muerte misma os reunáis de manera que no seáis dos personas sino una sola. Ved ahora si es esto lo que deseáis, y si esto os puede hacer completamente felices." Es bien seguro que si Hefaístos les dirigiera este discurso, ninguno de ellos negaría ni respondería que deseaba otra cosa, persuadido de que el dios acababa de expresar lo que en todos los momentos estaba en el fondo de su alma; esto es, el deseo de estar unido y confundido con el objeto amado, hasta no formar más que un solo ser con él. La causa de esto es que nuestra naturaleza primitiva era una y que éramos un todo completo, y se da el nombre de amor al deseo y persecución de este antiguo estado. Primitivamente, como he dicho, nosotros éramos uno, pero después en castigo de nuestra inquietud nos separó el dios como los arcadios lo fueron por los lacedemonios (12). Debemos procurar no cometer ninguna falta contra los dioses, por temor de exponernos a una segunda división, y no ser como las figuras presentadas de perfil en los bajos relieves, que no tienen más que medio semblante, o como los dados cortados en dos (13). Es preciso que todos nos exhortemos mutuamente a honrar a los dioses, para evitar un nuevo castigo y volver a nuestra unidad primitiva bajo los auspicios y la di-

---

(12) Los lacedemonios invadieron la Arcadia, destruyeron los muros de Mantinea y deportaron a los habitantes a cuatro o cinco puntos. Jenofonte, Hellen, v. 2.
(13) Dados que los huéspedes guardaban cada uno una parte, en recuerdo de la hospitalidad.

rección de Eros. Que nadie se ponga en guerra con
Eros, porque ponerse en guerra con él es atraerse el
odio de los dioses. Tratemos, pues, de merecer la benevolencia y el favor de este dios, y nos proporciona-
rá la otra mitad de nosotros mismos, la felicidad que
alcanzan muy pocos. Que Eriximaco no critique estas
últimas palabras, como si hicieran alusión a Pausanias
y a Agatón, porque quizá éstos son de este pequeño
número y pertenecen ambos a la naturaleza masculina.
Sea lo que quiera, estoy seguro de que todos seremos
dichosos, hombres y mujeres, si, gracias al amor, encontramos cada uno nuestra mitad, y si volvemos a la
unidad de nuestra naturaleza primitiva. Ahora bien, si
este antiguo estado era el mejor, necesariamente tiene
que ser también mejor que el que más se le aproxime
en este mundo, que es el de poseer a la persona que se
ama según se desea. Si debemos alabar al dios que nos
procura esta felicidad, alabemos a Eros, que no sólo
nos sirve mucho en esta vida, procurándonos lo que
nos conviene, sino también porque nos da poderosos
motivos para esperar que si cumplimos fielmente con
los deberes para con los dioses, nos restituirá él a nuestra primera naturaleza después de esta vida, curará nuestras debilidades y nos dará la felicidad en toda su pureza. He aquí, Eriximaco, mi discurso sobre Eros. Difiere del tuyo, pero te conjuro a que no te burles,
para que podamos oír los de los otros dos, porque aún
no han hablado Agatón y Sócrates."

—Te obedeceré—dijo Eriximaco—, con tanto más
gusto cuanto tu discurso me ha encantado hasta tal
punto que si no conociese cuán elocuentes son en materia de amor Agatón y Sócrates, temería mucho que
habrían de quedar muy por bajo, considerando ago-
tada la materia con lo que se ha dicho hasta ahora.
Sin embargo, me prometo aún mucho de ellos.

—Has llenado bien tu cometido—dijo Sócrates—;
pero si estuvieses en mi lugar en este momento, Eriximaco, y sobre todo después que Agatón haya hablado,
te pondrías tembloroso y te sentirías tan embarazado
como yo.

—Tú quieres hechizarme—dijo Agatón a Sócrates—, y confundirme haciéndome creer que esperan mucho los presentes, como si yo fuese a decir cosas muy buenas.

—A fe que sería bien pobre mi memoria, Agatón, —replicó Sócrates—, si habiéndote visto presentarte en la escena con tanta seguridad y calma, rodeado de comediantes ·y recitar tus versos sin la menor emoción, mirando con desembarazo a tan numerosa concurrencia, creyese ahora que habías de turbarte delante de estos pocos oyentes.

—¡Ah!—respondió Agatón—, no creas, Sócrates, que me alucinan tanto los aplausos del teatro que pueda ocultárseme que para un hombre sensato el juicio de unos pocos sabios es más temible que el de una multitud de ignorantes.

—Sería bien injusto, Agatón, si tan mala opinión tuviera formada de ti; estoy persuadido de que si tropezases con un pequeño número de personas, y te pareciesen sabios, los preferirías a la multitud. Pero quizá no somos nosotros de estos sabios, porque al cabo estábamos en el teatro y formábamos parte de la muchedumbre. Pero suponiendo que te encontrases con otros que fuesen sabios, ¿no temerías hacer algo que pudiesen desaprobar? ¿Qué piensas de esto?

—Dices verdad—respondió Agatón.

—¿Y no tendrías el mismo temor respecto de la multitud, si creyeses hacer una cosa vergonzosa?

Entonces Fedro tomó la palabra y dijo:

—Mi querido Agatón, si continúas respondiendo a Sócrates, no se cuidará de lo demás, porque él, teniendo con quien conversar, ya está contento, sobre todo si su interlocutor es hermoso. Sin duda yo tengo complacencia en oír a Sócrates, pero debo vigilar para que Eros reciba las alabanzas que le hemos prometido, y que cada uno de nosotros pague este tributo. Cuando hayáis cumplido con el dios, podréis reanudar vuestra conversación.

—Tienes razón, Fedro—dijo Agatón—, y no hay inconveniente en que yo hable, porque podré en otra ocasión entrar en conversación con Sócrates. Voy, pues, a indicar el plan de mi discurso y luego entraré en materia.

"Me parece que todos los que hasta ahora han hablado han alabado no tanto a Eros como a la felicidad que este dios nos proporciona. ¿Y cuál es el autor de tantos bienes? Nadie nos lo ha dado a conocer. Y sin embargo, la única manera debida de alabarle es explicar la naturaleza del asunto de que se trata, y desenvolver los efectos que ella produce.

"Por lo tanto, para alabar a Eros es preciso decir lo que es el amor y hablar en seguida de sus beneficios. Digo, pues, que de todos los dioses, Eros, si puede decirse sin ofensa, es el más dichoso, porque es el más bello y el mejor. Es el más bello, Fedro, porque en primer lugar, es el más joven de los dioses, y él mismo prueba esto, puesto que en su camino escapa siempre a la vejez, aunque ésta corre harto ligera, por lo menos más de lo que nosotros desearíamos. Eros la detesta naturalmente, y se aleja de ella todo lo posible, mientras que acompaña a la juventud y se complace con ella, siguiendo aquella máxima antigua muy verdadera: que lo semejante se une siempre a su semejante. Estando de acuerdo con Fedro sobre todos los demás puntos, no puedo convenir con él en cuanto a que Eros sea más anciano que Cronos y Yapeto. Sostengo, por el contrario, que es el más joven de los dioses, y que siempre es joven. Esas viejas querellas de los dioses que nos refieren Hesíodo y Parménides, si es que son verdaderas, han tenido lugar bajo el imperio de Anagke (14) y no bajo el de Eros; porque no hubiera habido entre los dioses ni mutilaciones, ni cadenas, ni otras muchas violencias, si Eros hubiera estado con ellos, porque la paz y la amistad los hubiera unido, como sucede al presente y desde que el Amor reina sobre ellos. Es cierto que es joven y además delicado; pero fué necesario un poeta como Homero para expresar la delicadeza de este dios. Homero dice que

---

(14) La necesidad. Se toma también por el Destino, la Fatalidad.

Ate es diosa y delicada. *"Sus pies*—dice—*son delicados, porque no los posa nunca en tierra, sino que marcha sobre la cabeza de los hombres."* (15).

"Creo que queda bastante probada la delicadeza de Ate diciendo que no se apoya sobre lo que es duro, sino sobre lo que es suave. Me serviré de una prueba análoga para demostrar cuán delicado es Eros. No marcha sobre la tierra, ni tampoco sobre las cabezas, que por otra parte no presentan un punto de apoyo muy suave, sino que marcha y descansa sobre las cosas más tiernas, porque es en los corazones y en las almas de los dioses y de los hombres donde fija su morada. Pero no en todas las almas, porque se aleja de los corazones duros, y sólo descansa en los corazones delicados. Y como nunca toca con el pie ni con ninguna otra parte de su cuerpo sino en lo más delicado de los seres más delicados, necesariamente ha de ser él de una delicadeza extremada; y es, por consiguiente, el más joven y el más delicado de los dioses. Además es de una esencia sutil; porque no podría extenderse en todas direcciones ni insinuarse inadvertido en todas las almas, ni salir de ellas, si fuese de una substancia sólida; y lo que obliga a reconocer en él una esencia sutil es la gracia que, según común opinión, distingue eminentemente a Eros, porque Eros y la fealdad están siempre en guerra. Como vive entre las flores, no se puede dudar de la frescura de su tez. Y, en efecto, Eros jamás se detiene en lo que no tiene flores, o que las tiene ya marchitas, ya sea un cuerpo o un alma o cualquier otra cosa; pero donde encuentra flores y perfumes, allí fija su morada. Podrían presentarse otras muchas pruebas de la belleza de este dios, pero las dichas bastan. Hablemos de su virtud. La mayor ventaja de Eros es que no puede recibir ninguna ofensa de parte de los hombres o de los dioses, y que ni dioses ni hombres pueden ser ofendidos por él, porque si sufre o hace sufrir es sin coacción, siendo la violencia incompatible con Eros. Sólo de libre voluntad se somete uno a Eros, y a todo acuerdo con-

(15) *Ilíada*, R. XIX, v. 92.

cluído voluntariamente, las leyes, reinas del Estado, lo
declaran justo. Pero Eros no sólo es justo, sino que
es templado en alto grado, porque la templanza consiste en triunfar de los placeres y de las pasiones; ¿y
hay un placer por cima de Eros? Si todos los placé-
res y todas las pasiones están por bajo de Eros, precisamente los domina; y si los domina, es necesario que
esté dotado de una templanza incomparable. En cuanto
a su fuerza, Ares mismo no puede igualarle, porque
no es Ares el que posee a Eros, sino Eros el que posee
a Ares, el amor de Afrodita, como dicen los poetas;
porque el que posee es más fuerte que el objeto poseído; y superar al que supera a los demás, ¿no es ser el
más fuerte de todos?

"Después de haber hablado de la justicia, de la
templanza y de la fuerza de este dios, resta probar su
habilidad. Tratemos de llenar en cuanto sea posible
este vacío. Para honrar mi arte, como Eriximaco ha
querido honrar el suyo, diré que Eros es un poeta tan
entendido que convierte en poeta al que quiere; y
esto sucede aun cuando sea uno extraño a las Musas,
y en el momento que uno se siente inspirado por Eros;
lo cual prueba que Eros es notable en esto de llevar
a cabo las obras que son de la competencia de las
Musas, porque no se enseña lo que se ignora, como
no se da lo que no se tiene. ¿Podrá negarse que todos
los seres vivos son obra de Eros, bajo la relación de
su producción y de su nacimiento? ¿Y no vemos que
en todas las artes el que ha recibido lecciones de Eros
se hace hábil y célebre, mientras que se queda en la
oscuridad el que no ha sido inspirado por este dios? A
la pasión y al amor debe Apolo la invención de la medicina, de la adivinación, del arte de asaetear; de modo
que puede decirse que Eros es el maestro de Apolo;
como de las Musas en cuanto a la música; de Hefaístos,
respecto del arte de fundir los metales; de Atenea, en
el de tejer; de Zeus, en el de gobernar a los dioses
y a los hombres. Si se ha restablecido la concordia
entre los dioses, hay que atribuirlo a Eros, es decir.
a la belleza, porque el amor no se une a la fealdad.

Antes de Eros, como dije al principio, pasaron entre los dioses muchas cosas deplorables bajo el reinado de Anagke. Pero en el momento que este dios nació, del amor a lo bello emanaron todos los bienes sobre los dioses y sobre los hombres. He aquí, Fedro, por qué me parece que Eros es muy bello y muy bueno y que además comunica a los otros estas mismas ventajas. Terminaré con un hinmo poético.

"Eros es el que da paz a los hombres, calma a los mares, silencio a los vientos, lecho y sueño a la inquietud. Él es el que aproxima a los hombres y les impide ser extraños los unos a los otros; principio y lazo de toda sociedad, de toda reunión amis osa, preside las fiestas, los coros y los sacrificios. Llena de dulzura y aleja la rudeza; excita la benevolencia e impide el odio. Propicio a los buenos, admirado por los sabios, agradable a los dioses, objeto de emulación para los que no lo conocen aún, tesoro precioso para los que le poseen, padre del lujo, de las delicias, del placer, de los dulces encantos, de los deseos tiernos, de las pasiones; vigila a los buenos y desprecia a los malos. En nuestras penas, en nuestros temores, en nuestros disgustos, en nuestras palabras es nuestro consejero, nuestro sostén y nuestro salvador. En fin, es la gloria de los dioses y de los hombres, el mejor y más precioso maestro, y todo mortal debe seguirle y repetir en su honor los himnos de que él mismo se sirve, para derramar la dulzura entre los dioses y entre los hombres. A este dios, ¡oh Fedro!, consagro este discurso que ha sido ya festivo, ya serio, según me lo ha sugerido mi propio ingenio."

Cuando Agatón hubo concluído su discurso, todos los presentes aplaudieron y declararon que había hablado de una manera digna del dios y de él. Entonces Sócrates, dirigiéndose a Eriximaco, dijo:

—Y bien, hijo de Acumenes, ¿no tenía yo razón para temer, y no fuí buen profeta, cuando os anuncié que Agatón haría un discurso admirable, y me pondría a mí en un conflicto?

—Has sido buen profeta—respondió Eriximaco—, al

anunciarnos que Agatón hablaría bien; pero creo que no lo has sido al predecir que te verías en un conflicto.

—¡Ah!, querido mío—repuso Sócrates—, ¿quién no se ve en un conflicto teniendo que hablar después de oír un discurso tan bello, tan variado y tan admirable en todas sus partes, y principalmente en su final, cuyas expresiones son de una belleza tan acabada que no se las puede oír sin conmoverse? Me siento tan incapaz de decir algo tan bello, que lleno de vergüenza habría abandonado el puesto si hubiera podido, porque la elocuencia de Agatón me ha recordado a Gorgias hasta el punto de sucederme realmente lo que dice Homero: Temía que Agatón, al concluir, lanzase en cierta manera sobre mi discurso la cabeza de Gorgias (16), este orador terrible, petrificando mi lengua. Al mismo tiempo he conocido que ha sido una ridiculez el haberme comprometido con vosotros a celebrar a mi vez a Eros, y el haberme alabado de ser sabio en esta materia, yo que no sé alabar cosa alguna. En efecto, hasta aquí he estado en la inocente creencia de que en un elogio sólo deben entrar cosas verdaderas; que esto era lo esencial, y que después sólo restaba escoger, entre estas cosas, las más bellas, y disponerlas de la manera más conveniente. Tenía por esto gran esperanza de hablar bien, creyendo saber la verdadera manera de alabar. Pero ahora resulta que este método no vale nada; que es preciso atribuir las mayores perfecciones al objeto que se ha intentado alabar, pertenézcanle o no, no siendo de importancia su verdad o su falsedad; como si al parecer hubiéramos convenido en figurar que cada uno de nosotros hacía el elogio de Eros, y en realidad no hacerlo. Por esta razón creo yo atribuís a Eros todas las perfecciones, y ensalzándole, le hacéis causa de tan grandes cosas, para que aparezca muy bello y muy bueno, quiero decir, a los ignorantes, y no ciertamente a las personas ilustradas. Esta manera de alabar es bella e imponente, pero me era

---

(16) Alusión a un pasaje de la *Odisea*, v. 632.

total y absolutamente desconocida cuando os di mi palabra.

Mi lengua y no mi corazón es la que ha contraído este compromiso (17). Permitidme romperlo, porque no me considero en posición de poder hacer un elogio de este género. Pero si lo queréis, hablaré a mi manera, proponiéndome decir sólo cosas verdaderas, sin aspirar a la ridícula pretensión de rivalizar con vosotros en elocuencia. Mira, Fedro, si te conviene oír un elogio que no traspasará los límites de la verdad y en el cual no habrá refinamiento ni en las palabras ni en las formas.

Fedro y los demás de la reunión le manifestaron que podía hablar como quisiera.

—Permíteme aún, Fedro—replicó Sócrates—, hacer algunas preguntas a Agatón, con el fin de que con su asentimiento pueda yo hablar con más seguridad.

—Con mucho gusto—respondió Fedro—, no tienes más que interrogar.

Dicho esto, Sócrates comenzó de esta manera:

—Te vi, mi querido Agatón, entrar perfectamente en materia diciendo que era preciso mostrar primero cuál es la naturaleza de Eros, y en seguida cuáles son sus efectos. Apruebo esta manera de comenzar. Veamos ahora, después de lo que has dicho, todo bello y magnífico, sobre la naturaleza de Eros, algo más aún, dime: ¿Eros es el amor de alguna cosa o de nada? (18). No te pregunto si es hijo de un padre o de una madre, porque sería una pregunta ridícula. Si, por ejemplo, con motivo de un padre, te preguntase si es o no padre de alguna cosa, tu respuesta, para ser exacta, debería ser que es padre de un hijo o de una hija; ¿no convienes en ello?

—Sí, sin duda—dijo Agatón.

—¿Y lo mismo sería de una madre?

Agatón convino en ello.

—Permite aún—dijo Sócrates—, que haga algunas

---

(17) Alusión a un verso del *Hipólito* de Eurípides, v. 612.

(18) La alocución griega τινὸς o "Ἔρως significa igualmente el amor de alguna cosa y el amor hijo de alguno.

preguntas para poner más en claro mi pensamiento; un hermano, a causa de esta misma cualidad, ¿es hermano de alguno o no lo es?

—Lo es de alguno—respondió Agatón.

—De un hermano o de una hermana.

Convino en ello.

—Trata, pues—replicó Sócrates—, de demostrarnos si el amor es el amor de nada o si es de alguna cosa.

—De alguna cosa, seguramente.

—Conserva bien en la memoria lo que dices, y acuérdate de qué cosa Eros es amor; pero antes de pasar adelante, dime si Eros desea la cosa que él ama.

—Sí, ciertamente.

—Pero—replicó Sócrates—, ¿es poseedor de la cosa que desea y que ama, o no la posee?

—Es probable—replicó Agatón—, que no la posea.

—¿Probable? Mira si no es más bien necesario que el que desea le falte la cosa que desea, o bien que no la desee si no le falta. En cuanto a mí, Agatón, es admirable hasta qué punto es a mis ojos necesaria esta consecuencia. ¿Y tú qué dices?

—Yo, lo mismo.

—Muy bien, así, pues, ¿el que es grande deseará ser grande, y el que es fuerte ser fuerte?

—Eso es imposible, teniendo en cuenta aquello en que ya hemos convenido.

—Porque no se puede carecer de lo que se posee.

—Tienes razón.

—Si el que es fuerte—repuso Sócrates—, desease ser fuerte; el que es ágil, ágil; el que es robusto, robusto... quizá alguno podría imaginarse en este y otros casos semejantes que los que son fuertes, ágiles y robustos, y que poseen estas cualidades, desean aún lo que ellos poseen. Para que no vayamos a caer en semejante equivocación, es por lo que insisto en este punto. Si lo reflexionas, Agatón, verás que lo que estas gentes poseen, lo poseen necesariamente, quieran o no quieran; ¿y cómo entonces podrían desearlo? Y si alguno me dijese: Rico y sano deseo la riqueza y la salud, y, por consiguiente, deseo lo que poseo, nosotros podríamos responderle: Posees la riqueza, la salud y la fuerza, y si tú deseas poseer estas cosas es para el porvenir, puesto que al presente las posees ya, quiéraslo o no. Mira, pues, si cuando dices: Deseo una cosa que tengo al presente, no significa esto: Deseo poseer en el porvenir lo que tengo en este momento. ¿No convendrías en esto?

—Convendría—respondió Agatón.

—Pues bien—prosiguió Sócrates—, ¿no es esto amar lo que no se está seguro de poseer, aquello que no se posee aún, y desear conservar para el porvenir aquello que se posee al presente?

—Sin duda.

—Por lo tanto, lo mismo en este caso que en cualquier otro, el que desea, desea lo que no está seguro de poseer, lo que no existe al presente, lo que no posee, lo que no tiene, lo que le falta. Esto es, pues, desear y amar.

—Seguramente.

—Resumamos—añadió Sócrates—lo que acabamos de decir. Primeramente, el amor es el amor de alguna cosa; en segundo lugar, de una cosa que le falta.

—Sí—dijo Agatón.

—Acuérdate ahora—replicó Sócrates—, de qué cosa, según tú, el amor es amor. Si quieres, yo te lo recordaré. Has dicho, me parece, que se restableció la concordia entre los dioses mediante el amor a lo bello, porque no hay amor de lo feo. ¿No es esto lo que has dicho?

—Lo he dicho, en efecto.

—Y con razón, mi querido amigo. Y si es así, ¿el amor es el amor de la belleza, y no de la fealdad?

Convino en ello.

—¿No hemos convenido en que se aman las cosas cuando se carece de ellas y no se poseen?

—Sí.

—Luego Eros carece de belleza y no la posee.

—Necesariamente.

—¡Pero qué! ¿Llamas bello a lo que carece de belleza, a lo que no posee en manera alguna la belleza?

—No, ciertamente.

—Si es así—repuso Sócrates—, ¿sostienes aún que el amor es bello?

—Temo mucho—respondió Agatón—, no haber comprendido bien lo que yo mismo decía.

—Hablas con prudencia, Agatón; pero continúa por un momento respondiéndome. ¿Te parece que las cosas buenas son bellas?

—Me lo parece.

—Entonces Eros carece de belleza, y si lo bello es inseparable de lo bueno, carece también de bondad.

—Es preciso, Sócrates, conformarse con lo que dices, porque no hay medio de resistirte.

—Es, mi querido Agatón, imposible resistir a la verdad; resistir a Sócrates es bien sencillo. Pero te dejo en paz, porque quiero referirte la conversación que cierto día tuve con una mujer de Mantinea, llamada Diotima. Era mujer muy entendida en punto a amor, y lo mismo en muchas otras cosas. Ella fué la que prescribió a los atenienses los sacrificios, mediante los que se libraron durante diez años de una peste que los estaba amenazando. Todo lo que sé sobre el amor, se lo debo a ella. Voy a referiros lo mejor que pueda, y conforme a los principios en que hemos convenido Agatón y yo, la conversación que con ella tuve; y para ser fiel a tu método, Agatón, explicaré primero lo que es Eros, y en seguida cuáles son sus efectos. Me parece más fácil referiros fielmente la conversación que tuve con la extranjera. Había yo dicho a Diotima casi las mismas cosas que acaba de decirnos Agatón; que Eros era un gran dios, y amor de lo bello; y ella se servía de las mismas razones que acabo de emplear yo contra Agatón para probarme que el amor no es bello ni bueno. Yo le repliqué: ¿Qué piensas tú, Diotima, entonces? ¡Qué! ¿Será posible que Eros sea feo y malo?

—Habla mejor—me respondió—. ¿Crees que todo lo que no es bello es necesariamente feo?

—Mucho que lo creo.

—¿Y crees que no se puede carecer de la ciencia sin ser absolutamente ignorante? ¿No has observado que hay un término medio entre la ciencia y la ignorancia?

—¿Cuál es?

—Tener una opinión verdadera sin poder dar razón de ella; ¿no sabes que esto, ni es ser sabio, puesto que la ciencia debe fundarse en razones; ni es ser ignorante, puesto que lo que participa de la verdad no puede llamarse ignorancia? La verdadera opinión ocupa un lugar intermedio entre la ciencia y la ignorancia.

Confesé a Diotima que decía verdad.

—No afirmes pues—replicó ella—, que todo lo que no es bello es necesariamente feo, y que todo lo que no es bueno es necesariamente malo. Y por haber reconocido que el amor no es ni bueno ni bello no vayas tú a creer que necesariamente es feo y malo, sino que ocupa un término medio entre estas cosas contrarias.

—Sin embargo—repliqué yo—, todo el mundo está acorde en decir que Eros es un gran dios.

—¿Qué entiendes tú, Sócrates, por todo el mundo? ¿Son los sabios o los ignorantes?

—Entiendo todo el mundo sin excepción.

—¿Cómo—replicó ella sonriéndose—, podría pasar por un gran dios para todos aquellos que ni aun por dios le reconocen?

—¿Cuáles—le dije—pueden ser ésos?

—Tú y yo—respondió ella.

—¿Cómo puedes probármelo?

—No es difícil. Respóndeme. ¿No dices que todos los dioses son bellos y dichosos? ¿O te atreverías a sostener que hay uno que no sea ni dichoso ni bello?

—¡No, por Zeus!

—¿No llamas dichosos a aquellos que poseen cosas bellas y buenas?

—Seguramente.

—Pero estás conforme en que el amor desea las cosas bellas y buenas, y que el deseo es una señal de privación.

—En efecto estoy conforme en eso.

—¿Cómo, entonces—repuso Diotima—, es posible que Eros sea un dios, estando privado de lo que es bello y bueno?

—Eso, a lo que parece, no puede ser en manera alguna.

—¿No ves, por consiguiente, que también tú piensas que Eros no es un dios?

—¡Pero qué!—le respondí—, ¿es que Eros es mortal?

—De ninguna manera.

—Pero, en fin, Diotima, dime qué es.

—Es, como dije antes, una cosa intermedia entre lo mortal y lo inmortal.

—¿Pero qué es por último?

—Un gran demonio, Sócrates; porque todo demonio ocupa un lugar intermedio entre los dioses y los hombres.

—¿Cuál es—le dije—la función propia de un demonio?

—La de ser intérprete y medianero entre los dioses y los hombres; llevar al cielo las suplicas y los sacrificios de estos últimos, y comunicar a los hombres las órdenes de los dioses y la remuneración de los sacrificios que les han ofrecido. Los demonios llenan el intervalo que separa el cielo de la tierra; son el lazo que une al gran todo. De ellos procede toda la esencia adivinatoria y el arte de los sacerdotes con relación a los sacrificios, a los misterios, a los encantamientos, a las profecías y a la magia. La naturaleza divina como no entra nunca en comúnicación directa con el hombre, se vale de los demonios para relacionarse y conversar con los hombres, ya durante la vigilia, ya durante el sueño. El que es sabio en todas estas cosas es demoníaco (19); y el que es hábil en todo lo demás, en las artes y oficios, es un simple operario. Los demonios son muchos y de muchas clases, y Eros es uno de ellos.

—¿A qué padres debe su nacimiento—pregunté a Diotima.

—Voy a decírtelo—respondió ella—, aunque la historia es larga.

"Cuando el nacimiento de Afrodita hubo entre los dioses un gran festín, en el que se encontraba, entre

_____

(19) Es decir, inspirado por un demonio.

otros, Poros (20), hijo de Metis (21). Después de la
comida, Penia (22) se puso a la puerta, para mendigar
algunos desperdicios. En este momento, Poros, embria-
gado con el néctar (porque aún no se hacía uso del
vino), salió de la sala y entró en el jardín de Zeus,
donde el sueño no tardó en cerrar sus cargados ojos.
Entonces Penia, estrechada por su estado de penuria,
se propuso tener un hijo de Poros. Fué a acostarse con
él, y se hizo madre de Eros. Por esta razón, Eros se
hizo compañero y servidor de Afrodita, porque fué
concebido el mismo día en que ella nació; además de
que el amor ama naturalmente la belleza y Afrodita es
bella. Y ahora, como hijo de Poros y de Penia, he aquí
cuál fué su herencia. Por una parte es siempre pobre,
y lejos de ser bello y delicado, como se cree generalmente, es flaco, desaseado, sin calzado, sin domicilio,
sin más lecho que la tierra, sin tener con qué cubrirse,
durmiendo a la luna, junto a las puertas o en las calles;
en fin, lo mismo que su madre, está siempre peleando
con la miseria. Pero, por otra parte, según el natural
de su padre, siempre está a la pista de lo que es bello
y bueno, es varonil, atrevido, perseverante, cazador hábil; ansioso de saber, siempre maquinando algún artificio, aprendiendo con facilidad, filosofando sin cesar;
encantador, mágico, sofista. Por naturaleza no es ni
mortal ni inmortal, pero en un mismo día aparece flo-
reciente y lleno de vida, mientras está en la abundancia, y después se extingue para volver a revivir, a causa de la naturaleza paterna. Todo lo que adquiere lo
disipa sin cesar, de suerte que nunca es rico ni pobre.
Ocupa un término medio entre la sabiduría y la ignorancia, porque ningún dios filosofa ni desea hacerse sabio, puesto que la sabiduría es ajena a la naturaleza divina, y en general el que es sabio no filosofa.

"Igual sucede con los ignorantes; ninguno de ellos
filosofa, ni desea hacerse sabio, porque la ignorancia

(20) Ποροϛ, la Abundancia.
(21) Μῆτίς, la Pobreza.
(22) Πενία, la Prudencia.

produce precisamente el pésimo efecto de persuadir a los que no son bellos, ni buenos, ni sabios, de que poseen estas cualidades; porque ninguno desea las cosas de que se cree provisto."

—Pero, entonces, Diotima, ¿quiénes son los que filosofan, si no son ni los sabios ni los ignorantes?—le pregunté yo.

—Hasta los niños saben—dijo ella—, que son los que ocupan un término medio entre los ignorantes y los sabios, y Eros es de este número. La sabiduría es una de las cosas más bellas del mundo, y como Eros ama lo que es bello, es preciso concluir que Eros es amante de la sabiduría, es decir, filósofo; y como tal se halla en un medio entre el sabio y el ignorante. A su nacimiento lo debe, porque es hijo de un padre sabio y rico, y de una madre que no es ni rica ni sabia. Tal es, mi querido Sócrates, la naturaleza de este demonio. En cuanto a la idea que tú te formabas no es extraño que se te haya ocurrido, porque creías, por lo que pude conjeturar en vista de tus palabras, que el amor es lo que es amado y no lo que ama. He aquí, a mi parecer, por qué Eros te parecía muy bello, porque lo amable es la belleza real, la gracia, la perfección y el soberano bien. Pero lo que ama es de otra naturaleza distinta como acabo de explicar.

—Y bien, sea así, extranjera; razonas muy bien, mas Eros, siendo como tú acabas de decir, ¿de qué utilidad es para los hombres?

—Precisamente eso es, Sócrates, lo que ahora quiero enseñarte. Conocemos la naturaleza y el origen de Eros; es como tú dices el amor a lo bello. Pero si alguno nos preguntase: ¿Qué es el amor a lo bello, Sócrates y Diotima, o hablando con mayor claridad, el que ama lo bello a qué aspira?

—A poseerlo—respondí yo.

—Esta respuesta reclama una nueva pregunta—dijo Diotima—; ¿qué le resultará de poseer lo bello?

Respondí que no me era posible contestar inmediatamente a esta pregunta.

—Pero—replicó ella—, si se cambiase el término, y

poniendo lo bueno en lugar de lo bello te preguntase: Sócrates, el que ama lo bueno, ¿a qué aspira?

—A poseerlo.

—¿Y qué le resultaría de poseerlo?

—Encuentro ahora más fácil la respuesta; se hará dichoso.

—Porque creyendo las cosas buenas, es como los seres dichosos son dichosos, y no hay necesidad de preguntar por qué el que quiere ser dichoso quiere serlo; tu respuesta me parece satisfacer a todo.

—Es cierto, Diotima.

—Pero piensa que este amor y esta voluntad sean comunes a todos los hombres, y que todos quieran siempre tener lo que es bueno; ¿o eres tú de otra opinión?

—No, creo que todos tienen este amor y esta voluntad.

—¿Por qué razones, Sócrates, no decimos que todos los hombres aman, puesto que aman todos y siempre la misma cosa? ¿Por qué lo decimos de los unos y no de los otros?

—Ésa es una cosa que me sorprende también.

—Pues no te sorprendas; distinguimos una especie particular de amor, y le llamamos amor usando del nombre que corresponde a todo el género; mientras que para las demás especies empleamos términos diferentes.

—Te suplico que pongas un ejemplo.

—He aquí uno. Ya sabes que la palabra poesía (23) tiene numerosas excepciones, y expresa en general la causa que hace que una cosa, sea la que quiera, pase del no-ser al ser, de suerte que todas las obras de todas las artes son poesía, y que todos los artistas y todos los obreros son poetas.

—Es cierto.

—Y sin embargo, ves que no se llama a todos poetas, sino que se les da otros nombres, y una sola especie de poesía tomada aparte, la música y el arte de versificar han recibido el nombre de todo el género. Ésta

---

(23) οιΙΙῆσις significa, en general, la acción de hacer; pero en particular la acción de hacer versos y música.

es la única especie que se llama poesía; y los que la cultivan, los únicos a quienes se llama poetas.

—Eso es también cierto.

—Lo mismo sucede con el amor; en general es el deseo de lo que es bueno y nos hace dichosos, y éste es el grande y seductor amor que es innato en todos los corazones. Pero todos aquellos que en diversas direcciones tienden a este objeto, hombres de negocios, atletas, filósofos, no se dice que aman ni se les llama amantes, sino que sólo aquellos que se entregan a cierta especie de amor reciben el nombre de todo el género, y a ellos solos se les aplican las palabras amar, amor, amantes.

—Me parece que tienes razón—le dije.

—Se ha dicho—replicó ella—, que buscar la mitad de sí mismo es amar. Pero yo sostengo que amar no es buscar ni la mitad ni el todo de sí mismo, cuando ni esta mitad ni este todo son buenos; y la prueba, amigo mío, es que consentimos en dejarnos cortar el brazo o la pierna, aunque nos pertenecen, si creemos que estos miembros están atacados de un mal incurable. En efecto; no es lo nuestro lo que nosotros amamos, a menos que no miremos como nuestro y perteneciéndonos en propiedad lo que es bueno, y como extraño lo que es malo, porque los hombres sólo aman lo que es bueno. ¿No es ésta tu opinión?

—¡Por Zeus!, pienso como tú.

—¿Basta decir que los hombres aman lo bueno?

—Sí.

—¡Pero qué! ¿No es preciso añadir que aspiran también a poseer lo bueno?

—Es preciso.

—¿Y no sólo a poseerlo, sino también a poseerlo siempre?

—Es cierto también.

—En suma, el amor consiste en querer poseer siempre lo bueno.

—Nada más exacto—respondí yo.

—Si tal es el amor en general, ¿en qué caso particular la indagación y la persecución activa de lo bueno toman el nombre de amor? ¿Cuál es? ¿Puedes decírmelo?

—No, Diotima, porque si pudiera decirlo no admiraría tu sabiduría ni vendría cerca de ti para aprender estas verdades.

—Voy a decírtelo, querido Sócrates: es la producción de la belleza, ya mediante el cuerpo, ya mediante el alma.

—Vaya un enigma, que reclama un adivino para descifrarle; yo no le comprendo.

—Voy a hablar con más claridad. Todos los hombres, Sócrates, son capaces de engendrar mediante el cuerpo y mediante el alma, y cuando han llegado a cierta edad, su naturaleza exige el producir. En la fealdad no pueden producir, y sí sólo en la belleza, la unión del hombre y de la mujer es una producción, y esta producción es una obra divina, fecundación y generación, a que el ser mortal debe su inmortalidad. Pero estos efectos no pueden realizarse en lo que es discordante. Porque la fealdad no puede concordar con nada de lo que es divino; esto sólo puede hacerlo la belleza. La belleza, respecto a la generación, es semejante a la Moira (24) y a la Eileitia (25). Por esta razón, cuando el ser fecundante se aproxima a lo bello, lleno de amor y de alegría, se dilata, engendra, produce. Por el contrario, si se aproxima a lo feo, triste y remiso, se estrecha, se tuerce, se contrae, y no engendra, sino que comunica con dolor su germen fecundo. De aquí, en el ser fecundante y lleno de vigor para producir, esa ardiente persecución de la belleza que debe libertarle de los dolores del alumbramiento. Porque la belleza, Sócrates, no es, como tú te imaginas, el objeto del amor.

—¿Pues cuál es el objeto del amor?

—Es la generación y la producción de la belleza.

—Sea así—respondí yo.

—No hay que dudar de ello—replicó.

—Pero, ¿por qué el objeto del amor es la generación?

—Porque es la generación la que perpetúa la fami-

---

(24) El Destino.
(25) Diosa del alumbramiento.

lia de los seres animados, y le da la inmortalidad que consiente la naturaleza mortal. Pues conforme a lo que ya hemos convenido, es necesario unir al deseo de lo bueno el deseo de la inmortalidad, puesto que el amor consiste en aspirar a que lo bueno nos pertenezca siempre. De aquí se sigue que la inmortalidad es igualmente el objeto del amor.

"Tales fueron las lecciones que me dió Diotima. en nuestras conversaciones sobre el amor. Me dijo un día: ¿Cuál es, en tu opinión, Sócrates, la causa de este deseo y de este amor? ¿No has observado en qué estado excepcional se encuentran todos los animales volátiles y terrestres cuando sienten el deseo de engendrar? ¿No les ves como enfermizos, efecto de la agitación amorosa que les persigue durante el emparejamiento, y después, cuando se trata del sostén de la prole, no ves cómo los más débiles se preparan para combatir a los más fuertes hasta perder la vida y cómo se imponen el hambre y toda clase de privaciones para hacerla vivir? Respecto a los hombres puede creerse que es por razón el obrar así; pero a los animales, ¿de dónde les vienen estas disposiciones amorosas? ¿Podrías decirlo?

"Le respondí que lo ignoraba."

—¿Y esperas—replicó ella—hacerte nunca sabio en amor si ignoras una cosa como ésta?

—Pero, repito, Diotima, que ésta es la causa de venir yo en tu busca; porque sé que tengo necesidad de tus lecciones. Explícame eso mismo sobre que me pides explicación, y todo lo demás que se refiere al amor.

—Pues bien—dijo—si crees que el objeto natural del amor es aquel en que hemos convenido muchas veces, mi pregunta no debe turbarte; porque, ahora como antes, es la naturaleza mortal la que aspira a perpetuarse, y hacerse inmortal, en cuanto es posible; y su único medio es el nacimiento que sustituye un individuo viejo con un individuo joven. En efecto, bien que se diga de un individuo, desde su nacimiento hasta su muerte, que vive y que es siempre el mismo, sin embargo, en realidad, no está nunca ni en el mismo estado ni en el mismo desenvolvimiento, sino que todo muere y renace sin cesar en él, sus cabellos, su carne, sus huesos, su sangre, en una palabra, todo su cuerpo; y no sólo su cuerpo, sino también su alma, sus hábitos, sus costumbres, sus opiniones, sus deseos, sus placeres, sus penas, sus temores; todas sus afecciones no subsisten siempre las mismas, sino que nacen y mueren continuamente. Pero lo más sorprendente es que no solamente nuestros conocimientos nacen y mueren en nosotros de la misma manera (porque en este concepto también mudamos sin cesar), sino que cada uno de ellos en particular pasa por las mismas vicisitudes. En efecto, lo que se llama reflexionar se refiere a un conocimiento que se borra, porque el olvido es la extinción de un conocimiento; porque la reflexión, formando un nuevo recuerdo en lugar del que se marcha, conserva en nosotros este conocimiento, si bien creemos que es el mismo. Así se conservan todos los seres mortales; no subsisten absolutamente y siempre los mismos, como sucede a lo que es divino, sino que el que marcha y el que envejece deja en su lugar un individuo joven semejante a lo que él mismo había sido. He aquí, Sócrates, cómo todo lo que es mortal participa de la inmortalidad, y lo mismo el cuerpo que todo lo demás. En cuanto al ser inmortal sucede lo mismo por una razón diferente. No te sorprendas si todos los seres animados estiman tanto sus renuevos, porque la solicitud y el amor que les anima no tienen otro origen que esta sed de inmortalidad.

"Después que me habló de esta manera, le dije lleno de admiración: Muy bien, muy sabia Diotima, pero, ¿pasan las cosas así realmente?

"Ella, con un tono de consumado sofista, me dijo: No lo dudes, Sócrates, y si quieres reflexionar ahora sobre la ambición de los hombres, te parecerá su conducta poco conforme con estos principios, si no te fijas en que los hombres están poseídos del deseo de crearse un nombre, de adquirir una gloria inmortal en la posteridad; y que este deseo, más que el amor paterno, es el que les hace despreciar todos los peligros, comprometer su fortuna, resistir todas las fatigas y sacrificar su misma vida. ¿Piensas, en efecto, que Alcestes hubie-

ra sufrido la muerte en lugar de Admeto, que Aquiles
la hubiera buscado por vengar a Patroclo, y que vuestro
Codro se hubiera sacrificado por asegurar el reinado de
sus hijos, si todos ellos no hubiesen esperado dejar tras
sí este inmortal recuerdo de su virtud que vive aún
entre nosotros? De ninguna manera, prosiguió Diotima.
Pero por esta inmortalidad de la virtud, por esta noble
gloria, no hay nadie que no se lance, yo creo, a conseguirla, con tanto más ardor cuanto más virtuoso sea el
que la persiga, porque todos tienen amor a lo que es
inmortal. Los que son fecundos con relación al cuerpo
aman a las mujeres, y se inclinan con preferencia a
ellas, creyendo asegurar, mediante la procreación de los
hijos, la inmortalidad, la perpetuidad de su nombre y
la felicidad que se imaginan en el curso de los tiempos.
Pero los que son fecundos con relación al espíritu...
Aquí Diotima, interrumpiéndose, añadió: Porque los hay
que son más fecundos de espíritu que de cuerpo para
las cosas que al espíritu toca producir. ¿Y qué es lo
que toca al espíritu producir? La sabiduría y las demás
virtudes que han nacido de los poetas y de todos los
artistas dotados del genio de invención. Pero la sabiduría más alta y más bella es la que preside al gobierno
de los Estados y de las familias humanas, y que se llama
prudencia y justicia. Cuando un mortal divino lleva en
su alma desde la infancia el germen de estas virtudes,
y llegado a la madurez de la edad desea producir y
engendrar, va de un lado para otro buscando la belleza, en la que podrá engendrar, porque nunca podría
conseguirlo en la fealdad. En su ardor de producir, se
une a los cuerpos bellos con preferencia a los feos, y si
en un cuerpo bello encuentra un alma bella, generosa y
bien nacida, esta reunión le complace soberanamente.
Cerca de un ser semejante pronuncia numerosos y elocuentes discursos sobre la virtud, sobre los deberes y las
ocupaciones del hombre de bien, y se consagra a ins-
truirle, porque el contacto y el comercio de la belleza
le hacen engendrar y producir aquello cuyo germen se
encuentra ya en él. Ausente o presente piensa siempre
en el objeto que ama, y ambos alimentan en común los

frutos de su unión. De esta manera el lazo y la afección que ligan el uno al otro son mucho más íntimos y mucho más fuertes que los de la familia, porque estos hijos de su inteligencia son más bellos y más inmortales, y no hay nadie que no prefiera tales hijos a cualquier otra posteridad, si considera y admira las producciones que Homero, Hesíodo y los demás poetas han dejado; si tiene en cuenta la nombradía y la memoria imperecedera que estos inmortales hijos han proporcionado a sus padres; o bien si recuerda los hijos que Licurgo ha dejado tras sí en Lacedemonia y que han sido la gloria de esta ciudad, y me atrevo a decir que de la Hélade entera. Solón, lo mismo, es honrado por vosotros como padre de las leyes, y otros muchos grandes hombres lo son también en diversos países, ya en la Hélade, ya entre los bárbaros, porque han producido una infinidad de obras admirables y creado toda clase de virtudes. Estos hijos les han valido templos, mientras que los hijos de los hombres, que salen del seno de una mujer, jamás han hecho engrandecer a nadie.

"Quizá, Sócrates, he llegado a iniciarte hasta en los misterios del amor; pero en cuanto al último grado de la iniciación y a las revelaciones más secretas, para las que todo lo que acabo de decir no es más que una preparación, no sé si, ni aun bien dirigido, podría tu espíritu elevarse hasta ellas. Yo, sin embargo, continuaré sin que se entibie mi celo. Trata de seguirme lo mejor que puedas.

"El que quiere aspirar a este objeto por el verdadero camino debe desde su juventud comenzar a buscar los cuerpos bellos. Debe además, si está bien dirigido, amar uno solo, y en él engendrar y producir bellos discursos. En seguida debe llegar a comprender que la belleza que se encuentra en un cuerpo cualquiera es hermana de la belleza que se encuentra en todos los demás. En efecto, si es preciso buscar la belleza en general, sería una gran locura no creer que la belleza que reside en todos los cuerpos es una e idéntica. Una vez penetrado de este pensamiento, nuestro hombre debe mostrarse amante de todos los cuerpos bellos, y despojarse, como de una despreciable pequeñez, de toda pasión que se reconcentre sobre uno solo. Después debe considerar la belleza del alma como más preciosa que la del cuerpo; de suerte que un alma bella, aunque esté en un cuerpo desprovisto de perfecciones, baste para atraer su amor y cuidados, y para ingerir en ella los discursos más propios para hacer mejor la juventud. Siguiendo así, se verá necesariamente conducido a contemplar la belleza que encuentra en las acciones de los hombres y en las leyes, a ver que esta belleza por todas partes es idéntica a sí misma, y hacer por consiguiente poco caso de la belleza corporal. De las acciones de los hombres deberá pasar a las ciencias para contemplar en ellas la belleza; y entonces, teniendo una idea más amplia de lo bello, no se verá encadenado como un esclavo en el estrecho amor de la belleza de un joven, de un hombre o de una sola acción, sino que lanzado en el océano de la belleza, y extendiendo sus miradas sobre este espectáculo, producirá con inagotable fecundidad los discursos y pensamientos más grandes de la filosofía, hasta que, asegurado y engrandecido su espíritu por esta sublime contemplación, sólo perciba una ciencia, la de lo bello.

"Préstame ahora, Sócrates, toda la atención de que eres capaz. El que en los misterios del amor se haya elevado hasta el punto en que estamos, después de haber recorrido en orden conveniente todos los grados de lo bello, y llegado por último, al término de la iniciación, percibirá como un relámpago una belleza maravillosa, aquello ¡oh Sócrates!, que era objeto de todos sus trabajos anteriores; belleza eterna, increada e imperecible, exenta de aumento y de disminución; belleza que no es bella en tal parte y fea en cual otra, bella sola en tal tiempo y no en tal otro, bella bajo una relación y fea bajo otra, bella en tal lugar y fea en el cual otro, bella para éstos, y fea para aquéllos; belleza que no tiene nada de sensible como el semblante o las manos y nada de corporal; que tampoco es este discurso o esta ciencia; que no reside en ningún ser diferente de ella misma, en un animal, por ejemplo, o en la tierra, o en el cielo, o en otra cosa, sino que existe eterna y absolutamente por sí misma y en sí misma; de ella participan todas las demás bellezas, sin que el nacimiento ni la destrucción de éstas causen ni la menor disminución ni el menor aumento en aquéllas ni la modifiquen en nada. Cuando de las bellezas inferiores se ha elevado, mediante un amor bien entendido de los jóvenes, hasta la belleza perfecta, y se comienza a entreverla, se llega casi al término; porque el camino recto del amor, ya se guíe por sí mismo, ya sea guiado por otro, es comenzar por las bellezas inferiores y elevarse hasta la belleza suprema, pasando, por decirlo, por todos los grados de la escala de un solo cuerpo bello a dos, de dos a todos los demás, de los bellos cuerpos a las bellas ocupaciones, de las bellas ocupaciones a las bellas ciencias, hasta que de ciencia en ciencia se llega a la ciencia por excelencia, que no es otra que la ciencia de lo bello mismo, y se concluye por conocerla tal como es en sí.

"¡Oh, mi querido Sócrates—prosiguió la extranjera de Mantinea—, si por algo tiene mérito esta vida, es por la contemplación de la belleza absoluta, y si tú llegas algún día a conseguirlo, ¿qué te parecerán, cotejado con ella, el oro y los adornos, los niños hermosos y los jóvenes bellos, cuya vista al presente te turba y te encanta hasta el punto que tú y muchos otros, por ver sin cesar a los que amáis, por estar sin cesar con ellos, si esto fuese posible, os privaríais con gusto de comer y de beber, y pasaríais la vida tratándolos y contemplándolos de continuo? ¿Qué pensaremos de un mortal a quien fuese dado contemplar la belleza pura, simple, sin mezcla, ni revestida de carne ni de colores humanos, ni de las demás vanidades perecibles, sino siendo la belleza divina misma? ¿Crees que sería una suerte desgraciada tener sus miradas fijas en ella y gozar de la contemplación y amistad de semejante objeto? ¿No crees, por el contrario, que este hombre, siendo el único que en este mundo percibe lo bello, mediante el órgano propio para percibirlo, podrá crear, no imágenes de virtud, puesto que no se une a imágenes, sino virtudes verdaderas, pues que es la verdad a la que se consagra? Ahora bien, sólo al que produce y alimenta la verdadera virtud corresponde el ser amado por el dios; y si algún hombre debe ser inmortal, es seguramente éste."

—Tales fueron, mi querido Fedro, y vosotros que me escucháis, los razonamientos de Diotima. Ellos me han convencido, y a mi vez trato yo de convencer a los demás, de que para conseguir un bien grande, la naturaleza humana difícilmente encontraría un auxiliar más poderoso que Eros. Y así digo que todo hombre debe honrar a Eros. En cuanto a mí, honro todo lo que a él se refiere, le hago objeto de un culto muy particular, le recomiendo a los demás, y en este mismo momento acabo de celebrar, lo mejor que he podido, como constantemente lo estoy haciendo, el poder y la fuerza del amor. Y ahora, Fedro, mira si puede llamarse este discurso un elogio de Eros; y si no, dale el nombre que te acomode.

Después de haber hablado Sócrates de esta manera, se le prodigaron los aplausos; pero Aristófanes se disponía a hacer algunas observaciones, porque Sócrates en su discurso había hecho alusión a una cosa que él había dicho, cuando repentinamente se oyó un ruido en la puerta exterior, a la que llamaban con fuertes golpes repetidos; y parecía que las voces procedían de jóvenes ebrios y de una tocadora de flauta.

—Esclavos—gritó Agatón—, mirad qué es eso; si son algunos de nuestros amigos, decidles que entren; y si no son, decidles que hemos cesado de beber y que estamos descansando.

Un instante después oímos en el patio la voz de Alcibíades, medio ebrio y diciendo a gritos:

—¿Dónde está Agatón? ¡Llevadme cerca de Agatón! Entonces algunos de sus compañeros y la tocadora de flauta le tomaron por los brazos y le condujeron a la puerta de nuestra sala. Alcibíades se detuvo, y vimos que llevaba la cabeza adornada con una espesa corona de violetas y hiedra con numerosas guirnaldas.

—Amigos, os saludo—dijo—: ¿queréis admitir a vuestra mesa a un hombre que ha bebido ya cumplidamente? ¿O nos marcharemos después de haber coronado a Agatón, que es el objeto de nuestra visita? Me ha sido imposible venir ayer, pero heme aquí ahora con mis guirnaldas sobre la cabeza, para ceñir con ellas la frente del más sabio y más bello de los hombres, si me es permitido hablar así. ¿Os reís de mí porque estoy ebrio? Reíd cuanto queráis; yo sé que digo la verdad. Pero veamos, respondid: ¿Entraré bajo esta condición o no entraré? ¿Beberéis conmigo o no?

Entonces gritaron de todas partes:

—¡Que entre, que tome asiento! Agatón mismo le llamó. Alcibíades se adelantó conducido por sus compañeros; y ocupado en quitar sus guirnaldas para coronar a Agatón, no vió a Sócrates, a pesar de que se hallaba frente por frente de él, y fué a colocarse entre Sócrates y Agatón, pues Sócrates había hecho sitio para que se sentara. Luego que Alcibíades se sentó, abrazó a Agatón y le coronó.

—Esclavos—dijo éste—, descalzad a Alcibíades; quedará en este escaño con nosotros y será el tercero.

—Con gusto—respondió Alcibíades—, ¿pero cuál es vuestro tercer bebedor? Al mismo tiempo se vuelve y ve a Sócrates. Entonces se levanta bruscamente y exclama:

—¡Por Heracles! ¿Qué es esto? ¡Qué! ¡Sócrates, te veo aquí a la espera para sorprenderme, según tu costumbre, apareciendo de repente cuando menos lo esperaba! ¿Qué has venido a hacer aquí hoy? ¿Por qué ocupas este sitio? ¿Cómo, en lugar de haberte puesto al lado de Aristófanes o de cualquier otro complaciente contigo o que se esfuerce en serlo, has sabido colocarte tan bien que te encuentro junto al más hermoso de la reunión?

—Imploro tu socorro, Agatón—dijo Sócrates—. El amor de este hombre no es para mí un pequeño embarazo. Desde la época en que comencé a amarle, yo no puedo mirar ni conversar con ningún joven sin que, picado y celoso, se entregue a excesos increíbles, llenándome de injurias y gracias que se abstiene de pasar a vías de hecho. Y así, ten cuidado, que en este momento no se deje llevar de un arrebato de este género; procura asegurar mi tranquilidad, o protégeme, si quiere permitirse alguna violencia; porque temo su amor y sus celos furiosos.

—No cabe paz entre nosotros—dijo Alcibíades—, pero yo me vengaré en ocasión más oportuna. Ahora, Agatón, alárgame una de tus guirnaldas para ceñir con ella la cabeza maravillosa de este hombre. No quiero que pueda echarme en cara que no lo he coronado como a ti, siendo un hombre que, tratándose de discursos, triunfa en todo el mundo, no sólo en una ocasión, como tú ayer, sino en todas.

Mientras se explicaba de esta manera, tomó algunas guirnaldas, coronó a Sócrates y se sentó en el escaño. Luego que se vió en su asiento dijo:

—Y bien, amigos míos, ¿qué hacemos? Me parecéis excesivamente comedidos y yo no puedo consentirlo; es preciso beber; éste es el trato que hemos hecho. Me constituyo yo mismo en rey del festín, hasta que hayáis bebido como es indispensable. Agatón, que me traigan alguna copa grande si la tenéis; y si no, esclavo, dadme ese vaso (26), que está ahí. Porque ese vaso ya lleva más de ocho cotilas.

Después de hacerle llenar, Alcibíades se lo bebió el primero, y luego hizo llenarle para Sócrates, diciendo: Que no se achaque a malicia lo que voy a hacer, porque Sócrates podrá beber cuanto quiera y jamás se le verá ebrio. Llenado el vaso por el esclavo, Sócrates bebió. Entonces Eriximaco, tomando la palabra dijo:

—¿Qué haremos Alcibíades? ¿Seguiremos bebiendo sin hablar ni cantar, y nos contentaremos con hacer lo mismo que hacen los que sólo matan la sed?

Alcibíades respondió:

—Yo te saludo, Eriximaco, digno hijo del mejor y más sabio de los padres.

—También te saludo yo—replicó Eriximaco—; ¿pero qué haremos?

---

(26) Literalmente, *psuchtere*. Vaso en que se hacía refrescar la bebida; ocho cotilas hacen poco más o menos dos litros.

—Lo que tú ordenes, porque es preciso obedecerte: *Un médico vale él solo tanto como muchos hombres* (27). Manda, pues, lo que quieras.

—Entonces escucha—dijo Eriximaco—; antes de tu llegada habíamos convenido en que cada uno de nosotros, siguiendo un turno riguroso, hiciese elogios de Eros, lo mejor que pudiese, comenzando por la derecha. Todos hemos cumplido con nuestra tarea, y es justo que tú, que nada has dicho y que no por eso has bebido menos, cumplas a tu vez la tuya. Cuando hayas concluído, tú señalarás a Sócrates el tema que te parezca; éste a su vecino de la derecha; y así sucesivamente.

—Todo eso está muy bien, Eriximaco—dijo Alcibíades—; pero querer que un hombre ebrio dispute en elocuencia con gente comedida y de sangre fría sería un partido muy desigual. Además, querido mío, ¿crees tú lo que Sócrates ha dicho antes de mi carácter celoso, o crees que lo contrario es la verdad? Porque si en su presencia me propaso a alabar a otro que no sea él, ya sea un dios, ya un hombre, no podrá contenerse sin golpearme.

—Habla mejor—exclamó Sócrates.

—¡Por Poseidón!—no digas eso, Sócrates—, porque. yo no alabaré a otro que a ti en tu presencia.

—Pues bien, sea así—dijo Eriximaco—; haznos, si te parece, el elogio de Sócrates.

—¡Cómo, Eriximaco! ¿Quieres que me eche sobre. este hombre y me vengue de él delante de vosotros?

—¡Hola!, joven—interrumpió Sócrates—, ¿cuál es tu intención? ¿Quieres hacer de mí alabanzas irónicas? Explícate.

—Diré la verdad, si lo consientes.

—¿Si lo consiento? Lo exijo.

—Voy a obedecerte—respondió Alcibíades—. Pero tú has de hacer lo siguiente: si digo alguna cosa que no sea verdadera, si quieres me interrumpes, y no temas desmentirme, porque yo no diré a sabiendas ninguna mentira. Si a pesar de todo no refiero los hechos en este orden muy exacto, no te sorprendas; porque en el

_____
(27) *Ilíada*, R. XIV, v. 514.

estado en que me encuentro no será extraño que no dé
una razón clara y ordenada de tus originalidades.

"Para ·hacer el elogio de Sócrates, amigos míos, me
valdré de comparaciones. Sócrates creerá quizá que yo
intento hacer reír, pero mis imágenes tendrán por objeto la verdad y no la burla. Por lo pronto, digo que Sócrates se parece a esos silenos que se ven expuestos en
los talleres de los estatuarios, y que los artistas repre-
sentan con una flauta o caramillo en la mano. Si sepa-
ráis las dos piezas de que se componen estas estatuas,
encontraréis en el interior la imagen de alguna divinidad. Digo más, digo que Sócrates se parece más particularmente al sátiro Marsias. En cuanto al exterior, Sócrates, no puedes desconocer la semejanza, y en lo demás
escucha lo que voy a decir: ¿No eres un burlón desca-
rado? Si lo niegas, presentaré testigos... ¿No eres también tocador de flauta, y más admirable que Marsias?
Éste encantaba a los hombres por el poder de los sonidos que su boca sacaba de sus instrumentos, y eso mismo hace hoy cualquiera que ejecuta las composiciones
de este sátiro; y yo sostengo que las que tocaba Olimpo
son composiciones de Marsias, su maestro. Gracias al
carácter divino de tales composiciones, ya sea un artista
hábil o una mala tocadora de flauta el que las ejecute,
sólo ellas tienen la virtud de arrebatarnos también a nosotros y de darnos a conocer a los que tienen necesidad
de iniciaciones y de dioses. La única diferencia que en
este concepto puede haber entre Marsias y tú, Sócrates,
es que sin el auxilio de ningún instrumento y sólo con
discursos haces lo mismo. Que hable otro, aunque sea
el orador más hábil, y no hace, por decirlo así, impresión sobre nosotros; pero que hables tú u otro que re-
pita tus discursos, por poco versado que esté en el arte
de la palabra, y todos los oyentes, hombres, mujeres,
niños, todos se sienten convencidos y enajenados. Respecto a mí, amigos míos, si no temiese pareceros completamente ebrio, os atestiguaría con juramento el efecto
extraordinario que sus discursos han producido y producen aún sobre mí. Cuando le oigo, el corazón me late
con más violencia que a los coribantes; sus palabras me

hacen derramar lágrimas; y veo también a muchos de los oyentes experimentar las mismas emociones. Oyendo a Pericles y a nuestros grandes oradores, he visto que son elocuentes, pero no me han hecho experimentar nada semejante. Mi alma no se turbaba ni se indignaba contra sí misma a causa de su esclavitud. Pero cuando escucho a este Marsias, la vida que paso me ha parecido muchas veces insoportable. No negarás, Sócrates, la verdad de lo que estoy diciendo, y conozco que en este mismo momento, si prestase oídos a tus discursos, no los resistiría, y producirías en mí la misma impresión. Este hombre me obliga a convenir en que, faltándome a mí mismo muchas cosas, desprecio mis propios negocios, para ocuparme en los de los atenienses. Así es que me veo obligado a huir de él, tapándome los oídos, como quien escapa de las sirenas (28). Si no fuera esto, permanecería hasta el fin de mis días sentado a su lado. Este hombre despierta en mí un sentimiento de que no se me creería muy capaz y es el del pudor. Sí, sólo Sócrates me hace ruborizar, porque tengo la conciencia de no poder oponer nada a sus consejos; y sin embargo, después que me separo de él, no me siento con fuerzas para renunciar al favor popular. Yo huyo de él, procuro evitarle; pero cuando vuelvo a verle, me avergüenzo en su presencia de haber desmentido mis palabras con mi conducta; y muchas veces preferiría, así lo creo, que no existiese, y sin embargo, si esto sucediera, estoy convencido de que sería yo aún más desgraciado; de manera que no sé lo que me pasa con este hombre.

"Tal es la impresión que produce sobre mí y también sobre otros muchos la flauta de este sátiro. Pero quiero convenceros más aún de la exactitud de mi comparación y del poder extraordinario que ejerce sobre los que le escuchan; y debéis tener entendido que ninguno de nosotros conoce a Sócrates. Puesto que he comenzado, os lo diré todo. Ya veis el ardor que manifiesta Sócrates por los jóvenes hermosos; con qué empeño los busca, y hasta qué punto está enamorado de ellos; veis igualmente que todo lo ignora, que no sabe nada, o por

---

(28) *Odisea*, R. XII, v. 17.

lo menos, que hace el papel de no saberlo. Todo esto, ¿no es propio de un sileno?

"Enteramente, él tiene todo el exterior que los estatuarios dan a Sileno. Pero abridle, compañeros de banquete; ¡qué de tesoros no encontraréis en él! Sabed que la belleza de un hombre es para él el objeto más indiferente. No es posible imaginar hasta qué punto la desdeña, así como la riqueza y las demás ventajas envidiadas por el vulgo. Sócrates las mira todas como de ningún valor, y a nosotros mismos como si fuéramos nada; y pasa toda su vida burlándose y chanceándose con todo el mundo. Pero cuando habla seriamente y muestra su interior al fin, no sé si otros han visto las bellezas que encierra, pero yo las he visto, y las he encontrado tan divinas, tan preciosas, tan grandes y tan encantadoras, que me ha parecido imposible resistir a Sócrates. Creyendo al principio que se enamoraba de mi hermosura, me felicitaba yo de ello, y teniéndolo por una fortuna, creí que se me presentaba un medio maravilloso de ganarle, contando con que, complaciendo a sus deseos, obtendría seguramente de él que me comunicara toda su ciencia. Por otra parte, yo tenía un elevado concepto de mis cualidades exteriores. Con este objeto comencé por despachar a mi ayo, en cuya presencia veía ordinariamente a Sócrates, y me encontró solo con él. Es preciso que os diga la verdad toda; estadme atentos, y tú, Sócrates, repréndeme si falto a la exactitud. Quedé solo, amigos míos, con Sócrates, y esperaba siempre que tocara uno de aquellos puntos que inspiran a los amantes la pasión cuando se encuentran sin testigos con el objeto amado, y en ello me lisonjeaba y tenía placer. Pero se desvanecieron por entero todas mis esperanzas. Sócrates estuvo todo el día conversando conmigo en la forma que acostumbraba y después se retiró. En seguida de esto, le desafié a hacer ejercicios gimnásticos, esperando por este medio ganar algún terreno. Nos ejercitamos y luchamos muchas veces juntos y sin testigos. ¿Qué podré deciros? Ni por ésas adelanté nada. No pudiendo conseguirlo por este rumbo, me decidí a atacarle vivamente. Una vez que había comenzado no quería dejarlo hasta no saber a qué atenerme. Le convidé a comer como hacen los amantes que tienden un lazo a los que aman; al pronto rehusó, pero al fin concluyó por ceder. Vino, pero en el momento que concluyó la comida, quiso retirarse. Una especie de pudor me impidió detenerle. Pero otra vez le tendí un nuevo lazo; después de comer prolongué nuestra conversación hasta bien entrada la noche, y cuando quiso marcharse le precisé a que se quedara con el pretexto de ser muy tarde. Se acostó en el mismo escaño en que había comido; este escaño estaba cerca del mío, y los dos estábamos solos en la habitación.

"Hasta aquí nada hay que no pueda referir delante de todo el mundo, pero respecto a lo que tengo que decir, no lo oiréis sin que os anuncie aquel proverbio de que los niños y los borrachos dicen la verdad; y que además ocultar un rasgo admirable de Sócrates, en el acto de hacer su elogio me parecería injusto. Por otra parte, me considero en el caso de los que, habiendo sido mordidos por una víbora, no quieren, se dice, hablar de ello sino a los que han experimentado igual daño, como únicos capaces de concebir y de escuchar todo lo que han hecho y dicho durante su sufrimiento. Y yo que me siento mordido por una cosa, aún más dolorosa y en el punto más sensible, que se llama corazón, alma o como se quiera; yo, que estoy mordido y herido por los razonamientos de la filosofía, cuyos tiros son más acerados que el dardo de una víbora, cuando afectan a un alma joven y bien nacida, y que le hacen decir o hacer mil cosas extravagantes; y viendo por otra parte en torno mío a Fedro, Agatón, Eriximaco, Pausanias, Aristodemo, Aristófanes, dejando a un lado a Sócrates, y a los demás, atacados como yo de la manía y de la rabia de la filosofía, no dudo en proseguir mi historia delante de todos vosotros, porque sabréis excusar mis acciones de entonces y mis palabras de ahora. Pero respecto a los esclavos y a todo hombre profano y sin cultura, poned una triple puerta a sus oídos.

"Luego que, amigos míos, se mató la luz, y los esclavos se retiraron, creí no debía andar en rodeos con

Sócrates, y que debía decirle mi pensamiento francamente.

"Le toqué y le dije:

—Sócrates, ¿duermes?

—No—respondió él.

—Y bien, ¿sabes lo que yo pienso?

—¿Qué?

—Pienso—repliqué—, que tú eres el único amante digno de mí, y se me figura que no te atreves a descubrirme tus sentimientos. Yo creería ser poco racional si no procurara complacerte en esta ocasión, como en cualquier otra, en que pudiera obligarte, sea en favor de mí mismo, sea en favor de mis amigos. Ningún pensamiento me hostiga tanto como el de perfeccionarme todo lo posible, y no veo ninguna persona cuyo auxilio pueda serme más útil que el tuyo. Rehusando algo a un hombre tal como tú, temería mucho más ser criticado por los sabios que el serlo por el vulgo y por los ignorantes, concediéndotelo todo. A este discurso Sócrates me respondió con su ironía habitual:

—Mi querido Alcibíades, si lo que dices de mí es exacto; si, en efecto, tengo el poder de hacerte mejor, en verdad no me pareces inhábil, y has descubierto en mí una belleza maravillosa y muy superior a la tuya. En este concepto, queriendo unirte a mí y cambiar tu belleza por la mía, tienes trazas de comprender muy bien tus intereses; puesto que en lugar de la apariencia de lo bello quieres adquirir la realidad y darme cobre por oro (29). Pero, buen joven, míralo más cerca, no sea que te engañes sobre lo que yo valgo. Los ojos del espíritu no comienzan a hacerse previsores hasta que los del cuerpo se debilitan y tú no has llegado aún a este caso.

—Tal es mi opinión, Sócrates—repuse yo—; nada he dicho que no lo haya pensado, y a ti te toca tomar la resolución que te parezca más conveniente para ti y para mí.

---

(29) Locución proverbial que hace alusión al cambio de armas entre Diomedes y Glauco en la *Ilíada*, R. VI, v. 236.

—Bien—respondió—, lo pensaremos, y haremos lo más conveniente para ambos, así sobre esto como sobre todo lo demás.

"Después de este diálogo, creí que el tiro que yo le había dirigido había dado en el blanco. Sin darle tiempo para añadir una palabra, me levanté envuelto en esta capa que me veis, porque era en invierno, me ingerí debajo del gastado capote de este hombre, y abrazado a tan divino y maravilloso personaje pasé junto a él la noche entera. En todo lo que llevo dicho, Sócrates, creo que no me desmentirá. ¡Y bien!, después de tales tentativas permaneció insensible, y no ha tenido más que desdén y desprecio para mi hermosura, y no ha hecho más que insultarla; y eso que yo la suponía de algún mérito, amigos míos. Sí, sed jueces de la insolencia de Sócrates; pongo por testigos a los dioses y a las diosas; salí de su lado tal como hubiera salido del lecho de mi padre o de mi hermano mayor.

"Desde entonces, ya debéis suponer cuál ha debido ser el estado de mi espíritu. Por una parte me consideraba despreciado; por otra, admiraba su carácter, su templanza, su fuerza de alma, y me parecía imposible encontrar un hombre que fuese igual a él en sabiduría y en dominarse a sí mismo, de manera que no podía ni enfadarme con él, ni pasarme sin verle, si bien veía que no tenía ningún medio de ganarle; porque sabía que era más invulnerable en cuanto al dinero que Ayax en cuanto al hierro, y el único atractivo a que le creía sensible nada había podido sobre él. Así, pues, sometido a este hombre, más que un esclavo puede estarlo a su dueño, andaba errante acá y allá, sin saber qué partido tomar. Tales fueron mis primeras relaciones con él. Después nos encontramos juntos en la expedición contra Potidea, y fuimos compañeros de rancho. Allí veía a Sócrates sobresalir, no sólo respecto de mí, sino respecto de todos los demás, por su paciencia para soportar las fatigas. Si llegaban a faltar los víveres, cosa muy común en campaña, Sócrates aguantaba el hambre y la sed con más valor que ninguno de nosotros. Si estábamos en la abundancia, sabía gozar de ello mejor que nadie. Sin tener gusto en la bebida, bebía más que los demás si se le estrechaba, y os sorprenderéis si os digo que jamás le vió nadie ebrio; y de esto creo que tenéis ahora mismo una prueba. En aquel país el invierno es muy riguroso, y la manera con que Sócrates resistía el frío es hasta prodigiosa. En tiempo de heladas fuertes, cuando nadie se atrevía a salir, o por lo menos, nadie salía sin ir bien abrigado y bien calzado y con los pies envueltos en fieltro y pieles de cordero, él iba y venía con la misma capa que acostumbraba llevar, y marchaba con los pies desnudos con más facilidad que todos nosotros que estábamos calzados, hasta el punto que los soldados le miraban de mal ojo, creyendo que se proponía despreciarlos. Así se conducía Sócrates en el ejército.

"Pero ved aún lo que hizo y soportó este hombre valiente (30) durante esta misma expedición; el rasgo es digno de contarse. Una mañana vimos que estaba de pie, meditando sobre alguna cosa. No encontrando lo que buscaba, no se movió del sitio, y continuó reflexionando en la misma actitud. Era ya mediodía, y nuestros soldados le observaban, y se decían los unos a los otros que Sócrates estaba extasiado desde la mañana. En fin, contra la tarde, los soldados jonios, después de haber comido, llevaron sus camas de campaña al paraje donde él se encontraba, para dormir al fresco (porque entonces era el estío), y observar al mismo tiempo si pasaría la noche en la misma actitud. En efecto, continuó en pie hasta la salida del sol. Entonces dirigió a este astro su oración, y se retiró.

"¿Queréis saber cómo se porta en los combates? En esto hay que hacerle también justicia. En aquel hecho de armas, en que los estrategos me achacaron toda la gloria, él fué el que me salvó la vida. Viéndome herido, no quiso de ninguna manera abandonarme, y me libró a mí y libró a mis compañeros de caer en manos del enemigo. Entonces, Sócrates, me empeñé yo vivamente para con los generales, con el fin de que

_____

(30) *Odisea*, R. IV, v. 242.

se te adjudicara el premio del valor, y éste es un hecho que no podrás negarme ni suponerlo falso, pero los generales, por miramiento a mi rango, quisieron dármelo a mí, y tú mismo los hostigaste fuertemente para que así lo decretaran en perjuicio tuyo. También, amigos míos, debo hacer mención de la conducta que Sócrates observó en la retirada de nuestro ejército, después de la derrota de Delio. Yo me encontraba a caballo, y él a pie y con armas pesadas. Nuestras tropas comenzaban a huir por todas partes, y Sócrates se retiraba con Laques. Los encontré y los exhorté a que tuvieran ánimo, que yo no les abandonaría. Aquí conocí yo a Sócrates mejor que en Potidea, porque encontrándome a caballo, no tenía necesidad de ocuparme tanto de mi seguridad personal. Observé desde luego lo mucho que superaba a Laques en presencia de ánimo, y vi que allí, como si estuviera en Atenas, marchaba Sócrates altivo y con mirada desdeñosa (31), valiéndome de tu expresión, Aristófanes. Consideraba tranquilamente ya a los nuestros, ya al enemigo, haciendo ver de lejos por su continente que no se le atacaría impunemente. De esta manera se retiraron sanos y salvos él y su compañero, porque en la guerra no se ataca ordinariamente al que muestra tales disposiciones, sino que se persigue más bien a los que huyen a todo correr.

"Podría citar en alabanza de Sócrates gran número de hechos no menos admirables; pero quizá se encontrarían otros semejantes de otros hombres. Mas lo que hace a Sócrates digno de una admiración particular es que no se encuentra otro que se le parezca, ni entre los antiguos, ni entre nuestros contemporáneos. Podrá por ejemplo compararse a Brasidas (32), o cualquier otro, con Aquiles; a Pericles con Néstor o Antenor; y hay otros personajes entre quienes sería fácil reconocer semejanzas. Pero no se encontrará ninguno,

---

(31) Expresiones aplicadas a Sócrates en el coro de *Las nubes*, de Aristófanes, v. 361.
(32) General lacedemonio muerto en Antípolis en la guerra del Peloponeso. Tucídides, 6.

ni entre los antiguos, ni entre los modernos, que se aproxime ni remotamente a este hombre, ni a sus discursos, ni a sus originalidades, a menos que se comparen él y sus discursos, como ya lo hice, no a un hombre, sino a los silenos y a los sátiros; porque me he olvidado decir, cuando comencé, que sus discursos se parecen también perfectamente a los silenos cuando se abren. En efecto, a pesar del deseo que se tiene por oír a Sócrates, lo que dice parece a primera vista enteramente grotesco. Las expresiones con que viste su pensamiento son groseras, como la piel de un impudente sátiro. No os habla más que de asnos con enjalma, de herreros, zapateros, zurradores, y parece que dice siempre una misma cosa en los mismos términos; de suerte que no hay ignorante o necio que no sienta la tentación de reírse. Pero que se abran sus discursos, que se examinen en su interior, y se encontrará desde luego que sólo ellos están llenos de sentido, y en seguida que son verdaderamente divinos, y que encierran las imágenes más nobles de la virtud; en una palabra, todo cuanto debe tener a la vista el que quiera hacerse hombre de bien. He aquí, amigos míos, lo que yo alabo en Sócrates, y también de lo que le acuso, porque he unido a mis elogios la historia de los ultrajes que me ha hecho. Y no he sido yo solo el que se ha visto tratado de esta manera; en el mismo caso están Carmides, hijo de Glaucón, Eutidemo, hijo de Diocles, y otros muchos, a quienes ha engañado también, figurando querer ser su amante, cuando ha desempeñado más bien para con ellos el papel de la persona muy amada. Y así tú, Agatón, aprovéchate de estos ejemplos; no te dejes engañar por este hombre; que mi triste experiencia te ilumine, y no imites al insensato que, según el proverbio, no se hace sabio sino a su costa.

Habiendo cesado Alcibíades de hablar, la gente comenzó a reírse al ver su franqueza, y que todavía estaba enamorado de Sócrates.

Éste, tomando entonces la palabra dijo: Imagino que has estado hoy poco expansivo, Alcibíades; de otra manera no hubieras artificiosamente y con un largo rodeo de palabras, ocultado el verdadero motivo de tu discurso, motivo de que sólo has hablado incidentalmente a lo último, como si fuera tu único objeto malquistarnos a Agatón y a mí, porque tienes la pretensión de que yo debo amarte y no amar a ningún otro, y que Agatón sólo debe ser amado por ti sólo. Pero tu artificio no se nos ha ocultado; hemos visto claramente adónde tendía la fábula de los sátiros y de los silenos; y así, mi querido Agatón, desconcertemos su proyecto, y haz de suerte que nadie pueda separarnos el uno del otro.

—En verdad—dijo Agatón—, creo que tienes razón, Sócrates; y estoy seguro de que el haber venido a colocarse entre tú y yo, sólo ha sido para separarnos. Pero nada ha adelantado, porque ahora mismo voy a ponerme al lado tuyo.

—Muy bien—replicó Sócrates—; ven aquí a mi derecha.

—¡Oh, Zeus!—exclamó Alcibíades—, ¡cuánto me hace sufrir este hombre! Se imagina tener derecho a darme la ley en todo. Permite, por lo menos, maravilloso Sócrates, que Agatón se coloque entre nosotros dos.

—Imposible—dijo Sócrates—, porque tú acabas de hacer mi elogio, y ahora me toca a mi hacer el de mi vecino de la derecha. Si Agatón se pone a mi izquierda, no hará seguramente de nuevo mi elogio antes que haya hecho el suyo. Deja que venga este joven, mi querido Alcibíades, y no le envidies las alabanzas que con impaciencia deseo hacer de él.

—No hay modo de que yo permanezca aquí, Alcibíades—exclamó Agatón—; quiero resueltamente mudar de sitio, para ser alabado por Sócrates.

—Esto es lo que siempre sucede—dijo Alcibíades—. Dondequiera que se encuentra Sócrates, sólo él tiene asiento cerca de los jóvenes hermosos. Y ahora mismo, ved qué pretexto sencillo y plausible ha encontrado para que Agatón venga a colocarse cerca de él.

Agatón se levantaba para ir a sentarse al lado de Sócrates, cuando un tropel de jóvenes se presentó a la puerta, en el acto mismo de abrirla uno de los convidados para salir; y penetrando en la sala, tomaron puesto en la mesa. Hubo entonces gran bullicio y en el desorden general, los convidados se vieron comprometidos a beber con exceso. Aristodemo añadió, que Eriximaco, Fedro y algunos otros se habían retirado a sus casas; él mismo se quedó dormido, porque las noches eran muy largas, y no despertó hasta la aurora, al canto del gallo, después de un largo sueño. Cuando abrió los ojos vió que unos convidados dormían y otros se habían marchado. Sólo Agatón, Sócrates y Aristófanes estaban despiertos y apuraban a la vez una gran copa, que pasaban de mano en mano, de derecha a izquierda. Al mismo tiempo Sócrates discutía con ellos. Aristodemo no podía recordar esta conversación, porque como había estado durmiendo, no había oído el principio de ella. Pero compendiosamente me dijo que Sócrates había precisado a sus interlocutores a reconocer que el mismo hombre debe ser poeta trágico y poeta cómico, y que cuando se sabe tratar la tragedia según las reglas del arte, se debe saber igualmente tratar la comedia. Obligados a convenir en ello, y estando como a media discusión comenzaron a adormecerse, Aristófanes se durmió el primero, y después Agatón, cuando era ya muy entrado el día. Sócrates, viendo a ambos dormidos, se levantó y salió acompañado, como de costumbre, por Aristodemo; de allí se fué al Liceo, se bañó, y pasó el resto del día en sus ocupaciones habituales, no entrando en su casa hasta la tarde para descansar.

PARMÉNIDES

ARGUMENTO

"Algunos—dice Proclo en su comentario sobre el *Parménides*—, no tienen en cuenta el título del diálogo *(De las ideas);* y lo consideran sólo como un ejercicio lógico. Dividen el diálogo en tres partes: en la primera se exponen las dificultades de la teoría de las ideas; la segunda contiene en resumen el método a que deben aplicarse los amantes de la verdad; la tercera ofrece un ejemplo de este método, a saber, la tesis de Parménides sobre la unidad. La primera parte tiene por objeto demostrar cuán necesario es el método, explicado en el *Parménides;* puesto que Sócrates, a causa de su poca experiencia en el mismo, no puede sostener la teoría de las ideas, por verdadera que ella sea, y por vivo que sea su empeño. En cuanto a la tercera parte, no es otra cosa que un modelo que muestra cómo es preciso ejercitarse en este método. Aquí, como en *El sofista*, se procede según el de división. En aquél, el ensayo recae sobre el pescador de caña; en éste, sobre la unidad de Parménides. Dicen igualmente que el método del *Parménides* difiere de *Los tópicos* de Aristóteles. Este establece cuatro clases de problemas, que Teofrasto reduce a dos. Pero semejante ciencia sólo puede convenir a los que se contentan con buscar lo probable; por el contrario, el método de Platón suscita sobre cada uno de estos problemas una multitud de hipótesis, que tratadas sucesivamente, hacen que aparezca la verdad. Porque en estas deducciones necesarias, lo posible sale de lo posible, y lo imposible de lo imposible.

"Tal es la opinión de los que creen que el objeto del diálogo es puramente lógico. En cuanto a los que piensan que es, por decirlo así, ontológico y que el método es aquí sólo un instrumento, dicen que Platón, lejos de presentar estos dogmas misteriosos sólo para la explicación del método, nunca sentó tesis para llevar a la exposición de uno determinado, sino que se sirve ya de uno, ya de otro, según las necesidades del momento. Se vale indistintamente de ciertos métodos, según lo exigen las cosas que quiere indagar, como por ejemplo: el método de división en *El sofista;* y no para enseñar al lector a dividir, sino para sujetar al gran sofista; y en esto no hace más que imitar fielmente la naturaleza misma, que emplea los medios para el fin y no el fin para los medios. Todo método es indispensable a los que quieren ejercitarse en la ciencia de las cosas, pero no es por sí mismo digno de indagación. Además, si el *Parménides* fuese sólo un simple ejercicio de método, sería preciso aplicarlo en su rigor, y esto es precisamente lo que no tiene lugar. Entre todas las hipótesis, indicadas por el método, se escoge ésta, se desecha aquélla, o se modifican las demás. Si la tesis de la unidad no fuese en este caso más que un ejemplo, ¿no sería ridículo no observar el método, y no tratar el ejemplo según las reglas que él prescribe?"

Estas palabras de Proclo tienen un doble mérito. Ellas nos dan a conocer las dos opiniones contrarias que han sido sostenidas, y lo son aún hoy día, acerca del sentido, objeto y extensión del *Parménides,* indicándonos además sus principales divisiones.

En efecto; en el *Parménides* hay que distinguir tres partes, de extensión muy desigual; una, en la que Platón inicia la teoría de las ideas, y hace entrever algunas de las dificultades que ella suscita; otra, en la que traza con ligeros rasgos el método que debe seguirse para salir de estas dificultades; y la última, en la que aplica este método a la idea suprema, por excelencia, a la idea de la unidad.

I. Hay ideas independientes de los objetos, por ejemplo: las de semejanza y desemejanza, mediante las que son semejantes todas las cosas que se parecen, y diferentes las que difieren. Hay igualmente, a no dudar, ideas de lo justo, de lo bello, de lo bueno, etc. Pero ¿hay una idea del hombre, del fuego, del agua; hay una idea de lo sucio, de lo cenagoso, de la basura y generalmente de todo lo que es innoble y abyecto? Las cosas participan de las ideas y toman de ellas su denominación; y así se llaman grandes las que participan de la magnitud; pero ¿cómo se opera esta participación? ¿Participan las cosas de la idea entera o de una parte de la idea? Si es de una parte de la idea, entonces la idea es múltiple; si es de la idea entera, ¿cómo puede encontrarse toda entera en mil objetos a la vez? ¿Podrá uno fijarse en una idea, como último término a que el espíritu puede arribar? Al comparar las cosas grandes, lo hacemos con relación a la magnitud; pero ¿con qué derecho no pasamos de aquí? ¿Por qué no se comparan las cosas grandes y la magnitud, para referirlas a otra magnitud más grande y así hasta el infinito? De suerte que se puede tener, no una sola idea de magnitud, sino una infinidad de ideas de magnitud; no una sola idea de cada género, sino una multitud de ideas en cada género. Se va a pasar también a esta multitud, a este progreso, hasta el infinito, si se sustituye la participación de las cosas en las ideas con la semejanza de las cosas con las ideas; porque pareciéndose las ideas y las cosas, suponen una idea común; ésta supone otra; esta otra, otra; y así sin cesar y sin fin. Pero he aquí otra dificultad. Si las ideas existen en sí (es decir, si hay ideas), no se comprende cómo puedan ser conocidas. En efecto; si existen en sí, no existen en nosotros, no están en relación con nosotros, sino que lo están las unas con las otras. En igual forma, las cosas sensibles sólo tienen relación entre sí. Pero entonces hay una ciencia en sí, que es la de las ideas en sí; y una ciencia de las cosas sensibles; y estas dos ciencias no mantienen relación entre sí. Luego no podemos conocer las ideas. Una consecuencia más grave aún, y no menos necesaria, es que Dios no puede conocer las cosas sensibles. En efecto; hay la ciencia en sí, pero la ciencia en sí no es la ciencia de las cosas sensibles, ni tiene con éstas la menor relación. Dios es, por tanto, extraño a la ciencia de las cosas sensibles, las que son por consiguiente para Él como si no existiesen.

II. He aquí, ciertamente, muchas oscuridades; y no es fácil ver de dónde vendrá la luz. ¿Quiere decir esto que haya precisión de abandonar las ideas? No, porque sin ellas no hay pensamiento, ni razonamiento posibles. Pero antes de intentar definirlas, cosa muy delicada, es preciso ejercitarse convenientemente. Este ejercicio consiste en lo siguiente: tomar sucesivamente cada idea, y suponiendo, primero, que existe, segundo, que no existe; examinar cuáles son las consecuencias de esta doble hipótesis, ya con respecto a la idea considerada en sí misma y con relación a las otras cosas, ya con respecto a las otras cosas consideradas en sí mismas y con relación a la idea. Es imposible que el espíritu no encuentre, en esta gimnasia intelectual, la explicación verdadera de las cosas y de sus principios con más firmeza y rectitud.

III. Veamos esto en la idea de la unidad.

Si lo uno existe, ¿qué se sigue de aquí con relación a lo uno considerado en sí mismo y con relación a las demás cosas?

1.º Si lo uno existe, no es múltiple: no tiene partes.—No tiene por tanto principio, ni fin; es ilimitado.—No teniendo límites, no tiene forma.—No teniendo forma, no está en ninguna parte; porque si estuviese en alguna parte, estaría en sí mismo o en otra cosa; si estuviera en otra cosa estaría rodeado; si estuviera en sí mismo, se rodearía a sí mismo, y en ambos casos, tendría forma.—No estando en ninguna parte, no está en movimiento, ni en reposo. El movimiento es o una alteración de la naturaleza, o un cambio de lugar. Pero lo uno no puede ser alterado en su naturaleza, puesto que cesaría de ser uno; tampoco podría mudar de lugar, puesto que no está en ninguna parte, es decir, en ningún lugar. Luego no está en movimiento. De otro lado, no puede permanecer constantemente en el mismo lugar, puesto que no está en ninguno. Luego no está en reposo. Lo uno no es lo mismo que lo otro y que él mismo; ni lo otro que él mismo y que lo otro. No es lo otro que él mismo, porque no sería lo uno; ni lo mismo que lo otro, por la misma razón. Tampoco es lo otro que otro otro, porque es lo uno y no lo *otro*, y por consiguiente no puede ser lo otro, cualquiera que ello sea. Tampoco es lo mismo que él mismo, porque es lo uno y no lo *mismo*, y por consiguiente, no es lo mismo respecto a ninguna otra cosa.—Lo uno no es semejante, ni desemejante, ni a sí mismo, ni a lo otro, porque no puede ser semejante a nada, no pudiendo ser lo *semejante* lo que no es lo *mismo;* porque no puede ser desemejante a nada, no pudiendo ser lo *desemejante* lo que no es lo *otro.*—Lo uno no puede ser igual, ni desigual, ni a sí mismo, ni a otra cosa; no puede ser igual, porque de serlo participaría de lo semejante o de lo mismo, lo cual no puede ser; ni desigual, porque de serlo participaría de lo desemejante o de lo otro, lo que no puede tampoco ser.—Lo uno no es más joven, ni más viejo, ni de la misma edad que él mismo o que otra cosa; si se le supone más joven o más viejo, sería desigual; si de la misma edad, sería igual.—Lo uno no está en el tiempo; y no puede decirse que ha existido, que existe o que existirá; y, por tanto, no existe.—Si no existe, no es lo uno, y no puede ser conocido, ni nombrado, lo cual parece absurdo.

2.° Si lo uno existe, participa del ser; y por consiguiente hay en él dos cosas, es decir, dos partes: lo uno y el ser; cada una de estas partes es y es una; encierra dos partes, las cuales encierran también otras dos, y así en un progreso infinito; de suerte que lo uno, que existe, es una multitud infinita. Al mismo resultado tiene que llegarse, demostrando, que si el ser existe, el número existe; de donde se sigue que el ser tiene una infinidad de partes, y de aquí que lo uno tiene una infinidad de partes.—Si lo uno tiene partes, es un todo; y si es un todo, está limitado.—Si lo uno es un todo, tiene un principio, un medio y un fin; y si tiene un principio, un medio y un fin, tiene una forma, ya circular, ya recta, ya mixta.—Está en sí mismo y en otra cosa. Está en sí mismo, porque lo uno es el todo; todas las partes están en el todo; todas las partes son lo uno; luego lo uno está en el todo, es decir, en sí mismo. Está en otra cosa; porque el todo no está en cada una de sus partes, ni en algunas, ni tampoco en todas, lo que supondría que está en cada una; y como es preciso que esté en alguna parte, sopena de no existir, es necesario que esté en otra cosa.—Lo uno está en movimiento y en reposo. En tanto que está en sí mismo, está en reposo; en tanto que está en sí mismo y en otra cosa, está en movimiento.—Lo uno es lo mismo y lo otro que él mismo, lo mismo y lo otro que las otras cosas. Puesto que lo uno es lo uno, es lo mismo que él mismo. Puesto que lo uno existe, es el ser en cierta manera, y siendo el ser lo uno, éste es otro que él mismo. Puesto que lo uno es lo uno, no es las otras cosas; es lo otro que las otras cosas. En fin, puesto que nada existe que no sea uno, es lo mismo que las otras cosas.—Lo uno es semejante y desemejante a sí mismo y a las otras cosas. En efecto, de una parte lo uno es *otro* que todo lo demás; de otra, todo lo demás es *otro* que lo uno; de suerte que lo uno y todo lo demás, confundiéndose en este mismo *otro*, son semejantes. Pero bajo otro punto de vista, lo uno es lo *mismo* que todo lo demás; y lo *mismo*, siendo opuesto a lo *otro;* puesto que, en tanto que es otro, lo uno es semejante a las otras cosas; y en tanto que es lo mismo, es desemejante de ellas. En fin; se ha probado que lo uno es lo mismo que él mismo, y por tanto semejante a sí mismo; que es otro que él mismo, y por tanto desemejante a sí mismo.—Lo uno es igual y desigual a sí mismo y a las otras cosas. Igual a las otras cosas, que no pueden ser más grandes, ni más pequeñas que lo uno; porque la magnitud y la pequeñez no pueden encontrarse en ellas, atendido a que no pueden encontrarse, ni en la totalidad de un todo, ni en sus partes. Igual a sí mismo; puesto que, no teniendo tampoco magnitud, ni pequeñez, no puede sobreponerse, ni ser sobrepuesto por él mismo. Desigual a sí mismo; porque, estando en sí mismo, él se comprende, al mismo tiempo que es comprendido por sí; lo que hace que sea a la vez más grande y más pequeño que él mismo; y por consiguiente desigual a sí mismo. Desigual a las otras cosas; porque estando lo uno en las otras cosas, es más pequeño que ellas, y estando las otras cosas recíprocamente en lo uno, es más grande que ellas; más grande y más pequeño, es decir desigual.—Lo uno se hace y es más joven y más viejo, y también de la misma edad que él mismo y que las otras cosas. En efecto; puesto que existe, participa del tiempo. Pero el tiempo pasa; lo uno se hace más viejo que él mismo, que él mismo, que se hace por consiguiente más joven. Pero si nos fijamos en lo presente, intermedio entre haber sido y haber de ser, entonces no llega a ser, sino que es; y es más viejo y más joven que él mismo. Pero él es y deviene en un tiempo igual a sí mismo; y por tanto es de la misma edad que él mismo. Por otra parte; lo uno, comparado con la multitud de las otras cosas, es lo más pequeño, es el primogénito; y por consiguiente más viejo que las otras cosas. Pero lo uno, teniendo un principio, un medio y un fin, no existe sino con el fin, con el fin de todo; y es, por tanto, el último nacido; y por consiguiente, más joven que las otras cosas. Pero siendo el principio, el medio y el fin, partes; y siendo cada parte una, lo uno es contemporáneo del principio, del medio y del fin; y por consiguiente, de la misma edad que las otras cosas. En fin; estando lo uno en el tiempo, puede decirse, que es, que ha sido y que será; luego existe verdaderamente. Luego puede ser conocido y nombrado.

3.º Si lo uno es y no es, es múltiple y no es múltiple; hay por tanto un tiempo en que participa del ser, y otro tiempo en que no participa. Por tanto nace y muere.—Haciéndose uno y múltiple sucesivamente, por necesidad se divide y se une.—Haciéndose semejante y desemejante, se parece y se diferencia de sí mismo.—Haciéndose más grande, más pequeño e igual, aumenta, disminuye y se iguala.—Por otra parte, cuando lo uno pasa del movimiento al reposo, o del reposo al movimiento, el cambio se verifica en lo que se llama instante; de suerte que en este tránsito de un estado a otro, lo uno no está, ni en reposo, ni en movimiento, ni está en el tiempo.—En igual forma, cuando lo uno pasa de la nada al ser, o del ser a la nada, no es, ni ser, ni no-ser; y por consiguiente, ni nace, ni muere.— Asimismo, pasando de lo uno a lo múltiple, y de lo múltiple a lo uno, ni se divide, ni se une.—Pasando de lo semejante a lo desemejante, y de lo desemejante a lo semejante, no se parece, ni se diferencia.—Pasando de lo grande a lo pequeño, de lo igual a lo desigual y recíprocamente, ni aumenta, ni disminuye, ni se iguala.

Si lo uno existe, ¿qué se sigue de aquí respecto a las demás cosas?

1.º Las cosas distintas que lo uno, no son lo uno, pero participan de él; son partes unidas en un todo, y cada una de las partes es una en cierta manera, y el todo es uno en cierto modo.—Las cosas distintas que lo uno, no siendo lo uno, son necesariamente más numerosas que lo uno; son, si se quiere, el número infinito. En efecto; antes de participar de lo uno, las otras cosas son exclusivamente pluralidades; pero la más pequeña parte de cada una de estas pluralidades, a falta de lo uno, es también una pluralidad, y así indefinidamente.—Las cosas distintas que lo uno, son ilimitadas y limitadas; ilimitadas en sí mismas, limitadas después de participar de lo uno; porque entonces son partes de un todo, y las partes son limitadas las unas respecto de las otras y respecto del todo, y el todo limitado respecto de las partes.—Las cosas distintas que lo uno, son semejantes y desemejantes a sí mismas, y las unas respecto a las otras; semejantes, porque todas tienen las mismas cualidades, siendo todas limitadas y todas ilimitadas; desemejantes, porque estas cualidades son contrarias.—Podría demostrarse igualmente que son iguales y desiguales, que están en reposo y en movimiento, etc.

2.º Las cosas distintas que lo uno, no son lo uno; y como lo uno no tiene partes, no participan tampoco de él.—Tampoco son muchos; porque lo mucho se compone de unidades repetidas, y ellas no tienen nada de lo uno.—No son semejantes y desemejantes, porque si fueran semejantes solamente, o desemejantes solamente, participarían de *una* cosa; y si semejantes y desemejantes a la vez, de *dos* cosas.—En igual forma podría demostrarse que no son iguales, ni desiguales, ni están en reposo, ni en movimiento, etc.

Si lo uno no existe, ¿qué se sigue de aquí respecto a lo uno?

1.° Si lo uno no existe, es, sin embargo, conocido; puesto que, en otro caso, nada podría decirse de él, y es preciso por tanto referirlo a la ciencia.—Él participa de *aquél* y de *alguna cosa,* etc., puesto que se dice de él *aquél* y *alguna cosa,* etc.—Es desemejante y semejante; desemejante, puesto que siendo desemejantes de él las otras cosas, él es necesariamente desemejante a su vez; semejante, puesto que siendo desemejante a las demás cosas, es preciso que se parezca a sí mismo.—Lo uno, que no existe, tiene la desigualdad; porque si fuese igual a las otras cosas, no sería desemejante de ellas; tiene la magnitud y la pequeñez, porque éstas forman parte de la desigualdad, que consiste en ser más grande o más pequeña; tiene la igualdad, porque está comprendida como intermedia entre la magnitud y la pequeñez.—Lo uno, que no existe, tiene el ser; porque decir lo uno no existe, es decir una verdad, y decir una verdad es decir una cosa que existe. Lo uno existe, no existiendo.—Lo uno, que no existe, tiene por tanto el ser, y no tiene el ser; cambia, se mueve y está por consiguiente en movimiento. Pero no existiendo, no cambia de lugar, no gira sobre sí mismo, no se altera y está por lo mismo en reposo.—Lo uno, que no existe, estando en movimiento, pasa de una manera de ser a otra; y por tanto, nace y muere. Lo uno, que no existe, estando en reposo, subsiste constantemente en el mismo estado, y no nace ni muere.

2.° Si lo uno no existe, no participa absolutamente del ser.—No participando en manera alguna del ser, no puede recibirlo ni perderlo; y por tanto, no nace ni muere.—No naciendo ni muriendo, no se altera.—No alterándose, no está en movimiento; no existiendo en manera alguna, no está en reposo; y por consiguiente, no está en movimiento, ni en reposo.—No existe en manera alguna, puesto que no participa en nada del ser.—No tiene magnitud, ni pequeñez, ni igualdad, ni desigualdad.—No es semejante, ni desemejante.—No puede achacársele ni esto ni aquello, etc., ni tampoco ciencia, ni denominación de ninguna clase.

Si lo uno no existe, ¿qué se sigue de aquí respecto de las demás cosas?

1.º Si lo uno no existe, las demás cosas, no siendo distintas con relación a lo uno, que no existe, lo son con relación a sí mismas, es decir, a sus masas.—Si son masas sin unidad, parecen unas y muchas; unas por sus masas; muchas, porque se descomponen en una multitud infinita.—Parecen semejantes y desemejantes; porque, a la manera de un cuadro visto de lejos, sus partes se confunden en una sola; y vistos de cerca se distinguen.—Ellas parecen las mismas y otras en movimiento y en reposo, naciendo y muriendo, etc.

2.º Si lo uno no existe, las demás cosas no son ni unas, puesto que no tienen unidad, ni muchas, puesto que sin unidad no puede haber pluralidad; y por consiguiente, no parecen ni unas ni muchas.—No existen, pues, ni parecen semejantes, ni desemejantes; ni las mismas, ni otras; ni en movimiento, ni en reposo; ni naciendo, ni muriendo, etc.

De suerte que, exista o no exista lo uno, lo uno y las otras cosas, con relación a sí mismas y con relación las unas a las otras, son todo absolutamente, o no son nada; lo parecen y no lo parecen.

He aquí el *Parménides* con todo su rigor, su sutileza y su aridez. Porque la aridez aquí no es otra cosa que una exactitud más. ¿Cuál es la significación y valor filosóficos de este diálogo? De las dos opiniones perfectamente caracterizadas por Proclo, ¿cuál será la nuestra?

Si fuera absolutamente imprescindible escoger una, con exclusión de la otra, confesamos que nos decidiríamos por la primera, y no veríamos por consiguiente en el *Parménides* más que un ejercicio lógico; pero si fuese posible conciliar ambas opiniones, preferiríamos la conciliación.

Hay indudablemente en el *Parménides* un ejercicio lógico. Platón nos lo dice de una manera formal, y es preciso creerle. Observad cómo obliga a hablar a Parménides y a Sócrates.

PARMÉNIDES.—¿Qué partido tomarás, Sócrates, en punto a filosofía y cómo saldrás de todas estas incertidumbres?

SÓCRATES.—En verdad, no lo sé.

PARMÉNIDES.—Consiste en que intentas, Sócrates, definir lo bello, lo justo, lo bueno, y las demás cosas, *antes de estar suficientemente ejercitado.* Ya me había hecho cargo de ello. Es bello y divino el ardor que te inflama. *Pero ensaya tus fuerzas; ejercítate,* mientras seas joven, *en lo que el vulgo juzga inútil y tiene por pura palabrería;* obrando de otra manera, no cuentes con descubrir la verdad.

SÓCRATES.—*¿En qué consiste ese ejercicio, Parménides?*

Parménides responde indicando las partes esenciales de una argumentación, que es la que se sigue después en el diálogo, y termina de la manera siguiente: "He aquí lo que debe hacerse, si quieres *ejercitarte convenientemente,* y hacerte capaz de discernir la verdad."

No comprendo que Platón haya podido decir con mayor claridad que éste es un ejercicio lógico.

Por otra parte, Platón hizo conocer en el *Fedón* la utilidad, la necesidad, y el momento crítico de este ejercicio lógico, de esta argumentación racional, cuando dice:

"Si se llegara a atacar este principio, no dejarías sin respuesta semejante ataque, *hasta que hubieses examinado todas las consecuencias que se derivan de este principio, y reconocido tú mismo si concuerdan o no entre sí.*" Y en *La república,* donde dice:

"Por la segunda división del mundo inteligible, es preciso entender todo aquello de que la facultad de pensar se apodera inmediatamente por el poder de la dialéctica, formando hipótesis, que mira como tales y no como principios, y que le sirven como grados y puntos de apoyo para elevarse hasta su primer principio, que no tiene nada de hipotético. Dueño ya de este principio, *el pensamiento indaga todas las consecuencias que de él se derivan, y las lleva hasta la última conclusión, rechazando todo dato sensible, para apoyarse únicamente en las ideas puras, por las que comienza, continúa y se termina la demostración.*"

Pero ¿este ejercicio lógico no es más que un nuevo ejercicio, y esta argumentación, una pura argumentación sin fin ulterior? Todas estas deducciones contradictorias, estas tesis y antítesis, estas antinomias, ¿no conducen al espíritu en medio de estas vueltas y revueltas, a algún resultado dogmático, y, para hablar con más precisión, a alguna doctrina filosófica sobre lo uno y las demás cosas, y, en términos vulgares, sobre Dios y el mundo?

No hay precisión de acudir al final del *Parménides,* para responder a esta pregunta; puesto que allí sólo se encuentra por toda conclusión la más negativa de todas las negaciones: "Que lo uno exista o que no exista, lo uno y las otras cosas, con relación a sí mismas y con relación las unas a las otras, son absolutamente todo y no son nada, lo parecen y no lo parecen." Pero es preciso no tomar este diálogo de Platón a la letra. Su táctica consiste en dejar mucho que adivinar al lector; las tres cuartas partes de sus diálogos en manera alguna llegan a una conclusión; y en las más, la que expresa es de tal manera superficial, que al parecer sólo se la pone allí, para advertir que es preciso indagar otra más profunda, que está como sobreentendida.

¿Cuál es esta conclusión profunda, que Platón da por sobreentendida en el *Parménides?* Creemos entreverla, gracias a los *Estudios* de Pablo Janet y si me engaño, tendré el consuelo de haberme engañado en compañía de un noble espíritu.

La argumentación del *Parménides* comprende dos partes distintas: 1.ª Si lo uno existe, ¿qué se sigue de aquí respecto de lo uno y de las demás cosas? 2.ª Si lo uno no existe, ¿qué se sigue de aquí respecto de lo uno y de las demás cosas? Si se consideran en conjunto estas dos hipótesis, se reconoce sin dificultad que la segunda conduce a tales absurdos, que debe ser desechada, lo cual sirve de apoyo a la primera. Luego lo uno existe.

¿Qué uno?

La primera hipótesis del *Parménides* comprende a su vez tres partes: 1.ª Si lo uno existe sin participar de lo múltiple, ¿qué se sigue? 2.ª Si lo uno existe participando del ser y por consiguiente de lo múltiple, ¿qué se sigue? 3.ª Si lo uno existe en tanto que uno y múltiple a la vez, ¿qué se sigue? La primera suposición, que es la de lo uno absoluto, que excluye todo lo que no es él mismo, la de lo *uno uno*, repugna a la razón por sus consecuencias. Admitiendo, por ejemplo, lo uno, ¿cómo admitir que no está en ninguna parte, y que no es, ni puede ser, concebido ni nombrado? Esto equivale a afirmar y negar a la vez, incurriendo en la más patente contradicción. Lo verdaderamente uno no es lo uno absoluto, exclusivo de todo lo que no es él mismo, lo *uno uno*. Es por tanto lo uno-ser, que es lo que se demuestra en la segunda y tercera suposición; la segunda, en la que se prueba que participando lo uno del ser, nada resulta que no sea razonable; y la tercera, en la que se hace ver, que lo *uno-ser*, considerado a su vez como uno y como ser, produce consecuencias opuestas, pero no contradictorias, porque se refieren a dos puntos de vista también opuestos.

Lo uno existe por cima del universo, pero no está encerrado, como lo creían los eleáticos en la abstracción de la unidad en sí. Lo uno existe, es vivo, es fecundo; participa de todas las cosas, así como todas las cosas participan de él; desciende a la multiplicidad como la multiplicidad se eleva a la unidad; y esta unidad múltiple es el verdadero Dios; y esta multiplicidad una es el verdadero mundo.

Así es como entendemos el *Parménides*, examinando la doctrina con el método, y el método con la doctrina. Así es como comprendemos a Platón, no separando el camino del término a que conduce, ni el término a que conduce del camino.

PARMÉNIDES O DE LAS IDEAS

CÉFALO.—ADIMANTO.
ANTIFÓN.—GLAUCÓN.—PITODORO.—SÓCRATES.—ZENÓN.
PARMÉNIDES.—ARISTÓTELES.

CÉFALO.—Cuando llegamos a Atenas (1) desde Clazomenes (2), nuestra patria, encontramos en la plaza pública a Adimanto y a Glaucón (3). Tomándome por la mano, me dijo Adimanto: "Bien venido, Céfalo; si necesitas algo que nosotros podamos proporcionarte, no tienes más que desplegar los labios." ¡Ah! Si estoy aquí es precisamente porque os necesito. "Explícate —me replicó—; ¿qué quieres?" ¿Cómo se llamaba—le dije—, vuestro hermano materno? Porque yo no me acuerdo. Era yo muy joven cuando vine desde Clazomenes por primera vez, y desde entonces ha transcurrido mucho tiempo. Su padre, si no me engaño, se llamaba Pirilampo. "Sí—dijo—, y él se llamaba Antifón (4); pero ¿qué es lo que le trae?" El exceso de celo por la filosofía de mis compatriotas; han oído decir que este Antifón ha estado muy relacionado con un cierto Pitodoro, amigo de Zenón, y que habiéndole oído muchas veces referir las conversaciones de Sócrates, Zenón y Parménides, las recuerda perfectamente. "Es verdad", dijo. Estas conversaciones—repliqué yo—, son precisamente las que querríamos oír. "Nada más

_____
(1) No debe confundirse el Céfalo de Clazomenes que aparece en el *Parménides* con el Céfalo de Siracusa que figura en *La república.*
(2) Ciudad de Jonia.
(3) Los dos hermanos de Platón.
(4) Otro hermano de Platón sólo de madre.

235

fácil—dijo—. Él las ha pasado y repasado en su espíritu desde su primera juventud. Ahora vive con su abuelo, del mismo nombre que él, y dedicado a sus caballos y al arte. Si quieres, vamos en su busca. Acaba de partir de aquí para ir a su casa, que está cerca, en Mélito" (5).

Hablando de esta manera, nos pusimos en marcha, y encontramos a Antifón en su casa, que estaba dando a un operario una brida para componer. Despedido éste, y habiendo manifestado sus hermanos el objeto de nuestra visita, y recordando Antifón mi primer viaje, me reconoció y me saludó. Le suplicamos que nos refiriera las conversaciones de que tenía conocimiento. Por el pronto puso alguna dificultad. "No es un negocio de poca monta", nos dijo. Sin embargo, concluyó por tomar la palabra.

Dijo entonces Antifón, que Pitodoro le había referido que cierto día habían llegado a Atenas Parménides y Zenón, con motivo de la celebración de las grandes fiestas Panateneas (6). Que Parménides era ya de edad, y tenía el pelo casi blanco, pero de noble y bello aspecto, pudiendo contar como sesenta y cinco años. Zenón se aproximaba a los cuarenta; era bien formado y tenía el semblante agradable. Según se decía, vivía en intimidad con Parménides. Moraban ambos en casa de Pitodoro, fuera de muros, en el Cerámico.

Aquí fué adonde Sócrates y otros muchos concurrieron con la esperanza de oír leer los escritos de Zenón. Éste y Parménides los presentaron allí por primera vez. Sócrates era entonces muy joven. Zenón leía, y Parménides casualmente estaba ausente. Le lectura llegaba a su término, cuando Pi'odoro y Parménides entraron, llevando consigo a Aristóteles, que fué uno de los treinta (7). Poco pudo oír, pero ya antes había oído a Zenón.

Sócrates, después de haber escuchado toda la lectura, suplicó a Zenón que volviera a leer la primera propo-

---

(5) Barrio de la tribu de Cecrops.
(6) Se celebraban las grandes cada cinco años; las pequeñas todos los años.
(7) Véase a Jenofonte: *Hist. graec.*, II.

sición del primer libro; y concluída esta segunda lectura, dijo:

—¿Cómo entiendes esto, Zenón? Si los seres son múltiples, es preciso que sean a la vez semejantes o desemejantes. Pero esto es imposible, porque lo que es desemejante no puede ser semejante, ni lo que es semejante desemejante. ¿No es esto lo que quieres decir?

ZENÓN.—Sí.

SÓCRATES.—Luego si es imposible que lo desemejante sea semejante y lo semejante desemejante, es también imposible que las cosas sean múltiples; porque si fuesen múltiples, se seguirían de aquí consecuencias absurdas. ¿No es éste el objeto de tus razonamientos? ¿No intentas demostrar, contra la común opinión, que no hay multiplicidad? ¿No ves que cada uno de tus argumentos es una prueba de que existe; de manera que cuantos más argumentos has empleado, tantas más pruebas has dado de que hay multiplicidad? ¿Es esto lo que dices, o habré comprendido mal?

ZENÓN.—Nada de eso; has penetrado perfectamente el pensamiento general de mi libro.

SÓCRATES.—Veo con claridad, Parménides, que entre Zenón y tú no sólo hay el lazo de la amistad, sino el de la doctrina; porque él expone poco más o menos las mismas cosas que tú, y sólo muda los términos y se esfuerza en alucinarnos y persuadirnos de que lo que dice es diferente. Tú dices en tus poemas que todo es uno, y aduces en su apoyo bellas y excelentes pruebas; él dice que la pluralidad no existe, y da también de ello numerosas y sólidas pruebas. De manera que diciendo el uno que todo es uno, y el otro que nada es múltiple, aparentáis decir cosas diferentes, cuando en el fondo son las mismas, y con eso creéis alucinarnos.

ZENÓN.—Muy bien, Sócrates, pero aún no has comprendido mi libro en toda su verdad. Semejante a l' perros de Laconia, sigues perfectamente la pista de mi discurso. Sin embargo, se te ha escapado un punto principal, y es que mi libro no tiene tan altas pretensiones; y que escribiendo lo que tú supones que he tenido en mi espíritu, no ha sido mi intención el ocultarlo a las miradas de los hombres, como si realizase una gran empresa. Pero hay otro punto que has visto con toda claridad. Es perfectamente verdadero que este escrito ha sido compuesto para apoyar a Parménides contra los que intentaban ponerle en ridículo, diciendo que, si todo es uno, resultan de aquí mil consecuencias absurdas y contradictorias. Mi libro es una réplica a la acusación de los partidarios de la pluralidad. Les devuelvo sus argumentos, y en mayor número; como que el objeto de mi libro es demostrar que la hipótesis de la pluralidad es mucho más ridícula que la de la unidad, para quien ve con claridad las cosas. Mi amor a la discusión me hizo escribir esta obra cuando era joven; y como me la robaron, no me fué posible examinar si debería dejarla correr para el público. Te engañas por tanto, Sócrates, atribuyendo este libro a la ambición de un viejo, cuando es la obra de un joven, amigo de la discusión. Sin embargo; como ya te dije, no la has apreciado mal.

Sócrates.—Estoy conforme; creo que es como dices, pero respóndeme: ¿crees que existe en sí misma una idea de semejanza, y de igual modo otra, en todo contraria, de desemejanza; que, existiendo estas dos ideas, tú y yo y todas las demás cosas, que llamamos múltiples, participamos de ellas; que las cosa, que participan de la semejanza, se hacen semejantes en tanto y por todo el tiempo que participan de ella; y que las que participan de la desemejanza se hacen desemejantes; y que las que participan de las dos, se hacen lo uno y lo otro a la vez? Si todas las cosas participan a la vez de estas dos ideas contrarias, y si por esta doble participación son a la par semejantes y desemejantes entre sí, ¿qué hay en esto de particular? Ciertamente, si se me demostrase lo semejante haciéndose desemejante, o lo desemejante haciéndose semejante, esto sí que me parecería prodigioso. Pero que cosas, que participan de estas dos ideas, tengan sus caracteres respectivos; esto, mi querido Zenón, de ninguna manera me parecería absurdo; como no me parecería, si se me demostrase, que todo es uno por participar de la unidad, y al mismo tiempo múltiple por participar de la multiplicidad. Pero probar que la unidad misma es multiplicidad, y la multiplicidad unidad; he aquí lo que sería una cosa extraña. Otro tanto debe decirse de todo lo demás. Si se dijese que los géneros y las especies experimentan modificaciones contrarias a su esencia, sería una cosa sorprendente. Pero de ninguna manera me sorprendería que alguno probara que yo soy uno y múltiple. Para probar que soy múltiple, bastaría hacer ver que la parte de mi persona que está a la derecha, es diferente de la que está a la izquierda; la que está delante, de la que está detrás; la que está arriba, de la que está abajo; con lo que creo participar de la multiplicidad. Y para probar que soy uno, diría, que de siete hombres que están aquí presentes, yo soy uno; de manera que yo participo de la unidad. Se probaría la verdad de estas dos aserciones. Si se quisiese probar que mil cosas son a la vez unas y múltiples, como piedras, maderas y otras semejantes, diremos que se puede demostrar muy bien que estas cosas son unas y múltiples; pero no que lo uno es lo múltiple, ni lo múltiple lo uno; y añadiremos que lo que se da por sentado, lejos de sorprender a nadie, lo concede todo el mundo. Pero si, como decía antes, se comenzase por separar las ideas en sí mismas, por ejemplo, la semejanza y la desemejanza, la unidad y la multiplicidad, el reposo y el movimiento, y lo mismo todas las demás; si se probase, en seguida, que pueden indistintamente mezclarse y separarse; he aquí, mi querido Zenón, lo que me llenaría de asombro. Tú has razonado con valor; te lo confieso. Pero lo que me admiraría mucho más, repito, sería que se me hiciese ver la misma contradicción implicada en las ideas mismas; y que lo que ya has practicado con las cosas visibles, lo extendieses a las que son sólo accesibles al pensamiento.

Mientras que Sócrates se explicaba de esta manera, Pitodoro creyó, por lo que me dijo, que Parménides y Zenón estaban disgustados. Pero, por el contrario, ambos prestaban la mayor atención, y se miraban muchas veces sonriéndose, como si estuvieran encantados de Sócrates. Así es, que luego que éste cesó de hablar, Parménides exclamó:

—¡Oh Sócrates!, será poco cuanto se diga de tu celo por las discusiones filosóficas. Pero dime; ¿distingues, en efecto, como acabas de decir, de una parte las ideas mismas, y de otra, las cosas que participan de las ideas? ¿Te parece que existe en sí una semejanza, independiente de la semejanza que nosotros poseemos; y lo mismo respecto de la unidad y la pluralidad, y de todas las demás cosas que Zenón nombró antes?

SÓCRATES.—Sí, ciertamente.

PARMÉNIDES.—¿Y quizá existe también alguna idea en sí de lo justo, de lo bello, de lo honesto y de las demás cosas semejantes?

SÓCRATES.—Sí.

PARMÉNIDES.—Pero, ¡qué!, ¿te figuras una idea del hombre distinta de nosotros mismos y de todos los que existimos; en fin, una idea en sí del hombre, del fuego, del agua?

SÓCRATES.—Parménides, me he encontrado muchas veces en gran perplejidad tratándose de estas cosas; no sabiendo si era preciso juzgar de ellas como de las precedentes, o de otra manera.

PARMÉNIDES.—Con respecto a estas otras cosas, Sócrates, que podrían parecer ridículas, tales como el pelo, el lodo, la basura y todo cuanto hay de indecente o innoble, ¿no encuentras la misma dificultad? ¿Ha lugar o no a reconocer para cada una, una idea distinta, que existe independientemente de los objetos, con los cuales estamos en contacto?

SÓCRATES.—Nada de eso; con relación a estos objetos, nada existe más que lo que vemos. Temería incurrir en un gran absurdo, si les atribuyese también ideas. Sin embargo; mi espíritu se ve turbado algunas veces por este pensamiento: que lo que es verdadero respecto a ciertas cosas, podría muy bien serlo de todas. Pero cuando tropiezo con esta cuestión, me apresuro a huir de ella por miedo de caer y perecer en un abismo de indagaciones frívolas. Fijo en las cosas que, según hemos dicho, descansan en ideas, me detengo allí, y las contemplo por despacio.

PARMÉNIDES.—Eres joven aún, Sócrates, y la filosofía no ha tomado posesión de ti como lo hará un día, si yo no me engaño. Entonces no despreciarás nada de cuanto existe. Ahora, a causa de tu edad, sólo te fijas en la opinión de la generalidad de los hombres. Pero dime: ¿te parece, como decías antes, que hay ideas que dan a las cosas que de ellas participan su denominación; que, por ejemplo, las cosas semejantes son las que participan de la semejanza; las grandes las que participan de la grandeza; las justas y las bellas las que participan de la justicia y de la belleza?

SÓCRATES.—Ciertamente.

PARMÉNIDES.—Y bien; ¿lo que participa de una idea participa de la idea entera, o sólo de una parte? A menos que no haya un tercer modo de participación diferente de éste.

SÓCRATES.—Imposible.

PARMÉNIDES.—¿Te parece que la idea está toda entera en cada uno de los objetos múltiples, permaneciendo una, o cuál es tu opinión?

SÓCRATES.—¿Y qué impide, Parménides, que no esté toda entera?

PARMÉNIDES.—La idea una e idéntica estará por tanto y a la vez toda entera en una multitud de objetos, separados los unos de los otros; y por consiguiente, ella estaría separada de sí misma.

SÓCRATES.—Nada de eso; sino que así como la luz, permaneciendo una e idéntica, está al mismo tiempo en muchos lugares diferentes, sin estar separada de sí misma, así cada idea está a la vez en muchas cosas, y no por eso deja de ser una sola y misma idea.

PARMÉNIDES.—No se puede discurrir mejor, Sócrates, para hacer ver que una sola y misma cosa está a la vez en muchos lugares; lo cual es lo mismo que si, extendida una tela sobre muchos hombres, se dijese que estaba toda entera sobre muchos. ¿No es esto poco más o menos lo que concibes en tu espíritu?

SÓCRATES.—Quizá.

PARMÉNIDES.—¿Y estará la tela toda entera sobre cada uno, o solamente una parte?

SÓCRATES.—Sólo una parte.

PARMÉNIDES.—Luego, Sócrates, las ideas mismas son divisibles; puesto que las cosas, que participan de ellas, sólo participan de una parte de cada idea; y la idea no está toda entera en cada cosa, sino sólo una parte de la idea.

SÓCRATES.—Parece que así es.

PARMÉNIDES.—Dirás, pues, Sócrates, que la idea, siendo una, se divide en efecto. ¿Y qué, dividiéndose, permanece una?

SÓCRATES.—De ninguna manera.

PARMÉNIDES.—Considera lo que vas a decir. Si divides la magnitud en sí, y dices que cada una de las cosas grandes lo es a causa de una parte de la magnitud, más pequeña que la magnitud en sí, ¿no será esto un absurdo manifiesto?

SÓCRATES.—Sin duda alguna.

PARMÉNIDES.—Pero un objeto cualquiera, que sólo participase de una pequeña parte de igualdad, ¿podría por esta pequeña parte, menor que la igualdad misma, ser igual a ninguna otra cosa?

SÓCRATES.—Imposible.

PARMÉNIDES.—Supongamos que alguno de nosotros tiene en sí una parte de la pequeñez. Lo pequeño en sí es más grande que esta parte, puesto que esta parte es una parte de lo pequeño en sí. He aquí, pues, lo pequeño en sí, que es más grande que otra cosa. Y por otra parte, el objeto al que se añade lo que se ha quitado a lo pequeño en sí, se hace más pequeño, en lugar de hacerse más grande que antes.

SÓCRATES.—Eso no puede concebirse.

PARMÉNIDES.—¿De qué modo participarán las demás cosas de las ideas, si no participan, ni de las ideas enteras, ni de sus partes?

SÓCRATES.—¡Por Júpiter! Eso no me parece fácil de explicar.

PARMÉNIDES.—Y bien; ¿qué dices de esto?

SÓCRATES.—¿De qué?

PARMÉNIDES.—He aquí lo que a mi juicio te hace juzgar que la idea es una. Cuando muchas cosas grandes se te presentan, si las consideras todas a la vez, te parecen tener un carácter común, que es uno; de donde concluyes, que la magnitud es una.

SÓCRATES.—Es cierto.

PARMÉNIDES.—Pero si abrazas todo a la vez con tu pensamiento, la magnitud en sí y las cosas grandes, ¿no verás aparecer una nueva magnitud, también una, en virtud de la que todo lo demás parece grande?

SÓCRATES.—Así parece.

PARMÉNIDES.—Así, pues, se mostraría una nueva idea de magnitud sobre la magnitud en sí, y sobre las cosas que participan de esta magnitud; después, sobre todo esto, otra magnitud aún, a causa de la que todo lo demás será grande; de suerte que cada idea no será ya unidad, sino una multitud indefinida.

SÓCRATES.—Pero, Parménides, quizá cada idea es sólo una concepción, que únicamente existe en el espíritu. De esta manera, cada idea será una, sin que resulte ningún absurdo.

PARMÉNIDES.—Pero ¿cómo cada una de estas concepciones ha de ser una, no siendo ellas la concepción de nada?

SÓCRATES.—Imposible.

PARMÉNIDES.—¿Luego serían la concepción de algo?

SÓCRATES.—Sí.

PARMÉNIDES.—¿De algo que existe, o que no existe?

SÓCRATES.—Que existe.

PARMÉNIDES.—Y esta concepción, ¿no es la de una cosa una, concebida como la forma, también una, de una multitud de objetos?

SÓCRATES.—Sí.

PARMÉNIDES.—Por consiguiente; ¿no será la idea esta cosa concebida como una, y como permaneciendo la misma, en medio de la multitud?

SÓCRATES.—Eso parece evidente.

PARMÉNIDES.—¡Y qué! Si las demás cosas participan de las ideas, como tú dices, ¿no es igualmente preciso,

o que todas las cosas sean concepciones y conciban, o
que, siendo concepciones, no conciban? (8).

SÓCRATES.—Pero eso no tiene sentido, Parménides.
Más bien creo que las cosas pasan de esta manera: las
ideas son como modelos que existen en la naturaleza en
general; las demás cosas se les parecen, son copias; y
la participación de las cosas en las ideas, no es más
que la semejanza de las unas con las otras.

PARMÉNIDES.—Si una cosa se parece a una idea, ¿puede dejar esta idea de parecerse a su copia, precisamente en la medida y hasta el punto que se le parece? ¿O
bien hay algún medio de hacer que lo semejante no
sea semejante a lo semejante?

SÓCRATES.—No lo hay.

PARMÉNIDES.—¿No es absolutamente necesario que
lo semejante participe de la misma idea de su semejante?

SÓCRATES.—Absolutamente.

PARMÉNIDES.—¿Y no es esta idea la que hace que los
semejantes se hagan semejantes?

SÓCRATES.—Nada más cierto.

PARMÉNIDES.—No es, pues, posible que una cosa se
parezca a la idea, ni la idea a otra cosa. De otra manera, por cima de la idea, aparecería otra idea; y si ésta
se parecía a alguna cosa, aun otra idea; y así no se
cesaría nunca de tener una nueva idea, si esta idea se
parecía a aquello que participa de ella.

SÓCRATES.—Es la pura verdad.

PARMÉNIDES.—No es, por tanto, por medio de la semejanza por la que las cosas participan de las ideas;
y es preciso indagar otro modo de participación.

SÓCRATES.—Conforme.

PARMÉNIDES.—Ya ves, mi querido Sócrates, las dificultades que surgen, desde que se admiten las ideas
como existentes por sí mismas.

SÓCRATES.—Sí, verdaderamente.

PARMÉNIDES.—Es preciso que sepas que no has pues-

---

(8) Es una exposición y una refutación del *conceptualismo*,
que, según se ve, no es de fecha más reciente que el *realismo*
y el *nominalismo*.

to, por decirlo así, el dedo en la dificultad que hay en sentar y establecer que existe una idea distinta para cada uno de los seres.

SÓCRATES.—¿Cómo?

PARMÉNIDES.—Entre otras muchas objeciones, yo escogí sólo la principal. Al que intentara decir: es imposible conocer las ideas, si son tales como pretendéis, no habría ningún medio de probarle que está en el error, a no tener mucha experiencia en estas materias, estar dotado de felices disposiciones por la naturaleza, y dispuesto a seguir hasta lo último al adversario en sus argumentos y demostraciones. Sin esto, no es posible convencer al que pretendiese que las ideas no son susceptibles de ser conocidas.

SÓCRATES.—¿Por qué, Parménides?

PARMÉNIDES.—Porque, mi querido Sócrates, imagino que tú y todo el que reconoce para cada cosa una esencia como existente en sí misma, convendréis, por el pronto, en que ninguna de estas esencias existe en nosotros.

SÓCRATES.—¿Cómo, en efecto, podría en este caso existir en sí misma?

PARMÉNIDES.—Muy bien. Por consiguiente, las ideas, que deben a sus relaciones recíprocas el ser lo que ellas son, tienen su esencia con relación a ellas mismas y no a las cosas que nos rodean, sean copias, o de cualquiera otra naturaleza; y de las que nosotros participamos y de donde tomamos nuestro nombre (9). En cuanto a las cosas que nos rodean, y que se llaman con los mismos nombres que las ideas, no tienen relaciones sino entre sí, y no con las ideas; y deben su existencia a sí mismas, y no a las ideas que llevan estos nombres (10).

SÓCRATES.—¿Qué quieres decir con eso?

---

(9) Como lo hace observar Cousin, en la hipótesis de Platón, que es que las ideas sólo tienen relaciones con las ideas, no participamos de las ideas; es preciso que participemos de alguna cosa, por ejemplo, de la magnitud y de la pequeñez sensibles, diferentes de la magnitud y de la pequeñez ideales.

(10) Esta segunda suposición no es más que consecuencia de la primera. Como las ideas no tienen relaciones sino con

PARMÉNIDES.—Por ejemplo; si alguno es esclavo o dueño; esclavo, no será el esclavo del dueño en sí; ni dueño, el dueño del esclavo en sí; será el dueño o el esclavo de un hombre. Por el contrario; el señorío en sí se referirá a la esclavitud en sí; e igualmente la esclavitud al señorío. Pero las cosas, que están en nosotros, no tienen relaciones con las ideas, ni las ideas con nosotros; las ideas se refieren únicamente a las ideas; y las cosas, que nos rodean, únicamente a sí mismas. ¿Comprendes lo que quiero decir?

SÓCRATES.—Lo comprendo perfectamente.

PARMÉNIDES.—¿Luego la ciencia en sí es la ciencia de la verdad en sí?

SÓCRATES.—Ciertamente.

PARMÉNIDES.—Y cada una de las ciencias en sí, es la ciencia de cada uno de los seres en sí; ¿no es así?

SÓCRATES.—Sí.

PARMÉNIDES.—¿Y la ciencia que está en nosotros, no será la ciencia de la verdad que está en nosotros? ¿Y cada una de las ciencias que están en nosotros, no será la ciencia de cada uno de los seres que están entre nosotros?

SÓCRATES.—Así es preciso.

PARMÉNIDES.—Pero ¿convienes ya en que no poseemos las ideas mismas, y en que no pueden estar en nosotros?

SÓCRATES.—No pueden.

PARMÉNIDES.—Pero ¿no es por la idea de la ciencia en sí, por la que pueden ser conocidos los géneros en sí mismos? (11).

SÓCRATES.—Sí.

PARMÉNIDES.—Idea que nosotros no poseemos.

SÓCRATES.—No.

_____

las ideas, las cosas no tienen relaciones sino con las cosas; las dos esferas son absolutamente independientes y sin comunicación posible. Es preciso entender bien esto para la inteligencia de lo demás.

(11) Los géneros, es decir, las ideas. Los dos términos son aquí perfectamente sinónimos.

PARMÉNIDES.—No conocemos ninguna idea, puesto que no participamos de la ciencia en sí.

SÓCRATES.—Parece que no.

PARMÉNIDES.—No conocemos lo bello en sí, ni el bien, ni ninguna de las cosas que consideramos como ideas existentes por sí mismas.

SÓCRATES.—Lo temo.

PARMÉNIDES.—Pero atiende; he aquí una dificultad muy grave.

SÓCRATES.—¿Cuál?

PARMÉNIDES.—Si existe una idea de la ciencia (12), ¿no es evidente que es mucho más perfecta que nuestra ciencia propia? ¿Y no puede decirse lo mismo de la belleza y demás cosas semejantes?

SÓCRATES.—Sí.

PARMÉNIDES.—Por tanto; si algún ser participa de la ciencia en sí, ¿hay otro que tenga más títulos que el dios para poseer la ciencia perfecta?

SÓCRATES.—Imposible.

PARMÉNIDES.—Y bien; ¿podrá el dios conocer las cosas que nos rodean por medio de esta ciencia?

SÓCRATES.—¿Por qué no?

PARMÉNIDES.—Es que, mi querido Sócrates, hemos convenido en que las ideas no tienen relaciones con las cosas que nos rodean, ni estas cosas con las ideas; sino que sólo las tienen las ideas con las ideas y las cosas con las cosas.

SÓCRATES.—Estamos conformes.

PARMÉNIDES.—Por consiguiente; si el dios tiene el dominio perfecto y la ciencia perfecta, ni su poder nos dominará nunca, ni su ciencia nos conocerá jamás, ni a nosotros, ni a las cosas que nos rodean; pero así como nuestra posición no nos da ningún poder sobre los dioses, y nuestra ciencia ningún conocimiento de lo que les concierne, por la misma razón los dioses no son nuestros dueños, ni conocen las cosas humanas, por más que sean dioses.

SÓCRATES.—Pero ¿no es un razonamiento extravagante el que quita a los dioses la facultad de conocer?

_____

(12) Es decir, una ciencia en sí.

Parménides.—Sin embargo, Sócrates, estas y otras consecuencias son inevitables, desde el momento en que se admite, que existen ideas de los seres en sí, y se intenta determinar la naturaleza de cada idea; de suerte que el que se propone enunciar esta opinión, se ve muy embarazado y puede sostener, o que tales ideas no existen, o que si existen, es imposible que sean conocidas por la naturaleza humana. Y hablando de esta manera, parece hablar bien; y como nosotros lo decíamos, es singularmente difícil sacarle de su error. Sería preciso un hombre dotado de las cualidades más brillantes, para que pudiese comprender que a cada cosa corresponde un género y una esencia que exis e por sí misma; y sería preciso un hombre más admirable aún, para poder descubrir estas verdades y enseñarlas a otros, hasta el punto de procurar un conocimiento profundo y completo de ellas.

Sócrates.—Estoy de acuerdo contigo, Parménides; y tus palabras responden perfectamente a mi pensamiento.

Parménides.—Sin embargo, Sócrates; si se negase que hay ideas de los seres, en vista de las dificultades que acabamos de exponer y otras semejantes; si se dejase de asignar a cada uno de ellos una idea determinada, no sabría uno a donde dirigir su pensamiento, no pudiendo ya aplicar cada ser a una idea, siempre la misma y siempre subsisten e; y desaparecería hasta la conversación, porque se haría imposible. Me parece que comprendes bien esto.

Sócrates.—Dices verdad.

Parménides.—¿Qué partido tomarás con respecto a la filosofía; y adónde te dirigirás en medio de esta ignorancia?

Sócrates.—En este momento no lo sé.

Parménides.—Eso consiste, mi querido Sócrates, en que te atreves, antes de estar suficientemente ejercitado, a definir lo bello, lo justo, lo bueno, y las demás ideas. Ya, últimamente, te hice esta observación, oyéndote discutir aquí con mi querido Aristóteles. Es muy bello y hasta divino, sírvate de gobierno, ver el ardor con que te entregas a las indagaciones filosóficas; pero es preciso, mientras que eres joven, poner tu espíritu a prueba, y ejercitarte en lo que la multitud juzga inútil y llama una vana palabrería; y de no hacerlo así, se te escapará la verdad.

SÓCRATES.—¿De qué clase de ejercicio hablas, Parménides?

PARMÉNIDES.—Del que Zenón acaba de mostrarte. Salvo un punto, sin embargo; porque me entusiasmé, cuando te oí decirle, que querrías más que la discusión rodara, no sobre las cosas visibles, sino sobre las que sólo son perceptibles por la razón, y pueden ser consideradas como ideas.

SÓCRATES.—En efecto; me parece que, siguiendo el método de Zenón, no es difícil mostrar los seres semejantes y desemejantes, y dotados de o.ros muchos caracteres opuestos.

PARMÉNIDES.—Perfectamente. Pero es preciso añadir algo a lo que propones. Para ejercitarte completamente, no basta suponer, que cada idea existe, y examinar las consecuencias de esta hipótesis; es preciso también suponer, que no existe.

SÓCRATES.—¿Qué quieres decir con eso?

PARMÉNIDES.—Tomemos por ejemplo, si quieres, la hipótesis de Zenón: si la pluralidad existe, ¿qué sucederá con la pluralidad misma relativamente a sí misma, y relativamente a la unidad; y con la unidad relativamente a sí misma y relativamente a la pluralidad? Y bien; te será preciso aún suponer, que la pluralidad no existe, y examinar lo que sucederá con la unidad y con la pluralidad relativamente a sí mismas y a sus contrarias. En la misma forma, si supones sucesivamente que la semejanza existe o no existe, te será preciso examinar lo que sucederá en una y otra hipótesis, tanto a las ideas que supones que exis.en o que no existen, como a las demás ideas, ya con relación a sí mismas, ya en la relación de las unas con las otras. En igual forma tendrás que proceder respecto de la desemejanza, el movimiento y el reposo, el nacimiento y la muerte, y el ser y el no-ser. En una palabra, cualquiera que sea la cosa que supongas existiendo o no existiendo, o experimentando cualquiera otra modificación, debes indagar lo que la sucederá con relación a sí misma, con relación a cada una de las otras cosas que quieras considerar, o con relación a muchos o a todos los objetos; y después de esto, examinando a su vez las demás cosas, debes también indagar lo que les sucederá con relación a sí mismas, y con relación a cualquier otro objeto que quieras considerar, ya supongas que tales cosas existen o que no existen. Sólo procediendo de este modo te ejercitarás de una manera completa y discernirás claramente la verdad.

SÓCRATES.—Es un trabajo muy arduo el que me propones, Parménides; y no estoy seguro de comprenderlo bien. Pero ¿por qué no me desenvuelves tú alguna hipótesis, para darte mejor a entender?

PARMÉNIDES.—Sócrates, no es poca cosa la que pides, para un hombre de mi edad.

SÓCRATES.—Pero tú, Zenón, ¿por qué no tomas la palabra?

ZENÓN.—Sócrates, pidamos eso mismo a Parménides. No es cosa fácil el ejercicio de que habla; y quizá no conoces la tarea que quieres imponernos. Si hubiera aquí más gente, no debería hacérsele esta petición; porque no le convendría desenvolver esta materia delante de la multitud, sobre todo atendiendo a su edad.

Habiendo hablado de esta manera Zenón, Antifón citando a Pitodoro, refirió que éste, Aristóteles y demás suplicaron a Parménides que les diera un ejemplo de lo que acababa de exponer, y que no se negara a ello. Entonces dijo:

PARMÉNIDES.—Es preciso obedecer; y, sin embargo, yo me encuentro en el mismo caso que el caballo de Ibico (13), que había vencido muchas veces, pero que se había hecho viejo; y así cuando se le uncía al carro, temía por experiencia el resultado. Refiriéndose a esta

_____

(13) Poeta lírico muy dado al amor, según Cicerón. (*Tusculanos*, v. 33). Fué asesinado por unos ladrones y vengado por unas grullas que pasaban en el momento del crimen, y que puso él por testigos. De aquí el proverbio: "Las grullas de Ibico."

imagen, el poeta dice, que a pesar de sí mismo, anciano ya, sufre aún el yugo del amor. Yo igualmente tiem-
blo al considerar que, viejo como soy, tendré. que pasar a nado una multitud de discusiones. Sin embargo;
es preciso complaceros, puesto que Zenón mismo lo
pide, y ya que estamos solos. ¿Por dónde empezaremos
y qué hipótesis sentaremos desde luego? ¿Queréis, puesto que ya es irremediable esta difícil jugada, que comience por mí y por mi propia hipótesis, poniendo por
delante la unidad, y examinando lo que sucederá, ya
existiendo lo uno, ya no existiendo?

ZENÓN.—Perfectamente.

PARMÉNIDES.—¿Quién me responderá? ¿El más joven?
Será indudablemente el que me dará menos que hacer,
y el que me responderá más sinceramente. Con él tendré la ventaja de poder descansar.

ARISTÓTELES.—Yo estoy dispuesto, Parménides, porque a mi te refieres, puesto que soy el más joven. Interroga y te responderé.

PARMÉNIDES.—Sea así. Si lo uno existe (14), no es
una multitud.

ARISTÓTELES.—¿Cómo podría ser?

PARMÉNIDES.—Lo uno no tiene partes y no es por
tanto un todo.

ARISTÓTELES.—¿Cómo?

PARMÉNIDES.—La parte es la parte de un todo.

ARISTÓTELES.—Sin duda.

PARMÉNIDES.—¿Y el todo mismo? ¿No llamamos un
todo a aquello a que no falta ninguna parte?

ARISTÓTELES.—Ciertamente.

PARMÉNIDES.—De todas maneras, pues, lo uno se
compondrá de partes, como todo y como compuesto
de partes.

ARISTÓTELES.—Necesariamente.

---

(14) Comienza el desenvolvimiento de la primera hipótesis:
si lo uno existe. Platón examina por lo pronto esta suposición:
si lo uno existe, ¿qué se sigue respecto de él mismo? Considera
a la vez lo uno en sí mismo, y relativamente a las otras cosas.
Consecuencias negativas.

PARMÉNIDES.—De todas maneras entonces lo uno sería una multitud, y no uno.

ARISTÓTELES.—Es cierto.

PARMÉNIDES.—Pero es preciso que lo uno sea, no una multitud, sino uno.

ARISTÓTELES.—Es preciso.

PARMÉNIDES.—Si lo uno es uno, no será un todo; y no tendrá partes.

ARISTÓTELES.—No.

PARMÉNIDES.—Por consiguiente, no teniendo partes lo uno, no tendrá tampoco principio, ni fin, ni medio, porque estos serían partes.

ARISTÓTELES.—Bien.

PARMÉNIDES.—Pero el principio y el fin son los límites de una cosa.

ARISTÓTELES.—Incontestablemente.

PARMÉNIDES.—Lo uno es, pues, ilimitado, y no tiene principio ni fin.

ARISTÓTELES.—Es ilimitado.

PARMÉNIDES.—Lo uno no tiene figura, porque no es recto, ni redondo.

ARISTÓTELES.—¿Cómo?

PARMÉNIDES.—¿No es lo redondo aquello cuyos puntos extremos están por todas partes a igual distancia del medio?

ARISTÓTELES.—Sí.

PARMÉNIDES.—Y lo recto, ¿no es aquello cuyo medio está entre los dos extremos?

ARISTÓTELES.—Así es.

PARMÉNIDES.—Por consiguiente; lo uno tendría partes y sería una multitud, si tuviese figura, redonda o recta.

ARISTÓTELES.—Evidentemente.

PARMÉNIDES.—Luego lo uno no es recto, ni redondo, puesto que no tiene partes.

ARISTÓTELES.—Muy bien.

PARMÉNIDES.—Pero siendo así, no está en ninguna parte; porque no puede estar en otra cosa, ni en sí mismo.

ARISTÓTELES.—¿Cómo?

PARMÉNIDES.—Si estuviese en otra cosa, estaría rodeado por todas partes como en un círculo, y tendría contacto por mil parajes. Es imposible que lo que es uno, sin partes y no participa nada del círculo, sea tocado en mil parajes circularmente.

ARISTÓTELES.—Imposible.

PARMÉNIDES.—Si estuviese en sí mismo, él mismo se rodearía, sin ser, sin embargo, otro que él mismo; puesto que en sí mismo es donde estaría; porque es imposible que una cosa esté en otra, sin estar rodeada por ella.

ARISTÓTELES.—Imposible.

PARMÉNIDES.—Por consiguiente lo que rodea será distinto de lo que es rodeado; porque una sola y misma cosa no puede, toda ella, hacer y sufrir al mismo tiempo la misma cosa; lo uno no sería ya uno, sino dos.

ARISTÓTELES.—En efecto.

PARMÉNIDES.—Lo uno no está en ninguna parte, no estando en sí mismo, ni en otra cosa.

ARISTÓTELES.—En ninguna parte.

PARMÉNIDES.—Mira ahora, si no estando en ninguna parte, estará en reposo o en movimiento.

ARISTÓTELES.—¿Por qué no?

PARMÉNIDES.—Si está en movimiento, es preciso que lo uno sea trasportado o alterado; porque no hay otra clase de movimiento.

ARISTÓTELES.—Dices verdad.

PARMÉNIDES.—Si lo uno es alterado en su naturaleza, es imposible que continúe siendo uno.

ARISTÓTELES.—Imposible.

PARMÉNIDES.—Por consiguiente, no se mueve por alteración.

ARISTÓTELES.—Así parece.

PARMÉNIDES.—¿Será por traslación?

ARISTÓTELES.—Quizá.

PARMÉNIDES.—Si fuese por traslación, sería transportado circularmente, girando sobre sí mismo; o bien pasaría de un lugar a otro.

ARISTÓTELES.—Necesariamente.

PARMÉNIDES.—Si gira circularmente sobre sí mismo,

es necesario que se apoye sobre su centro, y que tenga además otras partes, a saber: las que se mueven alrededor de este centro. Porque lo que no tiene medio, ni partes, ¿cómo podría moverse en círculo alrededor de este centro?

ARISTÓTELES.—No podría.

PARMÉNIDES.—Si muda de lugar, pasa sucesivamente de un sitio a otro; y así es como se mueve.

ARISTÓTELES.—Convengo en ello.

PARMÉNIDES.—¿No nos pareció imposible que lo uno estuviese en alguna parte y en alguna cosa?

ARISTÓTELES.—Sí.

PARMÉNIDES.—¿Y no es más imposible, que lo uno entre en cosa alguna?

ARISTÓTELES.—Lo creo así.

PARMÉNIDES.—Cuando una cosa entra en otra, ¿no es de toda necesidad que no esté dentro de ella mientras no llegue a entrar, y que no esté enteramente fuera de ella después de haber entrado?

ARISTÓTELES.—Es necesario.

PARMÉNIDES.—Pero esto sólo puede verificarse en una cosa que tenga partes, porque sólo ésta puede estar a la vez dentro y fuera. Por el contrario, la que no tiene partes, no puede en manera alguna encontrarse a la vez y por entero dentro y fuera de otra cosa.

ARISTÓTELES.—Es cierto.

PARMÉNIDES.—¿Pero no es aún más imposible, que lo que no tiene partes, ni es un todo, entre en alguna parte, ni por partes, ni en totalidad?

ARISTÓTELES.—Es evidente.

PARMÉNIDES.—Lo uno no muda, pues, de lugar, ni yendo a ninguna parte, ni entrando en ninguna cosa, ni girando sobre sí mismo, ni mudando de naturaleza.

ARISTÓTELES.—Así parece.

PARMÉNIDES.—Lo uno no tiene ninguna clase de movimiento; es absolutamente inmóvil.

ARISTÓTELES.—Es inmóvil.

PARMÉNIDES.—Por otra parte, sostenemos que es imposible que lo uno esté en ninguna cosa.

ARISTÓTELES.—Así lo decimos.

PARMÉNIDES.—No subsiste nunca en el mismo lugar.

ARISTÓTELES.—¿Por qué?

PARMÉNIDES.—Porque entonces subsistiría en un lugar dado.

ARISTÓTELES.—Es cierto.

PARMÉNIDES.—Lo uno no puede estar, ni en sí mismo, ni en otra cosa.

ARISTÓTELES.—No.

PARMÉNIDES.—Lo uno nunca está en el mismo lugar.

ARISTÓTELES.—Así parece.

PARMÉNIDES.—Pero no estando nunca en el mismo lugar, no es fijo, no tiene nada de estable.

ARISTÓTELES.—No.

PARMÉNIDES.—Luego lo uno, a lo que parece, no está, ni en reposo, ni en movimiento.

ARISTÓTELES.—Eso es claro.

PARMÉNIDES.—Tampoco es idéntico a otro, ni a sí mismo; ni es distinto tampoco ni de sí mismo, ni de otro.

ARISTÓTELES.—¿Cómo?

PARMÉNIDES.—Si fuese distinto de sí mismo, sería distinto de lo uno; y no sería lo uno.

ARISTÓTELES.—Es cierto.

PARMÉNIDES.—Si lo uno fuese el mismo que lo otro, sería este otro y no sería él mismo; de suerte que en este caso también, no sería ya lo que él es, a saber, lo uno, sino distinto que lo uno.

ARISTÓTELES.—Sin duda.

PARMÉNIDES.—Luego no puede ser ni lo mismo que otro, ni otro que él mismo.

ARISTÓTELES.—Tienes razón.

PARMÉNIDES.—Pero no será distinto que otro, en tanto que sea uno; porque no es a lo uno a quien toca ser distinto que cualquiera otro, sino que pertenece a lo otro (15) y a lo otro exclusivamente.

ARISTÓTELES.—Así lo pienso.

PARMÉNIDES.—En tanto que él es uno, no será otro. ¿No lo crees así?

_____

(15) Se trata aquí de lo otro en sí, de la idea de lo otro, opuesta a la idea de lo mismo.

ARISTÓTELES.—Lo creo.

PARMÉNIDES.—Si no es otro por este rumbo, no lo es por sí mismo; y si no lo es por sí mismo, no lo es él mismo. Y no siendo él mismo o'ro de ninguna manera, no puede ser otro absolutamente.

ARISTÓTELES.—Bien.

PARMÉNIDES.—Lo uno no será tampoco lo mismo que él mismo.

ARISTÓTELES.—¿Cómo puede ser eso?

PARMÉNIDES.—Porque la naturaleza de lo uno, no es la de lo mismo (16).

.ARISTÓTELES.—¿Qué es lo que dices?

PARMÉNIDES.—Que lo que se hace lo mismo que una cosa, no se hace uno.

ARISTÓTELES.—¿Cómo?

PARMÉNIDES.—Lo que se hace o deviene lo mismo que muchas cosas, necesariamente se hace muchos, y no uno.

ARISTÓTELES.—Es cierto.

PARMÉNIDES.—Si entre lo uno y lo mismo no hubiese diferencia, lo que se hiciese lo mismo, se haría siempre uno; y lo que se hiciese uno, se haría siempre lo mismo.

ARISTÓTELES.—No hay duda.

PARMÉNIDES.—Si lo uno es lo mismo que él mismo, no será uno por sí mismo; y por consiguiente será uno, sin ser uno.

ARISTÓTELES.—Pero eso es imposible.

PARMÉNIDES.—Luego es imposible que lo uno sea otro que lo otro, y lo mismo que él mismo.

ARISTÓTELES.—Imposible.

PARMÉNIDES.—Por consiguiente; lo uno no puede ser, ni lo otro, ni lo mismo que él mismo y que otro.

ARISTÓTELES.—No.

PARMÉNIDES.—Pero lo uno no será tampoco semejante ni desemejante, ni a sí mismo, ni a otro.

ARISTÓTELES.—¿Por qué?

---

(16) Lo mismo en sí.

PARMÉNIDES.—Porque lo semejante participa en cierta manera de lo mismo.

ARISTÓTELES.—En efecto.

PARMÉNIDES.—Ahora bien; ya hemos visto que lo mismo es de otra naturaleza que lo uno.

ARISTÓTELES.—Sí, lo hemos visto.

PARMÉNIDES.—Pero si lo uno participase de una manera de ser diferente de lo uno, resultaría que era más que uno; lo cual es imposible.

ARISTÓTELES.—Sí.

PARMÉNIDES.—Por tanto, lo uno no puede ser lo mismo que otro, ni que él mismo.

ARISTÓTELES.—No.

PARMÉNIDES.—Por consiguiente, no puede ser semejante, ni a otro, ni a sí mismo.

ARISTÓTELES.—Probablemente.

PARMÉNIDES.—Pero lo uno no puede tampoco participar de lo otro, porque resultaría que sería más que uno.

ARISTÓTELES.—Más que uno, en efecto.

PARMÉNIDES.—Ahora bien; lo que participa de lo otro, relativamente a sí, o a otra cosa, es desemejante de sí y de otra cosa, si es cierto que lo que participa de lo mismo es semejante.

ARISTÓTELES.—Bien.

PARMÉNIDES.—De donde se sigue, que lo uno, no participando en manera alguna de lo otro, según parece, no es en manera alguna desemejante, ni de sí mismo, ni de otro.

ARISTÓTELES.—No.

PARMÉNIDES.—Luego lo uno no es semejante ni a otro, ni a sí mismo, ni tampoco desemejante.

ARISTÓTELES.—Lo creo.

PARMÉNIDES.—Siendo esto así, lo uno no es igual, ni desigual, ni a sí mismo, ni a otro.

ARISTÓTELES.—¿Cómo?

PARMÉNIDES.—Si es igual a otra cosa de la misma medida que la cosa a la que es igual.

ARISTÓTELES.—Sí.

PARMÉNIDES.—Si es más grande o más pequeño que

las cosas respecto de las que es comensurable, contendrá más veces la medida común que las que son más pequeñas; y menos veces que las que son más grandes.

ARISTÓTELES.—Sí.

PARMÉNIDES.—En cuanto a las cosas, respecto de las que no es comensurable, contendrá medidas más grandes que las unas, o más pequeñas que las otras.

ARISTÓTELES.—Necesariamente.

PARMÉNIDES.—Pero ¿no es imposible que lo que no participa de lo mismo, tenga la misma medida que otra cosa, sea la que sea?

ARISTÓTELES.—Imposible.

PARMÉNIDES.—Lo uno, por tanto, no es igual a sí mismo, ni a otro, no siendo de la misma medida.

ARISTÓTELES.—Así parece.

PARMÉNIDES.—Y si él contuviese medidas más grandes o más pequeñas, contendría tantas partes, cuantas medidas tuviese; y de esta manera ya no sería uno, y encerraría en sí tantos elementos como medidas.

ARISTÓTELES.—Bien.

PARMÉNIDES.—Si no contuviese más que una sola medida, sería igual a la medida; pero ya hemos visto que es imposible que sea igual a ninguna cosa.

ARISTÓTELES.—Así nos ha parecido.

PARMÉNIDES.—Por consiguiente; si lo uno, no participando de una sola medida, ni de un mayor número, ni de uno menor de medidas, ni tampoco de lo mismo; lo uno, digo, no será igual ni a sí mismo, ni a ninguna otra cosa; así como no será, ni más grande, ni más pequeño que él mismo, ni que ninguna otra cosa.

ARISTÓTELES.—Perfectamente.

PARMÉNIDES.—Pero, ¡qué!, ¿piensas que lo uno pueda ser más viejo o más joven, o de la misma edad que cualquiera otra cosa?

ARISTÓTELES.—¿Por qué no?

PARMÉNIDES.—Porque si fuese de la misma edad que él mismo o que otro, participaría de la igualdad y de la semejanza del tiempo; pero ya hemos dicho, que lo uno no admite la igualdad, ni la semejanza.

ARISTÓTELES.—Lo hemos dicho.

PARMÉNIDES.—Tampoco participa de la desemejanza, ni de la desigualdad, según también hemos dicho.

ARISTÓTELES.—Es cierto.

PARMÉNIDES.—Siendo esto así, ¿cómo podría ser más viejo o más joven, o de la misma edad que cualquiera otra cosa?

ARISTÓTELES.—No es posible.

PARMÉNIDES.—Luego lo uno no es más viejo, ni más joven, ni de la misma edad que él mismo, o que otro.

ARISTÓTELES.—Así parece.

PARMÉNIDES.—Si es tal su naturaleza, lo uno no puede estar en el tiempo; porque lo que está en el tiempo, necesariamente se hace siempre más viejo que ello mismo.

ARISTÓTELES.—Necesariamente.

PARMÉNIDES.—Y lo que es más viejo, ¿no es siempre más viejo que cualquiera otra cosa más joven?

ARISTÓTELES.—Seguramente.

PARMÉNIDES.—Por consiguiente, lo que se hace más viejo que ello mismo, se hace a la vez más joven que ello mismo; puesto que debe haber en ello una cosa con relación a la que se haga más viejo.

ARISTÓTELES.—¿Qué quiere decir eso?

PARMÉNIDES.—Lo siguiente: una cosa no puede decirse o hacerse diferente de otra, de que ya es diferente; ella es diferente de otra cosa que es actualmente diferente de ella; se ha hecho diferente de una cosa hecha ya diferente; debe ser diferente de una cosa que debe serlo; pero ella no se ha hecho, no debe ser, no es, diferente de una cosa que se hace tal; ella se hace diferente por sí misma, y a esto está reducido todo.

ARISTÓTELES.—Necesariamente.

PARMÉNIDES.—Lo más viejo es una diferencia relativamente a lo más joven y no otra cosa.

ARISTÓTELES.—Sí.

PARMÉNIDES.—Por consiguiente, lo que se hace más viejo que ello mismo, necesariamente se hace al mismo tiempo más joven que ello mismo.

ARISTÓTELES.—Así parece.

PARMÉNIDES.—Es imposible que una cosa devenga

o se haga, en cuanto al tiempo, más grande o más pequeña que ella misma; pero ella se hace, es, se ha hecho, se hará igual a sí misma en cuanto al tiempo.

ARISTÓTELES.—Necesariamente.

PARMÉNIDES.—Es, pues, necesario, al parecer, que todo lo que está en el tiempo y que participa de él, sea de la misma edad que ello mismo, y a la vez más viejo y más joven que ello mismo.

ARISTÓTELES.—Así parece.

PARMÉNIDES.—Ahora bien; ninguna de estas maneras de ser convienen a lo ,uno.

ARISTÓTELES.—Ninguna.

PARMÉNIDES.—No tiene ninguna relación con el tiempo, ni está en ningún tiempo.

ARISTÓTELES.—Es preciso admitirlo bajo la fe del razonamiento.

PARMÉNIDES.—Pero, ¡qué!, era, se hizo, se ha hecho; ¿no parecen expresar estas palabras que lo que se ha hecho participa del tiempo pasado?

ARISTÓTELES.—Sin duda.

PARMÉNIDES.—Más aún; estas otras palabras: será, devendrá o se hará, habrá devenido o será hecho, ¿no expresan una participación en el tiempo que ha de venir?

ARISTÓTELES.—Sí.

PARMÉNIDES.—Es, deviene o se hace, ¿no expresan lo mismo con relación al tiempo presente?

ARISTÓTELES.—Sí.

PARMÉNIDES.—Si lo uno no participa en manera alguna de ningún tiempo, nunca se hizo, ni fué hecho, ni era; en lo presente no es hecho, ni se hace, ni es; y para lo futuro no se hará, ni habrá de hacerse, ni será.

ARISTÓTELES.—Es la pura verdad.

PARMÉNIDES.—¿Es posible participar del ser de otro modo que de alguna de estas maneras?

ARISTÓTELES.—No es posible.

PARMÉNIDES.—Lo uno no participa entonces en manera alguna del ser.

ARISTÓTELES.—Así parece.

PARMÉNIDES.—¿Luego lo uno no existe en manera alguna?

ARISTÓTELES.—Así parece.

PARMÉNIDES.—Luego lo uno no puede tampoco ser uno; porque en este caso sería un ser y participaría del ser. Por consiguiente; si nos atenemos a esta demostración, lo uno no es uno, y, lo que es más, no existe.

ARISTÓTELES.—Temo que así sea.

PARMÉNIDES.—¿Es posible que haya alguna cosa que nazca de lo que no es o vaya a lo que no es?

ARISTÓTELES.—¿Cómo sería posible?

PARMÉNIDES.—Para una cosa semejante, no hay nombre, ni discurso, ni ciencia, ni sucesión, ni opinión.

ARISTÓTELES.—Eso resulta.

PARMÉNIDES.—No puede ser nombrada, ni expresada, ni juzgada, ni conocida, ni hay un ser que pueda sentirla.

ARISTÓTELES.—Así parece.

PARMÉNIDES.—Pero ¿es posible que suceda esto con lo uno?

ARISTÓTELES.—No puedo creerlo.

PARMÉNIDES.—¿Quieres que volvamos atrás, y tomemos nuestra hipótesis desde el principio, para ver si las cosas se nos presentan con más claridad? (17).

ARISTÓTELES.—Ciertamente lo deseo.

PARMÉNIDES.—Si lo uno existe, decimos ahora, cualesquiera que sean las consecuencias de su existencia, es preciso admitirlas. ¿No es verdad?

ARISTÓTELES.—Sí.

PARMÉNIDES.—Examinémoslo refiriéndonos al punto de partida. Si lo uno existe, ¿es posible que exista sin participar del ser?

ARISTÓTELES.—No es posible.

PARMÉNIDES.—El ser de lo uno existe, pues, sin confundirse con lo uno. Porque de otra manera este ser no sería el de lo uno; lo uno no participaría de él, y sería lo mismo decir *lo uno* existe o *lo uno uno*. Ahora bien, la hipótesis, cuyas consecuencias tratamos de

(17) Consecuencias afirmativas.

indagar, no es la de lo uno uno, sino la de lo uno que existe. ¿No es cierto?

ARISTÓTELES.—Perfectamente.

PARMÉNIDES.—Nosotros consideramos que *es* o existe, significa otra cosa que lo uno.

ARISTÓTELES.—Necesariamente.

PARMÉNIDES.—Lo uno participa del ser; he aquí lo que expresamos sumariamente cuando decimos que lo uno es o existe.

ARISTÓTELES.—Así es.

PARMÉNIDES.—Si lo uno existe, volvamos a exponer lo que deberá seguirse. Examina si no es una necesidad de nuestra hipótesis, que, siendo lo uno de la manera que decimos, tenga partes.

ARISTÓTELES.—¿Cómo?

PARMÉNIDES.—De esta manera; si *el existe* se dice de lo uno que existe, y el *uno* del ser uno, y si el ser y lo uno no son la misma cosa, pero pertenecen igualmente a esta cosa que hemos supuesto, quiero decir, a lo uno que existe, ¿no hay precisión de reconocer que lo uno que existe, es un todo, del cual lo uno y el ser son partes?

ARISTÓTELES.—Necesariamente.

PARMÉNIDES.—¿Es preciso llamar a cada parte simplemente una parte, o decir, que la parte es la parte de un todo?

ARISTÓTELES.—Es la parte de un todo.

PARMÉNIDES.—¿Y un todo es lo que es uno y que tiene partes?

ARISTÓTELES.—Precisamente.

PARMÉNIDES.—¡Pero qué! ¿Estas dos partes de lo uno que existe, a saber, lo uno y el ser, se separan alguna vez la una de la otra, lo uno del ser y el ser de lo uno?

ARISTÓTELES.—Imposible.

PARMÉNIDES.—Por consiguiente; cada una de estas dos partes comprende también lo uno y el ser; de suerte, que la parte más pequeña contiene otras dos. El mismo razonamiento puede proseguirse sin que tenga término. No existen partes sin que cada una deje de encerrar dos; es lo uno encerrando siempre el ser, y el ser siempre lo uno. De esta manera cada uno de ellos es siempre dos y nunca uno.

ARISTÓTELES.—Perfectamente.

PARMÉNIDES.—Luego lo uno que existe, es una multitud infinita.

ARISTÓTELES.—Así parece.

PARMÉNIDES.—Mira ahora por este otro lado.

ARISTÓTELES.—¿Por dónde?

PARMÉNIDES.—Decíamos que lo uno participa del ser, y por esto existe.

ARISTÓTELES.—Sí.

PARMÉNIDES.—Por esta razón, lo uno que existe nos ha parecido múltiple.

ARISTÓTELES.—En efecto.

PARMÉNIDES.—Pero este mismo uno, que, según decíamos, participa del ser, si nos le representamos sólo en sí mismo, independientemente de aquello de que él participa, ¿nos parecerá simplemente uno o múltiple?

ARISTÓTELES.—Me parece que uno.

PARMÉNIDES.—Veamos, pues. Necesariamente una cosa es el ser de lo uno, y otra lo uno mismo; puesto que lo uno no es el ser, sino que, en tanto que uno, participa del ser.

ARISTÓTELES.—Necesariamente.

PARMÉNIDES.—Luego si una cosa es el ser y otra lo uno, no es por la unidad por la que lo uno es otra cosa que el ser, ni por el ser que el ser es distinto que lo uno; sino que es por lo otro (18) por lo que ellos difieren.

ARISTÓTELES.—Es evidente.

PARMÉNIDES.—De suerte que lo otro no se confunde, ni con lo uno, ni con el ser.

ARISTÓTELES.—Sin duda.

PARMÉNIDES.—Pero si tomamos juntos a tu elección el ser y lo otro, o el ser y lo uno, o lo uno y lo otro, ¿lo que hubiéremos tomado en cada uno de estos casos, no será designado justamente por la expresión *ambos*?

---

(18) Lo otro en sí como antes.

ARISTÓTELES.—¿Qué dices?.

PARMÉNIDES.—Lo siguiente. ¿Se puede nombrar el ser?

ARISTÓTELES.—Se puede.

PARMÉNIDES.—¿Y también lo uno?

ARISTÓTELES.—También.

PARMÉNIDES.—¿No se les nombra *lo uno* y *lo otro*?

ARISTÓTELES.—Sí. ·

PARMÉNIDES.—Y bien, cuando yo digo: el ser y lo uno, ¿no he nombrado a *ambos*?

ARISTÓTELES.—Ciertamente.

PARMÉNIDES.—Por consiguiente, cuando digo: el ser y lo otro, o lo otro y lo uno, en cada uno de estos casos los designo y puedo decir *ambos*.

ARISTÓTELES.—Sin duda.

PARMÉNIDES.—Pero lo que se designa precisamente por esta palabra: *ambos*; ¿es posible que le cuadre el *ambos*, sin ser dos en número?

ARISTÓTELES.—No es posible.

PARMÉNIDES.—Pero donde hay dos cosas, ¿es posible que cada una no sea una?

ARISTÓTELES.—Eso no es posible.

PARMÉNIDES.—Si las cosas que acabamos de decir pueden considerarse dos a dos, es preciso que cada una de ellas sea una.

ARISTÓTELES.—Seguramente.

PARMÉNIDES.—Pero siendo cada una de estas cosas una, si se añade una unidad a cualquiera de estas parejas, ¿no se tendrán tres por total?

ARISTÓTELES.—Sí.

PARMÉNIDES.—¿Tres es impar y dos par?

ARISTÓTELES.—Sin duda.

PARMÉNIDES.—¡Y qué! Donde hay dos, ¿no hay también necesariamente dos veces; y donde hay tres, tres veces, si es cierto que el dos se compone de dos veces uno, y el tres de tres veces uno?

ARISTÓTELES.—Necesariamente.

PARMÉNIDES.—Y donde hay dos y dos veces, ¿no es ̃cesario que haya dos veces dos? Y donde hay tres y tres veces, ¿no es necesario que haya tres veces tres?

ARISTÓTELES.—Sin duda.

PARMÉNIDES.—Y donde hay tres y dos veces y dos y tres veces, ¿no es necesario que haya dos veces tres y tres veces dos?

ARISTÓTELES.—Así es.

PARMÉNIDES.—¿Tendrán, pues, los números pares un número de veces par, y los impares un número de veces impar, y los pares un número de veces impar, y los impares un número de veces par?

ARISTÓTELES.—Sí.

PARMÉNIDES.—Si es así, ¿crees tú que haya un solo número cuya existencia no sea necesaria?

ARISTÓTELES.—Yo no lo creo.

PARMÉNIDES.—Por consiguiente; si lo uno existe, es preciso necesariamente, que el número exista igualmente.

ARISTÓTELES.—Necesariamente.

PARMÉNIDES.—Pero si el número existe, hay una pluralidad, una multitud infinita de seres. ¿O no es cierto que hay un número infinito, que participa del ser?

ARISTÓTELES.—Perfectamente.

PARMÉNIDES.—Si todo número participa del ser, ¿cada parte del número participa de él igualmente?

ARISTÓTELES.—Sí.

PARMÉNIDES.—La existencia, por tanto, está dividida entre todos los seres, y ningún ser está privado de ella, desde el más pequeño hasta el más grande. Pero esta cuestión ¿no es irracional? Porque ¿cómo podría faltar la existencia a ningún ser?

ARISTÓTELES.—Imposible.

PARMÉNIDES.—La existencia está distribuída entre los seres, lo mismo los más pequeños que los más grandes; en una palabra, entre todos los seres; está dividida más que ninguna otra cosa; de suerte que hay una infinidad de partes de existencia.

ARISTÓTELES.—Es cierto.

PARMÉNIDES.—Nada hay, pues, que tenga más partes que la existencia.

ARISTÓTELES.—No, nada.

PARMÉNIDES.—Pero, ¡qué!, ¿alguna de estas partes

forma parte de la existencia, sin ser, sin embargo, una parte?

ARISTÓTELES.—¿Cómo puede ser eso?

PARMÉNIDES.—Pero si cada parte existe, es necesario, a mi parecer, que en tanto que ella existe, sea una cosa, y es imposible que no sea nada.

ARISTÓTELES.—Sin duda.

PARMÉNIDES.—Lo uno se encuentra, por tanto, en cada una de las partes del ser, sin faltar nunca ni a la más pequeña, ni a la más grande, ni a ninguna.

ARISTÓTELES.—Sí.

PARMÉNIDES.—Pero si el ser es uno, ¿puede encontrarse todo entero en muchos parajes a la vez? Fija tu atención.

ARISTÓTELES.—Fijo la atención, y veo que eso es imposible.

PARMÉNIDES.—Por consiguiente, está dividido, si no se encuentra todo entero en cada parte; porque no podría en manera alguna estar presente a la vez en todas las partes del ser, sin estar dividido.

ARISTÓTELES.—En efecto.

PARMÉNIDES.—Y lo que es divisible, ¿no es necesariamente tan múltiple como partes tiene?

ARISTÓTELES.—Necesariamente.

PARMÉNIDES.—No hemos estado en lo cierto entonces, cuando hemos dicho que el ser se dividía en una infinidad de partes; porque no puede ser dividido en mayor número de partes que lo uno, sino precisamente en tantas partes como lo uno; porque el ser no puede separarse de lo uno, ni lo uno del ser, y estas dos cosas marchan siempre a la par.

ARISTÓTELES.—Nada más claro.

PARMÉNIDES.—Es este caso, lo uno, distribuído por el ser, es igualmente muchos y es infinito en número.

ARISTÓTELES.—Así parece.

PARMÉNIDES.—No es sólo el ser uno el que es muchos, sino que lo uno mismo, dividido por el ser, es necesariamente muchos.

ARISTÓTELES.—Sin duda.

PARMÉNIDES.—Pero, puesto que las partes son siempre las partes de un todo, ¿lo uno será limitado en tanto que todo, o bien las partes no están encerradas en el todo?

ARISTÓTELES.—Necesariamente.

PARMÉNIDES.—Lo que encierra una cosa es un límite.

ARISTÓTELES.—Sin duda.

PARMÉNIDES.—Luego lo uno es a la vez uno y muchos, todo y partes, limitado e ilimitado.

ARISTÓTELES.—Así parece.

PARMÉNIDES.—Pero si es limitado, tiene extremos.

ARISTÓTELES.—Necesariamentè.

PARMÉNIDES.—Pero, como todo, ¿no tiene principio, medio y fin? ¿O bien puede existir un todo sin estas tres cosas? Y si falta alguna de ellas, ¿es aún un todo?

ARISTÓTELES.—No.

PARMÉNIDES.—En este concepto, lo uno tendrá principio, fin y medio.

ARISTÓTELES.—Los tendrá.

PARMÉNIDES.—Pero el medio está a igual distancia de los extremos; de otra manera no sería medio.

ARISTÓTELES.—Es cierto.

PARMÉNIDES.—Siendo así, lo uno participará de una cierta figura, recta o redonda, o compuesta de las dos.

ARISTÓTELES.—Participará.

PARMÉNIDES.—Pero entonces, ¿lo uno no existirá en sí mismo y en otra cosa?

ARISTÓTELES.—¿Cómo?

PARMÉNIDES.—Cada parte está en el todo, y ninguna está fuera del todo.

ARISTÓTELES.—Conforme.

PARMÉNIDES.—¿Todas las partes están envueltas por el todo?

ARISTÓTELES.—Sí.

PARMÉNIDES.—Todas las partes de lo uno constituyen lo uno, todas, ni una más, ni una menos.

ARISTÓTELES.—No.

PARMÉNIDES.—¿Entonces lo todo no es también uno?

ARISTÓTELES.—Es claro.

PARMÉNIDES.—Si, pues, todas las partes se encuentran en el todo, y si todas las partes constituyen lo uno y el todo mismo, y si todas ellas están encerradas por el todo; resulta de aquí, que lo uno está envuelto por lo uno, y por consiguiente vemos ya que lo uno está en sí mismo.

ARISTÓTELES.—Perfectamente.

PARMÉNIDES.—Por otra parte; el todo no está en las partes, ni en todas, ni en alguna. En efecto, si estuviese en todas, necesariamente estaría en una de las partes; porque si hubiese una sola en la que no estuviese, no podría ya estar en todas. Y estando esta parte comprendida entre las demás, si el todo no estuviese en ella, ¿cómo podría estar en todas?

ARISTÓTELES.—Es imposible.

PARMÉNIDES.—El todo no está tampoco en algunas de las partes; porque si estuviera, lo más estaría en lo menos, lo cual es imposible.

ARISTÓTELES.—En efecto.

PARMÉNIDES.—Si el todo no está, ni en muchas de sus partes, ni en una sola, ni en todas, es preciso necesariamente que esté en otra cosa, o que no esté en ninguna parte.

ARISTÓTELES.—Necesariamente.

PARMÉNIDES.—Si no estuviese en ninguna parte, no sería nada; y puesto que es un todo, y que no está en sí mismo, es preciso necesariamente que esté en otra cosa.

ARISTÓTELES.—Sin ninguna duda.

PARMÉNIDES.—Por consiguiente, en tanto que todo, lo uno está en otra cosa; en tanto que está en todas las partes de que se compone el todo, está en sí mismo; de suerte, que necesariamente está en sí mismo y en otra cosa.

ARISTÓTELES.—Necesariamente.

PARMÉNIDES.—Siendo ésta la naturaleza de lo uno, ¿no es indispensable que esté en movimiento y en reposo?

ARISTÓTELES.—¿Cómo?

PARMÉNIDES.—Está en reposo desde el momento en que él mismo está en sí mismo. Porque estando en una cosa y no saliendo de ella, como sucedería si estuviese siempre en sí mismo, estará siempre en la misma cosa.

ARISTÓTELES.—En efecto.

PARMÉNIDES.—Pero lo que está siempre en la misma cosa, necesariamente está siempre en reposo.

ARISTÓTELES.—Perfectamente.

PARMÉNIDES.—Pero, ¡qué!, lo que está siempre en otra cosa, ¿no es, por el contrario, una necesidad que no está nunca en lo mismo; y que no estando nunca en lo mismo, no esté nunca en reposo; y que no estando jamás en reposo, esté en movimiento?

ARISTÓTELES.—Sin duda.

PARMÉNIDES.—Luego es una necesidad que lo uno, que está siempre en sí mismo y en otra cosa, esté siempre en movimiento y en reposo.

ARISTÓTELES.—Al parecer.

PARMÉNIDES.—Además, lo uno es idéntico a sí mismo y diferente de sí mismo; y en igual forma idéntico a las otras cosas, y diferente de las otras cosas; si lo que hemos dicho hasta ahora es cierto.

ARISTÓTELES.—¿Cómo?

PARMÉNIDES.—Puede decirse esto de toda cosa respecto de otra cosa: ella es la misma u otra; o bien, si no es la misma ni otra, es la parte de un todo o el todo de una parte.

ARISTÓTELES.—Es exacto.

PARMÉNIDES.—Pero ¿lo uno es una parte de sí mismo?

ARISTÓTELES.—De ninguna manera.

PARMÉNIDES.—Lo uno no puede tampoco ser un todo con relación a sí mismo, considerado como parte, puesto que en tal caso sería parte con relación a sí mismo.

ARISTÓTELES.—Imposible.

PARMÉNIDES.—Pero ¿lo uno podrá ser distinto que lo uno?

ARISTÓTELES.—No, ciertamente.

PARMÉNIDES.—No puede ser distinto que él mismo.

ARISTÓTELES.—No, seguramente.

PARMÉNIDES.—Pero si no es otro, ni parte, ni todo, considerado con relación a sí mismo, ¿no es necesario que sea lo mismo que él mismo?

ARISTÓTELES.—Es una necesidad.

Parménides.—Pero lo que está en otra parte que ello mismo, aunque estuviese en lo mismo que ello mismo, ¿no es distinto que ello mismo, puesto que está en otra parte?

Aristóteles.—Lo creo.

Parménides.—Pero nos ha parecido que lo uno está a la vez en sí mismo y en otra cosa.

Aristóteles.—Así nos pareció.

Parménides.—Por esta razón lo uno, al parecer, será otro que él mismo.

Aristóteles.—Así parece.

Parménides.—Pero, ¡qué!, si una cosa es distinta de otra, ¿no será ésta distinta de la primera?

Aristóteles.—Necesariamente.

Parménides.—Ahora bien, lo que no es uno, ¿no es otro que lo uno; y lo uno, otro que lo que no es uno?

Aristóteles.—Es incontestable.

Parménides.—Luego lo uno es otro que las demás cosas.

Aristóteles.—Lo es.

Parménides.—Atiende ahora. Lo mismo y lo otro, ¿no son contrarios?

Aristóteles.—Sin duda.

Parménides.—¿Y es posible que lo mismo se encuentre nunca en lo otro, o lo otro en lo mismo?

Aristóteles.—No es posible.

Parménides.—Si lo otro no está nunca en lo mismo, no hay un ser, en el que lo otro esté durante un cierto tiempo; porque si estuviese allí un cierto tiempo, lo otro, durante este tiempo, estaría en lo mismo. ¿No es cierto?

Aristóteles.—Sí.

Parménides.—Puesto que lo otro no está nunca en lo mismo, jamás estará en ningún ser.

Aristóteles.—Conforme.

Parménides.—Por consiguiente, lo otro no estará ni en lo que no es uno, ni en lo que es uno.

Aristóteles.—No.

Parménides.—Lo uno no será, pues, a causa de lo

otro, otro que lo que no es uno; y lo que no es uno, otro que lo uno.

ARISTÓTELES.—No.

PARMÉNIDES.—No son, sin embargo, por sí mismos recíprocamente otros, si no participan de lo otro.

ARISTÓTELES.—Sin duda.

PARMÉNIDES.—Pero si no son otros por sí mismos, ni por lo otro, ¿no desaparecerá toda diferencia entre ellos?

ARISTÓTELES.—Desaparecerá.

PARMÉNIDES.—Por otra parte, lo que no es uno no participa de lo uno; porque no sería no-uno, sino que sería más bien uno.

ARISTÓTELES.—Es cierto.

PARMÉNIDES.—Lo que es no-uno no es tampoco un número, porque no sería verdaderamente no-uno, si contuviese algún número.

ARISTÓTELES.—Muy bien.

PARMÉNIDES.—¡Y qué! ¿Lo que no es uno puede ser parte de lo uno? ¿O bien en este caso, lo que no es uno, no participaría de lo uno?

ARISTÓTELES.—Participaría.

PARMÉNIDES.—Luego si lo uno es absolutamente uno y lo no-uno absolutamente no-uno, lo uno no es una parte de lo no-uno, ni un todo del que lo no-uno forme parte; y lo mismo lo no-uno no es una parte de lo uno, ni un todo del que lo uno forme parte.

ARISTÓTELES.—No, ciertamente.

PARMÉNIDES.—Pero hemos dicho que las cosas, que no son, las unas respecto de las otras, ni partes, ni todo, ni otras, son las mismas.

ARISTÓTELES.—Lo hemos dicho.

PARMÉNIDES.—¿Diremos entonces que lo uno frente a frente de lo no-uno en estas condiciones, es lo mismo que lo no-uno?

ARISTÓTELES.—Así lo hemos dicho.

PARMÉNIDES.—Luego, a lo que parece, lo uno es otro que las demás cosas y que él mismo y lo mismo que las otras cosas y que él mismo.

ARISTÓTELES.—Así parece resultar de nuestro razonamiento.

PARMÉNIDES.—¿No es también lo uno semejante y desemejante a sí mismo y a las otras cosas?

ARISTÓTELES.—Quizá.

PARMÉNIDES.—Pues o que nos ha parecido otro que las demás cosas, las demás cosas son igualmente otras que él mismo.

ARISTÓTELES.—Sin duda.

PARMÉNIDES.—Es, pues, otro que todo lo demás, como todo lo demás es otro que él; ni más, ni menos.

ARISTÓTELES.—Evidentemente.

PARMÉNIDES.—Si no es más ni menos, será, por consiguiente, del mismo modo.

ARISTÓTELES.—Sí.

PARMÉNIDES.—Así, pues, la razón, que hace que lo uno sea otro que todo lo demás, y todo lo demás otro que lo uno, hace igualmente que lo uno sea lo mismo que todo lo demás, y todo lo demás lo mismo que lo uno.

ARISTÓTELES.—¿Qué quieres decir con eso?

PARMÉNIDES.—¿No te sirve cada nombre para llamar a alguno?

ARISTÓTELES.—Sin duda.

PARMÉNIDES.—Y bien, ¿puedes pronunciar el mismo nombre muchas veces, o sólo puedes pronunciarle una?

ARISTÓTELES.—Muchas veces.

PARMÉNIDES.—¿Y pronunciando un nombre una vez, designas la cosa así nombrada, mientras que pronunciándola muchas veces no la designas; o bien, ya pronuncies una vez o muchas veces el mismo nombre, designas necesariamente el mismo objeto?

ARISTÓTELES.—Sí, ciertamente.

PARMÉNIDES.—Pero *lo otro*, ¿es igualmente el nombre de alguna cosa?

ARISTÓTELES.—Seguramente.

PARMÉNIDES.—Cuando le pronuncias, ya una vez, ya muchas, no nombras por esto más que la cosa que representa el nombre.

ARISTÓTELES.—Necesariamente.

PARMÉNIDES.—Cuando decimos, que todo lo demás es otro que lo uno, y lo uno otro que todo lo demás, al pronunciar así dos veces la palabra *otro*, sólo designamos una sola y misma esencia, la misma que tiene por nombre lo *otro*.

ARISTÓTELES.—Es cierto.

PARMÉNIDES.—Luego en tanto que lo uno es otro que todo lo demás, y todo lo demás otro que lo uno; lo uno, participando del mismo otro, participa de la misma cosa que todo lo demás, y no de una cosa diferente. Ahora bien, lo que participa hasta cierto punto de la misma cosa, es semejante. ¿No es así?

ARISTÓTELES.—Sí.

PARMÉNIDES.—Por tanto, lo que es causa de que lo uno sea otro que todo lo demás, será también causa de que todo sea semejante a todo; porque toda cosa es otra que toda cosa.

ARISTÓTELES.—Así parece.

PARMÉNIDES.—Sin embargo, lo semejante es lo contrario de lo desemejante.

ARISTÓTELES.—Sí.

PARMÉNIDES.—Y lo otro, lo contrario de lo mismo.

ARISTÓTELES.—Así es.

PARMÉNIDES.—Pero nos ha parecido igualmente que lo uno es lo mismo que todo lo demás.

ARISTÓTELES.—Así nos ha parecido.

PARMÉNIDES.—Y ser lo mismo que todo lo demás es una manera de ser contraria a la de ser otro que todo lo demás.

ARISTÓTELES.—Ciertamente.

PARMÉNIDES.—En tanto que otro, lo uno nos ha parecido semejante.

ARISTÓTELES.—Sí.

PARMÉNIDES.—Por consiguiente, en tanto que lo mismo, será desemejante; puesto que se encuentra en un estado contrario a aquel que le hace semejante. Porque era lo otro lo que le hacía semejante.

ARISTÓTELES.—Sí.

PARMÉNIDES.—Lo mismo tiene que hacerle desemejante; o dejaría de ser lo contrario de lo otro.

ARISTÓTELES.—Así parece.

PARMÉNIDES.—Lo uno será por tanto semejante y desemejante a las otras cosas; en tanto que otro, semejante; en tanto que lo mismo, desemejante.

ARISTÓTELES.—Eso es, al parecer, lo que prueba nuestro razonamiento.

PARMÉNIDES.—También prueba esto.

ARISTÓTELES.—¿Qué?

PARMÉNIDES.—En tanto que lo uno participa de lo mismo, no participa de lo diferente; no participando de lo diferente, no es desemejante; no siendo desemejante, es semejante. En tanto que participa de lo diferente, él es diferente; siendo diferente, es desemejante.

ARISTÓTELES.—Es cierto.

PARMÉNIDES.—Lo uno, siendo, pues, lo mismo que todo lo demás y siendo lo otro, es por estas dos razones y por cada una de ellas, semejante y desemejante a todo lo demás.

ARISTÓTELES.—Perfectamente.

PARMÉNIDES.—De donde se sigue igualmente, que siendo lo otro y lo mismo que él mismo, es por estas dos razones y por cada una de ellas, semejante y desemejante a sí mismo.

ARISTÓTELES.—Necesariamente.

PARMÉNIDES.—Lo uno está en contacto consigo mismo y con las demás cosas o no lo está. ¿Qué debe creerse? Reflexiona.

ARISTÓTELES.—Ya reflexiono.

PARMÉNIDES.—Lo uno nos ha parecido estar contenido en sí mismo como en un todo.

ARISTÓTELES.—Bien.

PARMÉNIDES.—¿Está también contenido en las demás cosas?

ARISTÓTELES.—Sí.

PARMÉNIDES.—En tanto que está contenido en las otras cosas, ¿no está en contacto con ellas? En tanto que contenido en sí mismo, no puede estar en contacto con las demás cosas, pero está en contacto consigo mismo, puesto que está contenido en sí mismo.

ARISTÓTELES.—Así parece.

PARMÉNIDES.—Está por tanto en contacto consigo mismo y con lo demás.

ARISTÓTELES.—Está.

PARMÉNIDES.—Pero lo que está en contacto con una cosa, ¿no es indispensable que esté inmediato a la cosa con que toca, ocupando un lugar contiguo a aquel en que se encuentra la cosa tocada?

ARISTÓTELES.—Necesariamente.

PARMÉNIDES.—Por tanto, si lo uno debe estar en contacto consigo mismo, es preciso que esté colocado en seguida de sí mismo, ocupando el lugar contiguo a aquel en que se encuentra él mismo.

ARISTÓTELES.—Así es preciso.

PARMÉNIDES.—Para que sucediera esto con lo uno, sería preciso que él fuese el dios, y que ocupase en el mismo instante dos sitios diferentes. Pero en tanto lo uno sea uno, esto repugna.

ARISTÓTELES.—En efecto, repugna.

PARMÉNIDES.—Es igualmente imposible a lo uno ser dos, y estar en contacto consigo mismo.

ARISTÓTELES.—Lo es.

PARMÉNIDES.—Pero entonces tampoco estará en contacto con las otras cosas.

ARISTÓTELES.—¿Por qué?

PARMÉNIDES.—Porque, según hemos dicho, lo que debe estar en contacto debe estar fuera y a continuación de aquello con lo que está en contacto, sin que un tercero venga a colocarse en medio.

ARISTÓTELES.—Es cierto.

PARMÉNIDES.—Por lo menos se necesitan dos cosas para que haya contacto.

ARISTÓTELES.—Sí, dos cosas.

PARMÉNIDES.—Si entre dos cosas se encuentra una tercera, que esté en contacto con ellas, entonces serán tres cosas; pero los contactos serán sólo dos.

ARISTÓTELES.—Sí.

PARMÉNIDES.—Y cada vez que se añade uno, se añade un contacto; de suerte que el número de contactos es siempre inferior en una unidad al de las cosas. Porque superando las cosas desde el principio a los contactos, continúan excediéndoles en la misma proporción; lo que es muy sencillo, puesto que no se añade nunca a las cosas más que una cosa, y un contacto a los contactos.

ARISTÓTELES.—Bien.

PARMÉNIDES.—Cualquiera que sea el número de cosas, siempre resultará un contacto menos.

ARISTÓTELES.—Es cierto.

PARMÉNIDES.—Si no hay más de una sola cosa, si no hay dualidad, no puede haber contacto.

ARISTÓTELES.—Imposible.

PARMÉNIDES.—Pero hemos dicho, que las cosas otras que lo uno, no son lo uno, ni participan de él, en el hecho mismo de ser otras.

ARISTÓTELES.—No.

PARMÉNIDES.—Luego no hay número en las otras cosas, puesto que no hay en ellas unidad.

ARISTÓTELES.—Imposible.

PARMÉNIDES.—Las otras cosas no son una ni dos, y no pueden ser designadas por ningún otro número.

ARISTÓTELES.—No.

PARMÉNIDES.—Lo uno, por tanto, existe solo; y no hay dualidad.

ARISTÓTELES.—Conforme.

PARMÉNIDES.—Y si no hay dualidad, no hay contacto.

ARISTÓTELES.—No lo hay.

PARMÉNIDES.—Si no hay contacto, ni lo uno está en contacto con las otras cosas, ni las otras cosas con lo uno.

ARISTÓTELES.—No.

PARMÉNIDES.—Por todas estas razones, lo uno está en contacto y no está en contacto con las otras cosas y consigo mismo.

ARISTÓTELES.—Así parece.

PARMÉNIDES.—En igual forma, lo uno es a la vez igual y desigual a sí mismo y a las otras cosas.

ARISTÓTELES.—¿Cómo?

PARMÉNIDES.—Si lo uno fuese más grande o más pequeño que las otras cosas, o las otras cosas más grandes o más pequeñas que lo uno, no nacería esto de que lo uno es lo uno, ni de que las otras cosas son otras que lo uno; en una palabra, no serían en virtud de sus propias esencias recíprocamente más grandes o más pequeñas; pero si fuesen iguales, esto procedería de tener además la igualdad; y si las otras cosas tuviesen la magnitud y lo uno la pequeñez, o lo uno la magnitud y las otras cosas la pequeñez, la idea que tuviese la magnitud, sería la más grande; y la que tuviese la pequeñez, sería la más pequeña.

ARISTÓTELES.—Necesariamente.

PARMÉNIDES.—Pero ¿no existen estas dos ideas, la magnitud y la pequeñez? Porque si no existiesen, no serían opuestas entre sí; y no se encontrarían en los seres.

ARISTÓTELES.—Es evidente.

PARMÉNIDES.—Si la pequeñez se encuentra en lo uno, tiene que estar en su totalidad o en alguna de sus partes.

ARISTÓTELES.—Necesariamente.

PARMÉNIDES.—¿Está en lo uno todo entero? Entonces, o está igualmente derramado en la universalidad de lo uno todo entero, o está extendido en su rededor.

ARISTÓTELES.—Sin duda.

PARMÉNIDES.—Pero si la pequeñez está derramada igualmente en la universalidad de lo uno todo entero, ella es igual a él; y si le rodea es más grande.

ARISTÓTELES.—Eso es claro.

PARMÉNIDES.—¿Es posible que la pequeñez sea igual a otra cosa, o más grande, y que desempeñe así el papel de la igualdad y de la magnitud, y no el suyo propio, que es el de la pequeñez?

ARISTÓTELES.—Eso no es posible.

PARMÉNIDES.—La pequeñez no se encuentra en lo uno todo entero, sino a lo más en una de sus partes.

ARISTÓTELES.—Sí.

PARMÉNIDES.—Por consiguiente, ni en una parte toda entera, porque en tal caso se hallaría, respecto de la parte, en el mismo caso que hemos dicho respecto del todo, es decir, que sería igual a la parte en que se encontrase, o más grande que esta parte.

ARISTÓTELES.—Necesariamente.

PARMÉNIDES.—La pequeñez no se encontrará, por tanto, en ninguna cosa, no pudiendo estar ni en el todo ni en la parte; de suerte que no habrá nada que sea pequeño, sino la pequeñez misma.

ARISTÓTELES.—Parece que no.

PARMÉNIDES.—La magnitud tampoco estará en ninguna cosa; porque para encerrar la magnitud, sería preciso buscar una cosa que fuera más grande que la magnitud misma, puesto que la comprendería; y esto sin que hubiese nada de pequeño en esta magnitud que aquella cosa dominaría, puesto que la magnitud es esencialmente grande. Pero esto es imposible; y por otra parte la pequeñez no puede encontrarse en ninguna cosa.

ARISTÓTELES.—Es cierto.

PARMÉNIDES.—Sin embargo; la magnitud en sí no puede ser más grande sino con relación a la pequeñez en sí; y la pequeñez no puede ser más pequeña, sino con relación a la magnitud en sí.

ARISTÓTELES.—En efecto.

PARMÉNIDES.—Por consiguiente, las otras cosas no son, ni más grandes, ni más pequeñas que lo uno, pues que no tienen ni magnitud, ni pequeñez; la magnitud y la pequeñez mismas no pueden ni sobrepujar ni ser sobrepujadas en su relación con lo uno, sino tan sólo en sus relaciones recíprocas; y lo uno, a su vez, no puede ser ni más grande, ni más pequeño, que la grandeza en sí y que la pequeñez en sí, y que las otras cosas, pues que no tiene grandeza ni pequeñez.

ARISTÓTELES.—Así parece.

PARMÉNIDES.—Pero si lo uno no es ni más grande, ni más pequeño que las otras cosas, necesariamente ni puede sobrepujarlas, ni ser sobrepujado por ellas.

ARISTÓTELES.—Necesariamente.

PARMÉNIDES.—Pero si no las sobrepuja ni es sobrepujado por ellas, es preciso, de toda necesidad, que sea de igual magnitud; y siendo de igual magnitud, que sea igual.

ARISTÓTELES.—Es preciso.

PARMÉNIDES.—Esto debe suceder también a lo uno con relación a sí mismo. No teniendo en sí, ni magnitud, ni pequeñez, no puede ser sobrepujado por sí mismo, ni sobrepujarse; sino que, siendo de igual extensión, es igual a sí mismo.

ARISTÓTELES.—Perfectamente.

PARMÉNIDES.—Por tanto, lo uno es igual a sí mismo y a las otras cosas.

ARISTÓTELES.—Así parece.

PARMÉNIDES.—Pero si lo uno está en sí mismo, también está rodeado por él mismo y fuera de sí mismo; y en tanto que se rodea él mismo, es más grande que él mismo; y en tanto que aparece rodeado, es más pequeño. De suerte, que es él mismo más grande y más pequeño que él mismo.

ARISTÓTELES.—Lo es.

PARMÉNIDES.—¿No es imposible también que haya nada fuera de lo uno y de las cosas que son otras que lo uno?

ARISTÓTELES.—Sin duda.

PARMÉNIDES.—Pero es preciso que lo que existe, esté en alguna parte.

ARISTÓTELES.—Sí.

PARMÉNIDES.—Pero una cosa que está en otra, está en una más grande; y es ella misma más pequeña; si no fuera así, sería imposible que una de dos cosas diferentes estuviese en la otra.

ARISTÓTELES.—Imposible.

PARMÉNIDES.—Puesto que nada puede existir independientemente de las otras cosas y de lo uno; puesto que están necesariamente en alguna cosa; ¿no es una necesidad que ellas se invadan mutuamente, puesto que están las otras cosas en lo uno, y lo uno en las otras cosas, sin lo cual no estarían en ninguna parte?

ARISTÓTELES.—Así parece.

PARMÉNIDES.—Puesto que lo uno está comprendido en las otras cosas, las otras cosas son más grandes que lo uno, porque lo envuelven; y lo uno más pequeño que las otras cosas, porque se ve envuelto. Y puesto que las otras cosas están comprendidas en lo uno, según el mismo razonaminto, lo uno es más grande que las otras cosas, y éstas más pequeñas que lo uno.

ARISTÓTELES.—Así parece.

PARMÉNIDES.—Lo uno es, por tanto, a la vez igual a sí mismo y a las otras cosas, y más grande y más pequeño.

ARISTÓTELES.—Parece que sí.

PARMÉNIDES.—Si es igual, y más grande y más pequeño, tiene medidas iguales y más numerosas y menos numerosas; y si tiene medidas, tiene partes.

ARISTÓTELES.—Así es.

PARMÉNIDES.—Teniendo, pues, medidas iguales y más numerosas y menos numerosas, es igual el número a sí mismo y a las otras cosas; y de igual modo, más grande y más pequeño.

ARISTÓTELES.—¿Cómo?

PARMÉNIDES.—Para ser más grande que ciertas cosas, es preciso que tenga cierto número de medidas; y quien dice medidas, dice partes. Y lo mismo para ser más pequeño, y lo mismo también para ser igual.

ARISTÓTELES.—Conforme.

PARMÉNIDES.—Siendo igual a sí mismo y más grande y más pequeño, es preciso que tenga partes en un número igual a sí mismo, en mayor número y en menor número; y por consiguiente que tenga partes.

ARISTÓTELES.—Sin duda.

PARMÉNIDES.—Siendo igual a sí mismo en partes, será igual a sí mismo en número; más grande, si tiene más partes; menos grande, si tiene menos.

ARISTÓTELES.—Así parece.

PARMÉNIDES.—¿Y no sucederá lo mismo con lo uno relativamente a las otras cosas? Más grande que ellas, necesariamente las sobrepujará en número; más pequeño, será sobrepujado; igual a ellas por la magnitud, las igualará por el número.

ARISTÓTELES.—Necesariamente.

PARMÉNIDES.—Lo uno es, por tanto, según parece, igual, superior, e inferior en número a sí mismo y a las otras cosas.

ARISTÓTELES.—Lo es.

PARMÉNIDES.—¿Lo uno participa del tiempo? ¿Es y se hace más joven y más viejo que él mismo y que las otras cosas, y no es a la vez, ni más joven, ni más viejo que él mismo y que las otras cosas, en el acto mismo de participar del tiempo?

ARISTÓTELES.—¿Cómo?

PARMÉNIDES.—Lo uno, ¿es de alguna manera, siendo uno?

ARISTÓTELES.—Sí.

PARMÉNIDES.—Pero ser, ¿qué otra cosa significa que participar de la existencia en el tiempo presente; como era, indica una participación de la existencia en lo pasado; y como será, lo indica en el porvenir?

ARISTÓTELES.—Perfectamente.

PARMÉNIDES.—Lo uno participa, pues, del tiempo, participando del ser.

ARISTÓTELES.—Ciertamente.

PARMÉNIDES.—¿Por consiguiente del tiempo que pasa?

ARISTÓTELES.—Sí.

PARMÉNIDES.—Luego es siempre más viejo que él mismo, si marcha con el tiempo.

ARISTÓTELES.—Necesariamente.

PARMÉNIDES.—Pero acordémonos de que lo que se hace más viejo, se hace más viejo respecto de otro, que se hace más joven.

ARISTÓTELES.—Bien, acordémonos.

PARMÉNIDES.—Por consiguiente, puesto que lo uno se hace más viejo, se hace con relación a él mismo, que se hace más joven.

ARISTÓTELES.—Necesariamente.

PARMÉNIDES.—De esta manera lo uno se hace más joven y más viejo que él mismo.

ARISTÓTELES.—Sí.

PARMÉNIDES.—¿No es más viejo cuando ha llegado al tiempo presente, intermedio entre era y será? Porque pasando de ayer a mañana no puede saltar sobre el hoy.

ARISTÓTELES.—No, ciertamente.

PARMÉNIDES.—¿No cesa de hacerse más viejo cuando ha tocado en lo presente, de suerte que no se hace ya sino que es realmente más viejo? Porque si continuase avanzando, jamás estaría comprendido en lo presente. Porque lo que avanza es de tal manera, que toca a la vez a dos cosas, al presente y al porvenir; abandonando lo presente, prosiguiendo hacia el porvenir, y moviéndose entre estas dos cosas, el porvenir y el presente.

ARISTÓTELES.—Es cierto.

PARMÉNIDES.—Y si necesariamente lo que deviene o se hace no puede saltar por cima de lo presente, desde el momento que le toca, cesa de devenir o de hacerse, y es realmente lo que se hacía.

ARISTÓTELES.—Así parece.

PARMÉNIDES.—Por consiguiente; cuando lo uno, que se hace más viejo, toca en lo presente, cesa de hacerse más viejo, porque no se *hace* sino que *lo es*.

ARISTÓTELES.—Perfectamente.

PARMÉNIDES.—De suerte que lo uno es entonces más viejo que aquello con relación a lo que se hacía más viejo. Ahora bien; él se hacía más viejo con relación a sí mismo.

ARISTÓTELES.—Sí.

PARMÉNIDES.—Y lo que es más viejo, es más viejo que uno más joven.

ARISTÓTELES.—Lo es.

PARMÉNIDES.—Lo uno es, pues, también más joven que él mismo; cuando, haciéndose más viejo, toca en lo presente.

ARISTÓTELES.—Necesariamente.

PARMÉNIDES.—Pero lo presente es inseparable de lo uno, por todo el tiempo que existe; porque él existe de presente en tanto que él existe.

ARISTÓTELES.—No puede ser de otra manera.

PARMÉNIDES.—Luego lo uno es y se hace sin cesar más viejo y más joven que él mismo.

ARISTÓTELES.—Así parece.

PARMÉNIDES.—¿Es o se hace en más tiempo que él mismo, o en un tiempo igual?

ARISTÓTELES.—En un tiempo igual.

PARMÉNIDES.—Pero lo que se hace o lo que es en un tiempo igual tiene la misma edad.

ARISTÓTELES.—Sí.

282

Parménides.—Y lo que tiene la misma edad, no es ni más viejo, ni más joven.

Aristóteles.—No.

Parménides.—Luego lo uno, haciéndose y siendo en un tiempo igual a sí mismo, no es, ni se hace, más joven, ni más viejo que él mismo.

Aristóteles.—Yo no lo creo.

Parménides.—¿Y con relación a las otras cosas?

Aristóteles.—No sé qué decir.

Parménides.—Puedes decir con razón que si las cosas que no son lo uno son otras cosas y no una sola otra cosa, son más numerosas que lo uno; porque si fuesen una sola otra cosa, sólo formarían una unidad; mientras que, si son otras cosas, son más numerosas que lo uno, y forman una multitud.

Aristóteles.—Es incontestable.

Parménides.—Formando una multitud, participan de un número mayor que la unidad.

Aristóteles.—Sin duda.

Parménides.—Pero en el número, ¿cuál es el que se hace o deviene o ha devenido desde luego; el más grande o el menor?

Aristóteles.—El menor.

Parménides.—El primero es, pues, el más pequeño; y el más pequeño es el uno. ¿No es así?

Aristóteles.—Sí.

Parménides.—Entre todas las cosas que tienen número, es por consiguiente lo uno el que se ha hecho el primero. Pero todas las otras cosas tienen número, si son cosas, y no una sola cosa.

Aristóteles.—Sí.

Parménides.—Pero yo creo, que lo que se ha hecho primero, se ha hecho antes, y las otras cosas después. Las cosas que se han hecho o devenido después, son más jóvenes que lo que se ha hecho antes. De donde se sigue, que las otras cosas son más jóvenes que lo uno; y lo uno más viejo que las otras cosas.

Aristóteles.—En efecto.

Parménides.—Pero ¿lo uno se ha hecho de una manera contraria a su naturaleza; o es esto imposible?

ARISTÓTELES.—Imposible.

PARMÉNIDES.—Nos ha parecido que lo uno tenía partes; y por consiguiente un principio, un fin y un medio.

ARISTÓTELES.—Sí.

PARMÉNIDES.—Pero el principio ¿no se hace el primero lo mismo en lo uno que en las otras cosas, y así lo demás hasta el fin?

ARISTÓTELES.—Sin duda.

PARMÉNIDES.—Pero desde el principio hasta el fin son partes del todo y de lo uno; de modo que lo uno y el todo, no llegan a ser por completo sino con el fin.

ARISTÓTELES.—Es preciso convenir en ello.

PARMÉNIDES.—Pero el fin se hace, a mi parecer, el último, y con él lo uno, siguiendo su naturaleza; de tal manera, que si no es posible que lo uno se haga de una manera contraria a su naturaleza, haciéndose con el fin, estará en su naturaleza el hacerse el último entre todas las demás cosas.

ARISTÓTELES.—Parece que sí.

PARMÉNIDES.—Luego lo uno es más joven que las otras cosas; y las otras cosas más viejas que lo uno.

ARISTÓTELES.—Así me lo parece.

PARMÉNIDES.—Pero qué; el principio o cualquier parte de lo uno o de otra cosa, con tal que sea una parte y no partes, ¿no es necesariamente una unidad, puesto que es una parte?

ARISTÓTELES.—Necesariamente.

PARMÉNIDES.—De aquí resultará, que lo uno se hará al mismo tiempo que la primera cosa que se haga: igualmente al mismo tiempo que la segunda, y acompañará a todo lo que se haga, hasta que llegando a la última, lo uno se haya hecho todo entero; habiendo así seguido el medio, el principio, el fin, o sea cada parte, en este devenir o hacerse.

ARISTÓTELES.—Es cierto.

PARMÉNIDES.—Lo uno no tiene por tanto la misma edad que las otras cosas. A menos de nacer de un modo contrario a su naturaleza, no puede devenir o hacerse, ni antes, ni después, de las otras cosas, sino al mismo tiempo. Y siguiendo este razonamiento, no puede ser más viejo ni más joven que las otras cosas; ni las otras cosas más viejas ni más jóvenes que lo uno. Por el contrario; siguiendo el razonamiento anterior, era más viejo y más joven que las otras cosas; y éstas más viejas y más jóvenes que él.

ARISTÓTELES.—Perfectamente.

PARMÉNIDES.—He aquí en qué estado se encuentra lo uno después que se ha hecho o que ha *devenido*. Pero ¿qué pensar de lo uno, que *se hace* más viejo y más joven que las otras cosas, y éstas más viejas y más jóvenes que lo uno; y que por el contrario, lo uno *no se hace* o deviene ni más joven ni más viejo? Sucede lo mismo con el devenir que con el ser, ¿o es de otra manera?

ARISTÓTELES.—No puedo decirlo.

PARMÉNIDES.—Pero yo puedo, por lo menos, decir lo siguiente: cuando una cosa es más vieja que otra, no puede hacerse más vieja que lo era cuando comenzó a ser, ni en una cantidad diferente; y lo mismo si es más joven, no está en su mano hacerse aún más joven. Porque si a cantidades iguales se añaden cantidades desiguales, de tiempo o de cualquiera otra cosa, la diferencia subsiste siempre igual a la diferencia primitiva.

ARISTÓTELES.—No puede ser de otra manera.

PARMÉNIDES.—Lo que es más viejo o más joven no puede hacerse más viejo o más joven que lo que es más viejo o más joven que ello mismo; siendo siempre igual la diferencia de edad; es o se ha hecho lo uno más viejo, lo otro más joven; no se hace más.

ARISTÓTELES.—Es cierto.

PARMÉNIDES.—Lo mismo sucede con lo uno; no se hace, sino que es más viejo o más joven que las otras cosas.

ARISTÓTELES.—No.

PARMÉNIDES.—Mira ahora, si considerando las cosas por este lado. encontraremos que se hacen más viejas o más jóvenes.

ARISTÓTELES.—¿Por dónde?

PARMÉNIDES.—Recordarás, que lo uno nos ha parecido más viejo que las otras cosas, y éstas más que lo uno.

ARISTÓTELES.—¿Y qué?

PARMÉNIDES.—Para que lo uno sea más viejo que las otras cosas, es preciso que haya existido antes que ellas.

ARISTÓTELES.—Sí.

PARMÉNIDES.—Atiende a esto. Si a un tiempo más largo o a un tiempo más corto añadimos un tiempo igual, ¿el más largo diferirá del más corto en una cantidad igual o en una más pequeña?

ARISTÓTELES.—En una más pequeña.

PARMÉNIDES.—Entre lo uno y las otras cosas, no habrá después la misma diferencia de edad que había al principio; sino que si lo uno y las otras cosas toman un tiempo igual, la diferencia de edad será siempre menor que antes. ¿No es así?

ARISTÓTELES.—Sí.

PARMÉNIDES.—Y lo que difiere de edad con relación a otra cosa menos que antes, ¿no se hace más joven relativamente a esta misma cosa, respecto a la que era antes más viejo?

ARISTÓTELES.—Se hace más joven.

PARMÉNIDES.—Si se hace más joven que las otras cosas, ¿éstas no se hacen más viejas que antes con relación a lo uno?

ARISTÓTELES.—Ciertamente.

PARMÉNIDES.—Lo que había nacido más joven se hace más viejo con relación a lo que ha nacido antes, y que es más viejo. Sin ser más viejo, se hace siempre más viejo que él; porque el uno no cesa de caminar hacia la juventud y el otro hacia la vejez. A su vez, lo más viejo se hace siempre más joven que lo más joven; porque marchan en sentido opuesto; y por consiguiente devienen o se hacen siempre lo contrario el uno del otro; lo más joven se hace más viejo que lo más viejo, y lo más viejo más joven que lo más joven. Pero no cesarán nunca de devenir tales, porque si hubiese un momento, en que hubiesen devenido o sido hechos, no devendrían o se harían tales; ellos lo serían. Pero al presente se hacen más viejos y más jóvenes el uno que el otro. Lo uno se hace más joven que las otras cosas, porque nos ha parecido que era más viejo y que había nacido más pronto; y las otras cosas se hacen más viejas que lo uno, porque nos ha parecido que éstas han nacido más tarde. Siguiendo el mismo razonamiento, las otras cosas están en la misma relación con lo uno, porque ellas nos han parecido ser más viejas que él y nacidas más pronto.

ARISTÓTELES.—Todo esto me parece evidente.

PARMÉNIDES.—Luego, en tanto que una cosa no se hace ni más vieja, ni más joven que otra cosa, atendido a que ellas difieren siempre por una cantidad igual, ni lo uno puede hacerse más viejo o más joven que las otras cosas, ni éstas más viejas o más jóvenes que lo uno. Pero en tanto que necesariamente las cosas nacidas antes difieren por una parte siempre distinta de las cosas nacidas después, y las cosas nacidas después de las cosas nacidas antes, necesariamente lo uno se hace más viejo y más joven que las otras cosas, y éstas más viejas y más jóvenes que lo uno.

ARISTÓTELES.—Sin duda.

PARMÉNIDES.—Conforme a todo esto, lo uno es y se hace más viejo y más joven que él mismo y que las otras cosas; e igualmente no es, ni se hace, ni más viejo ni más joven que él mismo y que las otras cosas.

ARISTÓTELES.—Perfectamente.

PARMÉNIDES.—Pero puesto que lo uno participa del tiempo y de la vejez y de la juventud, ¿no es una necesidad que participe de lo pasado, de lo venidero y de lo presente en virtud de su participación en el tiempo?

ARISTÓTELES.—Es una necesidad.

PARMÉNIDES.—Por consiguiente, lo uno ha sido, es y será; ha devenido, deviene y devendrá; o se ha hecho, se hace y se hará.

ARISTÓTELES.—Sin duda.

PARMÉNIDES.—Puede, pues, haber algo que sea para lo uno y de lo uno; y lo ha habido, lo hay y lo habrá.

ARISTÓTELES.—Es incontestable.

PARMÉNIDES.—Puede, pues, haber una ciencia, una opinión, una sensación de lo uno; puesto que al presente nosotros mismos conocemos lo uno de estas tres maneras diferentes.

ARISTÓTELES.—Muy bien.

PARMÉNIDES.—Lo uno, por tanto, tiene un nombre y una definición; se le nombra y se le define; y todo lo que conviene a las cosas de este género, conviene igualmente a lo uno.

ARISTÓTELES.—Es completamente cierto.

PARMÉNIDES.—Un tercer punto de vista nos queda que considerar (19). Si lo uno es tal como hemos expuesto; si es uno y muchos; y si no es, ni uno, ni muchos; ¿no es necesario que, participando del tiempo, en tanto que es uno, participe del ser, y que en tanto que no lo es, no participe nunca?

ARISTÓTELES.—Es una necesidad.

PARMÉNIDES.—Cuando participa, ¿es posible que no participe, y que cuando no participe, participe?

ARISTÓTELES.—Imposible.

PARMÉNIDES.—Hay un tiempo en que lo uno participa del ser y otro en que no participa. Sólo de esta manera puede a la vez participar y no participar de la misma cosa.

ARISTÓTELES.—Bien.

PARMÉNIDES.—¿Hay un tiempo en que lo uno toma parte en el ser y otro en que le abandona? Porque, ¿cómo sería posible tan pronto tener como no tener una misma cosa, si no pudiera indistintamente tomarla y dejarla?

ARISTÓTELES.—Sólo así sería posible.

PARMÉNIDES.—Tomar parte en el ser, ¿no es lo que se llama hacer?

ARISTÓTELES.—Sí.

PARMÉNIDES.—Abandonarle, ¿no es lo que se llama morir?

ARISTÓTELES.—Sin duda.

PARMÉNIDES.—Resulta, entonces, que lo uno, tomando y dejando el ser, nace y muere.

_____

(19) Consecuencias mixtas.

ARISTÓTELES.—Necesariamente.

PARMÉNIDES.—Pero lo uno, siendo uno y muchos, y además naciendo y muriendo; ¿no puede decirse, que haciéndose uno, muere como múltiple, y que haciéndose múltiple, muere como uno?

ARISTÓTELES.—Sin duda.

PARMÉNIDES.—Haciéndose uno y múltiple, ¿no es necesario que se divida y se reúna?

ARISTÓTELES.—Sin duda.

PARMÉNIDES.—Y haciéndose semejante y desemejante, ¿que se parezca y no se parezca?

ARISTÓTELES.—Sí.

PARMÉNIDES.—Y haciéndose más grande, más pequeño, e igual, ¿que aumente, disminuya y se iguale?

ARISTÓTELES.—Así es.

PARMÉNIDES.—Y cuando pasa del movimiento al reposo, y del reposo al movimiento, ¿puede tener esto lugar a un mismo tiempo?

ARISTÓTELES.—No, ciertamente.

PARMÉNIDES.—Estar al principio en reposo y moverse después; estar al principio en movimiento y después pararse. Nada de esto puede verificarse sin cambio.

ARISTÓTELES.—Sin duda.

PARMÉNIDES.—No hay tiempo posible, en que una misma cosa pueda estar a la vez en movimiento y en reposo.

ARISTÓTELES.—No, ninguno.

PARMÉNIDES.—Pero todo muda, cambiando.

ARISTÓTELES.—Así lo creo.

PARMÉNIDES.—¿Cuándo tiene lugar el cambio? Porque no se muda ni en el reposo, ni en el movimiento, ni en el tiempo.

ARISTÓTELES.—No.

PARMÉNIDES.—¿No media una cosa extraña, cuando tiene lugar el cambio?

ARISTÓTELES.—¿Cuál?

PARMÉNIDES.—El instante. Porque el instante parece representar perfectamente el punto, donde tiene lugar el cambio, pasando de una manera de ser a otra. En efecto; en tanto que el reposo es reposo, no hay cambio; en tanto que el movimiento es movimiento, no hay cambio. Pero esta cosa extraña, que se llama instante, se encuentra entre el reposo y el movimiento; en medio, sin estar en el tiempo; y de aquí parte y aquí se termina el cambio del movimiento en reposo, y del reposo en movimiento.

ARISTÓTELES.—Podrá suceder así.

PARMÉNIDES.—Si lo uno está en reposo y en movimiento, muda del uno al·otro, porque es la única manera de ser en estos dos estados. Si muda, muda en el instante; y cuando muda, no está en reposo, ni en movimiento.

ARISTÓTELES.—En efecto.

PARMÉNIDES.—¿Sucede lo mismo con los demás cambios? Cuando lo uno muda del ser a la nada, o de la nada al devenir, ¿es preciso decir que ocupa un medio entre el movimiento y el reposo, que no es ser ni no ser, que no nace, ni muere?

ARISTÓTELES.—Así parece.

PARMÉNIDES.—Siguiendo el mismo razonamiento, y pasando de lo uno a lo múltiple, y de lo múltiple a lo uno; lo uno no es ni uno, ni múltiple; ni se divide, ni se reúne; pasando de lo semejante a lo desemejante y de lo desemejante a lo semejante; no es ni semejante ni desemejante; no se parece ni deja de parecerse; pasando de lo pequeño a lo grande y a lo igual y recíprocamente, no es pequeño, ni grande, ni igual; no aumenta, ni disminuye, ni se iguala.

ARISTÓTELES.—Así parece.

PARMÉNIDES.—Estas son todas las maneras de ser de lo uno, si existe.

ARISTÓTELES.—Seguramente.

PARMÉNIDES.—¿No es preciso examinar ahora lo que sucederá con las otras cosas, si lo uno existe? (20).

ARISTÓTELES.—Es preciso examinarlas.

PARMÉNIDES.—Si lo uno existe, digamos lo que debe suceder a las otras cosas distintas que lo uno.

ARISTÓTELES.—Digámoslo.

_____

(20) Segunda parte de la primera hipótesis. Esta vez Platón comienza por las consecuencias afirmativas.

PARMÉNIDES.—Puesto que ellas son otras que lo uno, las otras cosas no son lo uno; porque de otra manera no serían otras que lo uno.

ARISTÓTELES.—Bien.

PARMÉNIDES.—Y sin embargo, las otras cosas no están absolutamente privadas de lo uno; puesto que participan de él en cierta manera.

ARISTÓTELES.—¿De qué manera?

PARMÉNIDES.—En cuanto las cosas, otras que lo uno, no son otras sino a condición de tener partes. Porque si no tuviesen partes, serían completamente lo uno.

ARISTÓTELES.—Bien.

PARMÉNIDES.—Pero ya hemos dicho que sólo un todo tiene partes.

ARISTÓTELES.—Lo hemos dicho.

PARMÉNIDES.—Pero el todo es necesariamente una unidad formada con muchas cosas, y cuyas partes son lo que llamamos partes; porque cada una de las partes es la parte, no de muchas cosas, sino de un todo.

ARISTÓTELES.—¿Cómo?

PARMÉNIDES.—Si una cosa formase parte de muchas cosas, entre las cuales estuviese ella comprendida, sería una parte de sí misma, lo que es imposible; y de cada una de las otras cosas, si ella fuese realmente una parte de todas. Porque si hubiese una, de que ella no formase parte, formaría parte de todas las demás, a excepción de ella; y de esta suerte no formaría parte de cada una de ellas; y si ella no fuese una parte de cada una, no lo sería de ninguna. En este caso sería imposible que ella fuese algo de todas estas cosas, puesto que en manera alguna se referiría a ninguna; ni como parte, ni en otro concepto.

ARISTÓTELES.—Así parece.

PARMÉNIDES.—La parte no forma parte, ni de muchas cosas, ni de todas, sino de una cierta idea y de una cierta unidad, que llamamos un todo; unidad perfecta, compuesta de la reunión de todas las partes. La parte de este todo es verdaderamente la que es una parte.

ARISTÓTELES.—Perfectamente.

PARMÉNIDES.—Luego si las otras cosas tienen parte, participan del todo y de lo uno.

ARISTÓTELES.—Ciertamente.

PARMÉNIDES.—Luego las cosas otras que lo uno, teniendo partes, forman necesariamente un todo uno y perfecto.

ARISTÓTELES.—Necesariamente.

PARMÉNIDES.—Lo mismo puede decirse de las partes. La parte igualmente debe por necesidad participar de lo uno. Porque si cada una de las partes es una parte, esta palabra "cada una" expresa una cosa una, distinta de todo lo demás, existiendo en sí; de otra manera no se podría decir cada una.

ARISTÓTELES.—Bien.

PARMÉNIDES.—Pero si cada parte participa de lo uno, es evidente que es una cosa distinta que lo uno. Si no fuese así, ella no participaría de lo uno; sería lo uno mismo; y nada puede ser lo uno más que lo uno mismo.

ARISTÓTELES.—Nada.

PARMÉNIDES.—Es necesario, por tanto, que el todo y la parte participen de lo uno. El todo es un todo cuyas partes son partes; y cada parte es una parte del todo, de que ella forma parte.

ARISTÓTELES.—Conforme.

PARMÉNIDES.—Las cosas que participan de lo uno, ¿no participan de lo uno, sino porque son otras que lo uno?

ARISTÓTELES.—Sin duda.

PARMÉNIDES.—Pero las cosas otras que lo uno, son muchas; porque si no fuesen ni lo uno ni más que lo uno, no serían nada.

ARISTÓTELES.—En efecto.

PARMÉNIDES.—Puesto que las cosas que participan de la unidad de la parte, y las que participan de la unidad del todo, son más numerosas que lo uno; ¿no es necesario que las cosas, que participan de lo uno, formen una multitud infinita?

ARISTÓTELES.—¿Cómo?

PARMÉNIDES.—De la manera siguiente. Cuando las

cosas reciben lo uno, ¿no lo reciben como cosas que no son aún lo uno, y que aún no participan de él?

ARISTÓTELES.—Evidentemente.

PARMÉNIDES.—¿Son pluralidades, en las que no se encuentran aún lo uno?

ARISTÓTELES.—Sí, pluralidades.

PARMÉNIDES.—Pero qué; si quisiéramos, por el pensamiento, quitar de estas cosas la parte más pequeña posible, ¿no sería necesario que esta parte, no participando de lo uno, fuese una pluralidad y no una unidad?

ARISTÓTELES.—Lo sería.

PARMÉNIDES.—Si consideramos siempre en sí misma (21) esta cosa, diferente de la idea (22), ¿nos aparecerá, cada vez que en ella nos fijemos, como una pluralidad infinita?

ARISTÓTELES.—Sin duda.

PARMÉNIDES.—Pero después que cada parte se ha hecho una parte, es limitada con relación a las otras partes y al todo; y el todo limitado con relación a las partes.

ARISTÓTELES.—Es evidente.

PARMÉNIDES.—Sucede, pues, a mi parecer, que las cosas otras que lo uno, cuando entran en comercio con lo uno, reciben un principio extraño, que da límites a las unas con relación a las otras; mientras que su propia naturaleza las hace ilimitadas.

ARISTÓTELES.—Así parece.

PARMÉNIDES.—Por tanto; las cosas otras que lo uno, como totalidades y como partes, son ilimitadas y participan del límite.

ARISTÓTELES.—Así es.

PARMÉNIDES.—¿No son igualmente semejantes y desemejantes a sí mismas y entre sí?

ARISTÓTELES.—¿Cómo?

PARMÉNIDES.—En tanto que son todas ilimitadas por su naturaleza, tienen todas el mismo carácter.

---

(21) Es decir, independientemente de la unidad.
(22) Es decir, la idea de la unidad; y más sencillamente, la unidad.

ARISTÓTELES.—Perfectamente.

PARMÉNIDES.—Y en tanto que participan todas del límite, tienen también todas el mismo carácter.

ARISTÓTELES.—Sin duda.

PARMÉNIDES.—Y en tanto que son a la vez limitadas e ilimitadas, tienen modos del ser contrarios.

ARISTÓTELES.—Sí.

PARMÉNIDES.—Pero nada hay más desemejante que las cosas contrarias.

ARISTÓTELES.—Seguramente.

PARMÉNIDES.—Luego, en razón de cada una de estas maneras de ser, ellas son semejantes a sí mismas y entre sí; y al mismo tiempo, con relación a estas dos mismas cualidades, son todo lo contrario y desemejante que es posible.

ARISTÓTELES.—Lo creo.

PARMÉNIDES.—Luego las otras cosas son a la vez semejantes y desemejantes a sí mismas y entre sí.

ARISTÓTELES.—Sin duda.

PARMÉNIDES.—Son igualmente las mismas y otras, en movimiento y en reposo; y mediante los modos de ser contrarios que se acaban de exponer, sería fácil demostrar que reúnen todos los demás.

ARISTÓTELES.—Justo.

PARMÉNIDES.—Dejemos esto como evidente; y examinemos aún, si suponiendo que lo uno existe, las cosas otras que lo uno, no nos aparecerán con mayor claridad; o si el punto de vista que precede es el único (23).

ARISTÓTELES.—Me parece bien.

PARMÉNIDES.—Volvamos, pues, al principio; y veamos lo que sucederá a las cosas otras que lo uno, si lo uno existe.

ARISTÓTELES.—Veamos.

PARMÉNIDES.—¿No está lo uno separado de las otras cosas, y las otras cosas separadas de lo uno?

ARISTÓTELES.—¿Por qué?

PARMÉNIDES.—Porque no hay nada, además de lo uno

---

(23) Consecuencias negativas.

y de las otras cosas, que sea otro que lo uno, y otro que las otras cosas. Porque no queda nada que decir, cuando se ha dicho: lo uno y las otras cosas.

ARISTÓTELES.—Nada en efecto.

PARMÉNIDES.—¿No existe una tercera cosa en la que se encuentran lo uno y las otras cosas?

ARISTÓTELES.—No.

PARMÉNIDES.—Nunca, pues, lo uno y las otras cosas se encuentran en una misma cosa.

ARISTÓTELES.—No es posible.

PARMÉNIDES.—Están, pues, separados.

ARISTÓTELES.—Sí.

PARMÉNIDES.—Y hemos dicho, que lo que es verdaderamente uno, no tiene partes.

ARISTÓTELES.—Sin duda.

PARMÉNIDES.—Así, pues, si lo uno está separado de las otras cosas y no tiene partes, no puede estar en las otras cosas, ni todo entero, ni por partes.

ARISTÓTELES.—Sin duda.

PARMÉNIDES.—Las otras cosas no participan, pues, en manera alguna de lo uno; puesto que no participan, ni en cuanto a las partes, ni en cuanto al todo.

ARISTÓTELES.—Es claro.

PARMÉNIDES.—Las otras cosas no son en nada lo uno, ni tienen nada de lo uno en sí mismas.

ARISTÓTELES.—Ciertamente.

PARMÉNIDES.—No son muchas; porque cada una de ellas sería una parte del todo, si fuesen muchas. Luego las cosas, distintas que lo uno, no son, ni una, ni muchas, ni todo, ni partes; puesto que no participan en nada de lo uno.

ARISTÓTELES.—Bien.

PARMÉNIDES.—Las otras cosas no son ellas mismas, ni dos, ni tres, ni nada parecido; si están absolutamente privadas de lo uno.

ARISTÓTELES.—Es cierto.

PARMÉNIDES.—Las otras cosas no son ellas mismas semejantes ni desemejantes a lo uno; y no hay en ellas, ni semejanza, ni desemejanza; porque si fuesen semejantes y desemejantes, o si tuviesen en sí mismas semejanza o desemejanza, las cosas, otras que lo uno, tendrían en sí dos ideas opuestas.

ARISTÓTELES.—Así parece.

PARMÉNIDES.—Pero es imposible que lo que no participa de nada, participe de dos cosas.

ARISTÓTELES.—Imposible.

PARMÉNIDES.—Las otras cosas no son semejantes ni desemejantes; ni lo uno y lo otro a la vez. Porque si fuesen semejantes o desemejantes, participarían de una o de otra idea (24); y si fuesen lo uno y lo otro, participarían de dos ideas contrarias; y esto nos ha parecido imposible.

ARISTÓTELES.—Es cierto.

PARMÉNIDES.—Ellas no son, por tanto, ni las mismas ni otras; ni están en movimiento, ni en reposo; no nacen, ni mueren; no son más grandes, ni más pequeñas, ni iguales; en una palabra, no tienen ninguna de estas cosas contrarias. Porque si las otras cosas tuviesen estos caracteres, participarían de lo uno, de lo doble, de los triple, del par, del impar; cosas todas, de que, según hemos dicho, no pueden participar estando absolutamente privadas de lo uno.

ARISTÓTELES.—Es completamente exacto.

PARMÉNIDES.—Por tanto, si lo uno existe, lo uno es todas las cosas; y no es uno por sí mismo, ni por las otras cosas.

ARISTÓTELES.—Así es.

PARMÉNIDES.—Sea pues. ¿Pero no es preciso examinar ahora lo que sucederá si lo uno no existe? (25).

ARISTÓTELES.—Es preciso examinarlo.

PARMÉNIDES.—¿Qué hipótesis es ésta: si lo uno no existe? ¿Difiere de la siguiente: si lo no-uno existe?

ARISTÓTELES.—Sin duda difiere.

PARMÉNIDES.—¿Solamente difiere, o más bien esta

---

(24) Es decir, de la idea de la semejanza y de la idea de la desemejanza.

(25) Segunda hipótesis: *si lo uno no existe.* Obsérvese que Platón pasa de la segunda parte de la primera hipótesis a la primera parte de la segunda hipótesis, sin haber expuesto las consecuencias mixtas.

proposición: si lo no-uno existe, es contraria a esta otra: si lo uno existe?

ARISTÓTELES.—Todo lo contrario.

PARMÉNIDES.—Pero cuando se dice: si la magnitud no existe, si la pequeñez no existe, o cualquiera otra cosa de esta clase, ¿no se declara diferente cada una de las cosas de que se dice que no existen?

ARISTÓTELES.—Ciertamente.

PARMÉNIDES.—En el caso presente, cuando se dice: si lo uno no existe, ¿no se da a entender que la cosa que se dice no existir es diferente de todas las demás? ¿Y sabemos nosotros cuál es esta cosa de que se habla?

ARISTÓTELES.—Lo sabemos.

PARMÉNIDES.—Cuando se nombra lo uno, ya se le atribuya el ser o ya el no-ser, se habla por lo pronto de una cosa, que puede ser conocida, y además que difiere de todas las otras. Porque para decir que una cosa no existe, no es menos necesario conocer su naturaleza, y que ella difiere de las otras. ¿No es así?

ARISTÓTELES.—Necesariamente.

PARMÉNIDES.—Volviendo al principio, digamos lo que sucederá, si lo uno no existe. En primer lugar, es preciso que haya un conocimiento de lo uno; porque de lo contrario no se sabría de qué se hablaba, cuando se dice: si lo uno no existe.

ARISTÓTELES.—Es cierto.

PARMÉNIDES.—¿No es preciso igualmente, que las otras cosas sean diferentes de lo uno, sin lo cual no se podría decir que es éste diferente de las otras cosas?

ARISTÓTELES.—Sin duda.

PARMÉNIDES.—Es preciso, por tanto, atribuirle la diferencia, además del conocimiento. Porque no se entiende hablar de la diferencia de las otras cosas, cuando se dice que lo uno difiere de las otras cosas, sino de la suya propia.

ARISTÓTELES.—Así parece.

PARMÉNIDES.—Lo uno, que no existe, participa, pues, del *aquél,* del *algo* del *éste,* del *éstos* y de todas las cosas análogas; porque de otra manera no se podrían enunciar ni lo uno, ni las cosas diferentes de lo uno;

no podría decidirse, ni el *algo* que es, ni que es *para aquél o de aquél*, si lo uno no participase ni del *algo* ni de lo demás.

ARISTÓTELES.—Bien.

PARMÉNIDES.—Lo uno no puede existir, si no existe; pero nada obsta que participe de muchas cosas; por el contrario, es preciso que participe de ellas, si lo uno que no existe es *aquél* y no otra cosa. Si, por el contrario, no existe lo uno; si no existe lo que no existe; y si de lo que se habla es de otra cosa, no es posible decir de él una palabra. Pero si lo que no es, es lo uno; es aquél y no otra cosa; y es preciso que participe de *aquél* y de muchas otras cosas.

ARISTÓTELES.—Ciertamente.

PARMÉNIDES.—Lo uno tiene la desemejanza relativamente a las otras cosas; porque las otras cosas, siendo diferentes de lo uno, son de naturaleza diferente.

ARISTÓTELES.—Sí.

PARMÉNIDES.—Pero lo que es de naturaleza diferente, ¿no es diverso?

ARISTÓTELES.—Sin duda.

PARMÉNIDES.—Y lo que es diverso, ¿no es desemejante?

ARISTÓTELES.—Es desemejante.

PARMÉNIDES.—Pero si hay cosas desemejantes de lo uno, es evidente que estas cosas desemejantes son desemejantes de una cosa, que es desemejante de ellas.

ARISTÓTELES.—Es evidente.

PARMÉNIDES.—Lo uno tiene, pues, una desemejanza respecto de la cual las otras cosas le son desemejantes.

ARISTÓTELES.—Así parece.

PARMÉNIDES.—Pero si tiene la desemejanza con relación a las otras cosas, ¿no es necesario que tenga la semejanza con relación a sí mismo?

ARISTÓTELES.—¿Cómo?

PARMÉNIDES.—Si lo uno fuese desemejante de lo uno, no podríamos razonar a propósito de una cosa tal como lo uno; y nuestra hipótesis no recaería sobre lo uno, sino sobre otra cosa distinta que lo uno.

ARISTÓTELES.—Seguramente.

PARMÉNIDES.—Pero no es preciso que sea así.

ARISTÓTELES.—No, ciertamente.

PARMÉNIDES.—Es preciso que lo uno tenga semejanza consigo mismo.

ARISTÓTELES.—Es preciso.

PARMÉNIDES.—Lo uno tampoco es igual a las otras cosas; porque si fuese igual, sería semejante a ellas por esta igualdad misma; cosas ambas imposible, si lo uno no existe.

ARISTÓTELES.—Imposible.

PARMÉNIDES.—Pero si no es igual a las otras cosas, las otras cosas no son iguales a él.

ARISTÓTELES.—Necesariamente.

PARMÉNIDES.—Y lo que no es igual, ¿es desigual?

ARISTÓTELES.—Sí.

PARMÉNIDES.—Y lo que es desigual, ¿es desigual de lo desigual?

ARISTÓTELES.—Sin duda.

PARMÉNIDES.—Entonces lo uno participa de la desigualdad, en virtud de la cual las otras cosas son desiguales.

ARISTÓTELES.—Participa.

PARMÉNIDES.—Pero a la desigualdad se refieren la magnitud y la pequeñez.

ARISTÓTELES.—Sí.

PARMÉNIDES.—Lo uno, pues, tiene magnitud y pequeñez.

ARISTÓTELES.—Así parece.

PARMÉNIDES.—La magnitud y la pequeñez están a cierta distancia la una de la otra.

ARISTÓTELES.—Sin duda.

PARMÉNIDES.—Hay, por tanto, alguna cosa entre ellas.

ARISTÓTELES.—Hay alguna cosa.

PARMÉNIDES.—¿Y qué puede haber entre ellas sino la igualdad?

ARISTÓTELES.—Ninguna otra cosa.

PARMÉNIDES.—Por consiguiente, lo que tiene magnitud y pequeñez, tiene también la igualdad, que se encuentra entre ellas.

ARISTÓTELES.—Así parece.

PARMÉNIDES.—Luego lo uno, que no existe, participa, al parecer, de la igualdad, de la magnitud y de la pequeñez.

ARISTÓTELES.—Parece que sí.

PARMÉNIDES.—Pero entonces es preciso que participe en cierta manera del ser.

ARISTÓTELES.—¿Cómo?

PARMÉNIDES.—Es preciso que suceda con lo uno lo que ya hemos dicho; porque de no ser así, no diríamos verdad, diciendo que lo uno no existe. Y si decimos verdad, es evidente que decimos lo que es. ¿No es así?

ARISTÓTELES.—En efecto.

PARMÉNIDES.—Puesto que sostenemos que decimos verdad, necesariamente pretendemos decir lo que es.

ARISTÓTELES.—Necesariamente.

PARMÉNIDES.—Lo uno, al parecer, es, no siendo. Porque si no es, no siendo; si deja que algo del ser penetre en el no-ser, en el momento se hace un ser.

ARISTÓTELES.—Es incontestable.

PARMÉNIDES.—Para no ser, es preciso que esté ligado al no-ser por el ser del no-ser; lo mismo que el ser, para poseer perfectamente el ser, debe tener el no-ser del no-ser. En efecto; sólo así es como el ser existirá verdaderamente y que el no-ser verdaderamente no existirá: el ser participando del ser de ser un ser, y del no-ser de ser un no-ser; porque sólo de esta manera será perfectamente un ser; el no-ser, por el contrario, participando del no-ser de no ser un no-ser, y del ser de ser un no-ser; porque sólo de esta manera es como el no-ser será perfectamente el no-ser.

ARISTÓTELES.—Todo eso es muy cierto.

PARMÉNIDES.—Puesto que el ser participa del no-ser y el no-ser del ser; lo uno, que no existe, debe también necesariamente participar del ser con relación al no-ser.

ARISTÓTELES.—Necesariamente.

PARMÉNIDES.—Resulta que el ser pertenece a lo uno, si no existe.

ARISTÓTELES.—Así parece.

PARMÉNIDES.—Y el no-ser igualmente, por lo mismo que lo uno no existe.

ARISTÓTELES.—Sin duda.

PARMÉNIDES.—¿Es posible que una cosa que existe de cierta manera, no subsista ya de esta manera sin mudar de modo de ser?

ARISTÓTELES.—No es posible.

PARMÉNIDES.—Luego todo lo que existe de una manera, y no es ya de esta manera, supone un cambio.

ARISTÓTELES.—Es incontestable.

PARMÉNIDES.—¿Quien dice cambio, dice movimiento, o dirá otra cosa?

ARISTÓTELES.—No, dice movimiento.

PARMÉNIDES.—Pero lo uno nos ha parecido ser y no-ser.

ARISTÓTELES.—Sí.

PARMÉNIDES.—Nos parece, pues, ser de una manera, y no ser de esta manera.

ARISTÓTELES.—Sí.

PARMÉNIDES.—Lo uno, que no existe, nos ha parecido estar en movimiento; puesto que nos ha parecido haber mudado del ser al no-ser.

ARISTÓTELES.—Así parece.

PARMÉNIDES.—Sin embargo; si lo uno no forma parte de los seres, y de hecho no la forma, puesto que no existe, no puede pasar de un paraje a otro.

ARISTÓTELES.—En efecto.

PARMÉNIDES.—No se mueve, pues, mudando de lugar.

ARISTÓTELES.—No.

PARMÉNIDES.—Tampoco gira en el mismo lugar, porque no tiene relación con lo mismo; porque lo mismo es un ser; y lo que no existe, es imposible que pueda estar en ningún ser.

ARISTÓTELES.—Imposible.

PARMÉNIDES.—Luego, no existiendo lo uno, no puede girar en una cosa en la que no está.

ARISTÓTELES.—No puede.

PARMÉNIDES.—Pero lo uno no se altera, ya exista o ya no exista; porque si lo uno se alterase, ya no se trataría de él, sino de otra cosa.

ARISTÓTELES.—Bien.

PARMÉNIDES.—Si no se altera ni gira en un mismo lugar, ni muda de sitio, ¿es posible que pueda aún moverse?

ARISTÓTELES.—No puede.

PARMÉNIDES.—Pero lo que no se mueve, necesariamente está quieto; y lo que está quieto, está en reposo.

ARISTÓTELES.—Necesariamente.

PARMÉNIDES.—Luego, lo uno, que no existe, está al parecer en reposo y en movimiento.

ARISTÓTELES.—Así parece.

PARMÉNIDES.—Pero si se mueve, es de toda necesidad que se altere. Porque cuanto más se mueve una cosa, tanto más se aleja de su estado primitivo, y tanto más es diferente.

ARISTÓTELES.—En efecto.

PARMÉNIDES.—Luego en tanto que se mueve, lo uno se altera.

ARISTÓTELES.—Sí.

PARMÉNIDES.—Pero en tanto que no se mueve, no se altera.

ARISTÓTELES.—Es evidente.

PARMÉNIDES.—Así, pues, lo uno que no existe, está en movimiento y se altera; no está en movimiento y no se altera.

ARISTÓTELES.—Muy bien.

PARMÉNIDES.—De manera que lo uno, que no existe, se altera y no se altera.

ARISTÓTELES.—Así parece.

PARMÉNIDES.—Pero lo que se altera, necesariamente se hace otro que lo que era antes; y muere con relación a su primera manera de ser; por el contrario, lo que no se altera, no se hace otro, ni muere.

ARISTÓTELES.—Necesariamente.

PARMÉNIDES.—Por tanto, lo uno, que no existe, alterándose, nace y muere; y no alterándose, ni nace, ni muere. De suerte que lo uno que no existe, nace y muere a la vez; y no nace, ni muere.

ARISTÓTELES.—Perfectamente.

PARMÉNIDES.—Volvamos de nuevo al principio, para

ver si las cosas nos parecen aún tales como al presente, o diferentes (26).

ARISTÓTELES.—Volvamos.

PARMÉNIDES.—Si lo uno no existe, ¿podremos decir qué sucederá a lo uno?

ARISTÓTELES.—Ésa es la cuestión.

PARMÉNIDES.—Cuando decimos *no existe,* ¿queremos indicar otra cosa que la falta de ser en aquello que decimos que no existe?

ARISTÓTELES.—No.

PARMÉNIDES.—Cuando decimos de una cosa que no existe, ¿decimos que no existe de una manera, y que existe de otra; o bien esta expresión *no existe,* significa que lo que no existe, no existe de ninguna manera, y no participa del ser?

ARISTÓTELES.—Que no existe de ninguna manera.

PARMÉNIDES.—Lo que no existe, no puede existir, ni participar en nada del ser.

ARISTÓTELES.—No.

PARMÉNIDES.—Pero nacer y morir, ¿es otra cosa que recibir el ser, y perder el ser?

ARISTÓTELES.—No es otra cosa.

PARMÉNIDES.—Pero lo que no participa nada del ser, no puede ni recibirle ni perderle.

ARISTÓTELES.—En efecto.

PARMÉNIDES.—Luego lo uno, no existiendo de ninguna manera, no puede poseer, abandonar, ni participar del ser.

ARISTÓTELES.—Probablemente.

PARMÉNIDES.—Luego lo uno que no existe, no nace, ni muere; puesto que no participa en manera alguna del ser.

ARISTÓTELES.—Parece que no.

PARMÉNIDES.—Tampoco se altera, porque nacería y moriría si se alterase.

ARISTÓTELES.—Es cierto.

PARMÉNIDES.—Si no se altera, necesariamente no se mueve.

ARISTÓTELES.—Necesariamente.

(26) Consecuencias negativas.

PARMÉNIDES.—Tampoco diremos, que lo que no existe de ninguna manera, está en reposo; porque lo que está en reposo, debe estar siempre en el mismo lugar.

ARISTÓTELES.—En el mismo lugar; ni puede ser de otra manera.

PARMÉNIDES.—Declaremos, pues, que lo que no existe, no está, ni en reposo, ni en movimiento.

ARISTÓTELES.—No, sin duda.

PARMÉNIDES.—Luego lo uno no tiene nada de lo que existe; porque si participase de alguna cosa de las que existen, participaría del ser.

ARISTÓTELES.—Es evidente.

PARMÉNIDES.—No tiene magnitud, ni pequeñez, ni igualdad.

ARISTÓTELES.—No.

PARMÉNIDES.—Ni semejanza, ni diferencia, con relación a sí mismo, y a las otras cosas.

ARISTÓTELES.—No.

PARMÉNIDES.—Pero, ¡qué!, ¿todas las demás cosas pueden ser para él algo, cuando no hay nada que para él sea algo?

ARISTÓTELES.—No.

PARMÉNIDES.—Las demás cosas, ¿no son respecto de él, ni semejantes, ni desemejantes, ni las mismas, ni las otras?

ARISTÓTELES.—No.

PARMÉNIDES.—Y qué, ¿los términos *de aquél, a aquél, algo, éste, de éste, de otro, a otro, en otro tiempo, en seguida, ahora, la ciencia, la opinión, la sensación, el discurso, el nombre;* en una palabra, nada de lo que existe puede ser referido a lo que no existe?

ARISTÓTELES.—No puede.

PARMÉNIDES.—Por consiguiente, lo uno que no existe, no existe de ninguna manera.

ARISTÓTELES.—De ninguna manera, a mi parecer.

PARMÉNIDES.—Veamos aún, si lo uno no existe, lo que sucederá a las otras cosas (27).

_____

(27) Segunda parte de la segunda hipótesis. Consecuencias afirmativas. Platón continúa despreciando las consecuencias mixtas.

ARISTÓTELES.—Veámoslo.

PARMÉNIDES.—En primer lugar, es preciso que éstas existan de alguna manera; porque si las otras cosas no existiesen, no se podría hablar de las otras cosas.

ARISTÓTELES.—En efecto.

PARMÉNIDES.—Y cuando se habla de las otras cosas, se entiende que estas otras cosas son diferentes. O bien, ¿damos igual sentido a *otras* y *diferentes?*

ARISTÓTELES.—Sí, el mismo.

PARMÉNIDES.—¿No decimos que lo que es diferente, es diferente de una cosa diferente; y que lo que es otro, es otro que otra cosa?

ARISTÓTELES.—Sí.

PARMÉNIDES.—Si las otras cosas deben ser otras, serán otras, respecto a cualquiera otra cosa.

ARISTÓTELES.—Necesariamente.

PARMÉNIDES.—¿Cuál es esta cosa? Ellas no pueden ser otras cosas con relación a lo uno, puesto que lo uno no existe.

ARISTÓTELES.—No.

PARMÉNIDES.—Ellas son otras las unas respecto de las otras, porque sólo esto pueden ser, a no ser otras que la nada.

ARISTÓTELES.—Bien.

PARMÉNIDES.—A causa, pues, de la pluralidad, las unas son distintas de las otras; porque no pueden serlo con relación a lo uno, no existiendo lo uno. Cada una de ellas probablemente es como una masa que encierra un número infinito de partes; de suerte que, cuando se cree haber cogido lo más pequeño posible, se ve aparecer como en un sueño, en lugar de la unidad que se creía encontrar, una multitud; y en lugar de una cosa muy pequeña, una cosa muy grande, en atención a sus divisiones posibles.

ARISTÓTELES.—Muy bien.

PARMÉNIDES.—Mediante masas de esta naturaleza, es como las otras cosas aparecen distintas las unas de las otras, si son otras que lo uno, que no existe.

ARISTÓTELES.—Es evidente.

PARMÉNIDES.—¿Habrá una multitud de estas masas

y cada una de ellas parecerá ser una, sin serlo en efecto, pues que lo uno no existe?

ARISTÓTELES.—Sí.

PARMÉNIDES.—Aparecerán formando un número, si cada una de ellas es una y si ellas son muchas.

ARISTÓTELES.—Seguramente.

PARMÉNIDES.—Aparecerán unas pares, otras impares; contrariando la verdad, si es que lo uno no existe.

ARISTÓTELES.—Sin duda.

PARMÉNIDES.—Parecerán, como hemos dicho, compuestas de una cosa muy pequeña; y sin embargo, esta cosa parece múltiple y grande con relación a la multitud y a la pequeñez de sus partes.

ARISTÓTELES.—Incontestablemente.

PARMÉNIDES.—Cada masa nos parecerá ser igual a una multitud de pequeñas masas; porque ninguna puede suponerse que pase de lo más grande a lo más pequeño, sin suponerse también que ha debido pasar por un medio, que es como un fantasma de igualdad.

ARISTÓTELES.—Conforme.

PARMÉNIDES.—Cada masa ¿no está limitada, con relación a las otras y a sí misma, no teniendo principio, fin, ni medio?

ARISTÓTELES.—¿Cómo?

PARMÉNIDES.—Si se quiere considerar por el pensamiento en estas masas alguna parte como existente, se ve siempre, antes del principio, otro principio; después del fin, otro fin; y en el medio, alguna cosa más intermedia que el medio, y que siempre es más pequeña; porque es imposible considerar ninguna de estas cosas como una, si lo uno no existe.

ARISTÓTELES.—Perfectamente cierto.

PARMÉNIDES.—Cualquiera que sea el ser que se considere por el pensamiento, necesariamente se le verá siempre dividirse y disolverse; no es, en efecto, más que una masa sin unidad.

ARISTÓTELES.—Muy bien.

PARMÉNIDES.—¿No es cierto que si se miran estas masas de lejos y en grande, cada una de ellas parece necesariamente una; mientras que, examinada de cerca y en detalle, representa una multitud infinita, porque está privada de lo uno, no existiendo lo uno?

ARISTÓTELES.—No puede darse cosa más cierta.

PARMÉNIDES.—Así, pues, es preciso que cada una de las otras cosas aparezca infinita y limitada, una y muchas, si lo uno no existe, y si hay más que lo uno.

ARISTÓTELES.—Así es preciso que suceda.

PARMÉNIDES.—Pero estas mismas cosas, ¿no parecen igualmente semejantes y desemejantes?

ARISTÓTELES.—¿Cómo?

PARMÉNIDES.—Por ejemplo; en un cuadro visto de lejos, todas las figuras parecen no formar más que una y ser semejantes.

ARISTÓTELES.—Así es.

PARMÉNIDES.—Mientras que si uno se aproxima, en el momento parecen diferentes; y, efecto de esta diferencia, diversas y desemejantes.

ARISTÓTELES.—En efecto.

PARMÉNIDES.—Así es como las masas aparecen semejantes y desemejantes a sí mismas y entre sí.

ARISTÓTELES.—Perfectamente.

PARMÉNIDES.—Por consiguiente, ellas parecen igualmente las mismas y otras, en contacto y separadas; moviéndose con toda clase de movimientos; y estando absolutamente en reposo; naciendo y pereciendo, y no naciendo ni pereciendo; y parecen tener todas las demás modificaciones que podamos revistar en la hipótesis de existir las cosas múltiples, y de no existir lo uno.

ARISTÓTELES.—Es todo muy cierto.

PARMÉNIDES.—Volvamos otra vez al principio, y digamos lo que sucederá, si lo uno no existe, y si hay otras cosas que lo uno (28).

ARISTÓTELES.—Digámoslo, pues.

PARMÉNIDES.—Ninguna otra cosa será una.

ARISTÓTELES.—No, ciertamente.

PARMÉNIDES.—Ni será muchas; porque la unidad estaría comprendida en la pluralidad; y si ninguna de las otras cosas tiene nada de uno, todas serán nada;

(28) Consecuencias negativas. Aquí Platón termina bruscamente su diálogo, suprimiendo también las consecuencias mixtas

y por consiguiente no existirá tampoco pluralidad.

ARISTÓTELES.—Es cierto.

PARMÉNIDES.—No encontrándose lo uno en las otras cosas, ellas no son ni muchas, ni unas.

ARISTÓTELES.—No.

PARMÉNIDES.—No parecen ni una, ni muchas.

ARISTÓTELES.—¿Por qué?

PARMÉNIDES.—Porque las otras cosas no pueden tener en manera alguna relación con ninguna de las cosas que no existen; y lo que no existe, no puede pertenecer en nada a las otras cosas; porque lo que no existe, no tiene partes.

ARISTÓTELES.—Es cierto.

PARMÉNIDES.—No hay en las otras cosas ni opinión, ni representación de lo que no existe; y lo que no existe, no puede en manera alguna ser concebido como perteneciendo a las otras cosas.

ARISTÓTELES.—No, sin duda.

PARMÉNIDES.—Si lo uno no existe, nada entre las otras cosas será concebido como uno, ni como muchos. Porque es imposible concebir la pluralidad sin la unidad.

ARISTÓTELES.—Imposible.

PARMÉNIDES.—Si lo uno no existe, las otras cosas no existen; ni son concebidas como uno, ni como muchos.

ARISTÓTELES.—No, a lo que parece.

PARMÉNIDES.—Ni como semejantes, ni desemejantes.

ARISTÓTELES.—Tampoco.

PARMÉNIDES.—Ni como los mismos, ni como otros; ni en contacto, ni separados; y si lo uno no existe, ellas no son ni parecen nada de lo que nos parecieron ser antes.

ARISTÓTELES.—Es cierto.

PARMÉNIDES.—Si, por tanto, dijésemos, resumiendo: si lo uno no existe, nada existe, ¿no diríamos verdad?

ARISTÓTELES.—Perfectamente bien.

PARMÉNIDES.—Digámoslo, pues; y digamos también que, a lo que parece, que lo uno exista, o que no exista, él y las otras cosas, con relación a sí mismas y en la relación de las unas con las otras, son absolutamente todo, y no son nada; lo parecen y no lo parecen.

ARISTÓTELES.—Nada más cierto.

BIBLIOTECA EDAF